全球价值网络下中国装备制造业技术创新提升路径研究

何燕子　著

中国原子能出版社

China Atomic Energy Press

图书在版编目（CIP）数据

全球价值网络下中国装备制造业技术创新提升路径研
究 / 何燕子著 . -- 北京：中国原子能出版社，2020.10
　　ISBN 978-7-5221-0870-4

　　Ⅰ . ①全… Ⅱ . ①何… Ⅲ . ①制造工业 - 技术革新 -
研究 - 中国 Ⅳ . ① F426.4

中国版本图书馆 CIP 数据核字 (2020) 第 172012 号

内容简介

　　本书共分七章，主要介绍全球价值网络及装备制造业的基本认知、全球价值网络下的中国装备制造业的发展状况、国际装备制造业升级经验与启示、中国装备制造业技术创新效率评价及影响因素、全球价值网络下装备制造业技术创新的理论分析、创新的实证研究与提升路径。分析装备制造业技术创新的发展战略，阐述装备制造业的发展现状与战略部署。本书是以研究全球价值网络下装备制造业技术为主线的创新战略与发展路径的专著，可供装备制造业的研发、产业技术创新以及产业转型升级的研究者和从业人员阅读和参考。

全球价值网络下中国装备制造业技术创新提升路径研究

出版发行	中国原子能出版社（北京市海淀区阜成路 43 号　　100048）
责任编辑	高树超
装帧设计	河北优盛文化传播有限公司
责任校对	冯莲凤
责任印制	潘玉玲
印　　刷	定州启航印刷有限公司
开　　本	710 mm×1000 mm　1/16
印　　张	16.25
字　　数	280 千字
版　　次	2020 年 10 月第 1 版　　2020 年 10 月第 1 次印刷
书　　号	ISBN 978-7-5221-0870-4
定　　价	59.00 元

发行电话：010-68452845

　　自 20 世纪以来，随着科学技术的发展和多边组织的推动，商品、人才、资金和技术等要素的国际流动愈发频繁，全球市场一体化和生产国际分工化将产品间的竞争转化为企业嵌入的全球价值网络间的竞争。一国产业或企业的竞争优势越来越体现在其所在全球价值网络的地位和它对全球价值网络的综合治理方面。20 世纪 70 年代末，中国确立了对外开放政策，利用自身优势，逐步融入全球价值网络生产网络，国民经济蓬勃发展，经济总量稳步提升，然而在经济高速增长给中国带来巨大利益的同时，全球价值网络生产网络也给中国带来了一些负面影响。中国制造业处于价值链中低端环节，对发达国家存在严重的技术依赖，很难进行功能升级和链条升级，阻碍了国内企业、产业、国家技术创新能力和竞争力的提升；商品技术含量低，尤其是 2018 年由美国挑起的中美贸易摩擦，更是将《中国制造 2025》确定的重点发展行业作为打击对象，将信息、通信技术等产品纳入增加关税范畴。为此，在全球价值网络分工背景下实现制造业地位提升成为中国面临的难题。

　　2019 年，中央经济工作会议决定推动制造业的高质量发展，坚定不移地建设制造强国。作为现代工业体系的支柱，装备制造业是推动产业转型升级的引擎，是中国从制造业大国向制造业强国转型不可或缺的一部分。中国装备制造业在全球价值网络中的崛起，对冶金、石化、轻工、纺织、建材、电子信息、生物医药、航空航天、能源、基础设施等各产业结构优化升级起到了强有力的推动作用，云计算、大数据、物联网等新一代网络信息技术为我国先进装配制造业技术创新产业提供了战略支撑。

　　本书属于装备制造业方面的著作，由装备制造业的基本认知、技术创新与产业价值的理论分析、中国装备制造业的发展历程、国内外装备制造业的技术创新模式、中国制造业的转型升级路径、装备制造业的政策、应用与案例等部分组成。全书以装备制造业为研究对象，分析装备制造业技术创新的发展战略，阐述装备制造业的发展现状与战略部署，对未来经济发展具有重要意义。

本书对装备制造业的研发、技术创新及产业转型升级的研究者和从业人员具有一定的参考价值。由于作者经验不足、水平有限，书中难免存在不足和疏漏之处，敬请读者予以指正。

目录
contents

第一章　全球价值网络及装备制造业的基本认知

一、全球价值网络的内涵

（一）全球价值网络的概念及其特征

1.全球价值网络的概念

从全球价值网络环境具有科学技术日新月异、信息技术发展尤为迅猛、顾客要求快速多变、产品与服务市场快速更新、物流等新兴产业应运而生等特点来看，企业面对的外部环境更加复杂多变，科学技术尤其是信息技术的迅猛发展使全球化趋势得到进一步强化。

全球价值网络是在全球配置资源的企业价值网络。当跨国公司在全球布局、组织其价值网络时，由于价值网络资源与能力要素配置的全球化，跨国公司主导的企业价值网络就成为全球价值网络[①]。因此，全球价值网络是价值网络在全球化趋势下的进一步发展，是以全球市场需求为驱动，以全球顾客价值为战略出发点，价值网络主导者通过全球产业链整合，为网络中的供应商、生产合作伙伴、销售商、客户等所有成员实现价值增值而形成的，它是由所有参与者共同协作、用数字化方式连接而生成的网状价值创造体系。

2.全球价值网络的特征

全球价值网络的特征主要表现在以下几个方面。

第一，全球价值网络是一种不稳定的动态网络体系，不具有固定的结构和模式。

---

① 杨贵中，钟敏.全球价值网络研究综述［J］.企业导报，2013（1）：1-3.

第二，全球价值网络是以能力要素驱动而形成的，因此网络成员间能力呈现互补性。因为处于网络高端的企业将集中经营少数几个或单个最有价值的核心能力要素，而把低价值的能力要素分离出去。

第三，网络成员在价值网络内的地位是由企业自身能力来决定的[①]。

第四，以全球顾客需求为中心，关注顾客价值。企业的生产经营活动基于全球顾客的实际需求，关注的是如何使顾客的价值最大化。

第五，具有全球视野的协调与合作。网络中的企业关注的是整个网络成员共同效率的提高，因此企业要充分利用全球合作伙伴的能力，打造全球价值网络的核心竞争力，创造更多的顾客价值。

第六，价值网络的整合是提升全球价值网络核心竞争力的重要手段。通过价值网络的整合，才能更加有效地发挥网络成员各自的优势，才能更加有效地降低交易成本，及时有效地对市场需求做出快速反应，以满足顾客的需求。

第七，跨国公司可以在全球范围内进行知识等各种资源的整合，成为全球价值分工的主导力量，并在价值分工合作的整个过程中，始终控制着企业间的价值分工关系，使发展中国家企业被锁定于低端状态。

（二）全球价值网络的形成环境特点

与传统经营环境相比较，当代企业经营环境发生了巨大变化。随着科学技术的快速发展，以及网络经济兴起而导致的世界经济全球化，许多企业在经营中已经很难获利，甚至连生存都成问题。即便是效益较好的企业，它们面临网络经济环境中来自顾客、数字化、竞争等带来的新挑战，也可能让企业丧失传统竞争优势。因此，企业必须具有整合各种资源的能力，通过价值网络来创造更多顾客价值、降低经营成本、提高企业经营绩效，赢得竞争优势。全球价值网络的形成环境特点主要体现在以下几个方面。

1. 科学技术日新月异

2013年6月11日"神舟十号"在酒泉卫星发射中心发射升空，于26日返回地球，成功抵达我国内蒙古四子王旗主着陆场。在历时15天里，它先后与"天宫一号"目标飞行器成功实现自动交会对接和手控完美对接；第一次以直播的形式向全国中小学生展现了奇妙的"太空课堂"，女航天员王亚平成功演示了在太空如何测质量，做了奇妙的单摆实验和陀螺实验，还展示了太空中水滴悬浮的景象；习近平在北京航天飞行控制中心同三名航天员进行了天地通话。"神

---

① 卢福财，胡平波. 全球价值网络下中国企业低端锁定的博弈分析 [J]. 中国工业经济，2008（10）：23-32.

舟十号"的完美收官标志着我国已经突破了出舱关键技术、手控交会对接和自动交会对接技术等，基本掌握了飞船和目标飞行器对接起来的组合体的控制和运营技术，初步建立和完善了航天员在轨驻留保障技术体系，开展了空间对地遥感、空间生命科学、材料科学、环境探测等科学实验和技术试验，进行了飞船绕飞、在轨维修、再生生保等一系列技术试验，丰富了科学研究和应用成果，培养了一支优秀的航天科技人才队伍。中国追求的航天梦将一直延伸到太空深处，探索月球、继续飞往空间实验室、建造空间站并建立独立的中国导航系统。

以上是我国科学技术日新月异的一个侧面。从全世界的角度来看，世界新科技革命以高新技术的应用为主要内容，包括信息技术、新材料技术、生物技术、新能源技术、空间技术与海洋技术六大现代技术。这六大现代技术中的12项标志性技术（智能计算机、智能机器人；超导材料、定向材料；基因工程、蛋白质工程；核聚变能、太阳能；航天飞机、永久太空站；深海采掘、海水利用）已初步形成其相应的高技术产业：光电子信息产业、软件产业、超导体产业、智能机械产业、生物工程产业、生物医学产业、太阳能产业、空间产业、海洋产业等。最典型的就是围绕信息技术形成了一个不同于传统产业的信息产业。例如，以半导体微电子工业为基础、以电子产品为中心，形成了优质低成本并与通信、信息产业相结合的尖端产业群，在其周围又开始形成与此相联系的新材料、宇航、海洋开发等尖端产业，从而推动国民经济向高效益增长机制转换。这些高技术产业将把人类的生产能力提高到前所未有的水平。

科学技术水平的发展降低了企业的成本，提高了企业的经济效益。有了好的经济效益，企业就能够通过投入更多的资金进行技术研发，进而形成良性循环。因此，科学技术成为企业之间的竞争焦点，而技术创新则是争夺标准化话语权的关键所在。"一流的企业做技术，超一流的企业做标准"就是其生动的写照。

2. 信息技术发展尤为迅猛

信息技术是现代科技革命的核心。其中最主要的是居于新科技革命主导地位的传感技术、通信技术、计算机技术和控制技术。例如，电子计算机技术具有存储数据、记忆信息、判断推理能力，现代电子计算机速度快、容量大、应用广，在信息技术中处于核心位置。当前，计算机发展的主流是以精简指令系统计算机（RISC）、并行处理、多媒体技术为主，软件和网络联动发展。前面所提到的我国"天河二号"超级计算机就是典型代表之一，该计算机的处理速度达到了每秒33.86千万亿次的浮点运算速度，而在十几年前世界上最快的计算机只能达到1万亿次的浮点运算速度。多媒体技术和计算机网络进一步拓宽了计算机应用领域，极大地提高了计算机软硬件及数据的使用效率，扩大了人类知识财富的共享程度。人们可以运用数字化技术和光纤通信技术,通过集电话、传真、计算机、电视、录像为一身的信息处理、传输和显示的多媒体,将文字、声音、图形和影像等高密度信息,高速度、大容量和高精度地传送到世界的每一个地方。目前世界上最大的信息网络是"交互网络",它几乎可以联通到每一个人。

信息技术不仅给我们的日常生活带来了革命性的变化,还直接影响着企业的经营管理。我国加入世界贸易组织以后,企业之间的竞争已不仅仅局限于国内企业,许多外国实力雄厚的跨国公司纷纷进入中国市场参与竞争,竞争程度空前激烈。这种激烈竞争表现在产品、技术、价格、服务等各个方面,更体现在盈利模式和竞争思想理念上。要在日益激烈的竞争中获得竞争优势,赢得较为满意的利润,就必须加强协作,形成价值网络,创造更多顾客价值,以满足顾客的需求。

3. 顾客要求快速多变

改革开放几十年来,随着市场经济主体地位的确立,我国已经由卖方市场转变为买方市场。"顾客是上帝"等口号生动地反映了这一买方市场的特点。企业经营管理的重心由眼睛向内转到了眼睛向外,更加关注市场,更加重视顾客需求。如何把市场调查工作做好,真正准确把握顾客的需求是企业决策者的基本功。同时,要把企业物美价廉的商品通过一定的渠道及时销售给顾客,以满足其需求。在这个过程中,企业可以说必须使出浑身解数,以便在激烈的竞争中赢得顾客的青睐。不仅如此,企业还要尽可能地创造顾客需求和引导顾客需求。只有这样,企业才能在竞争中立于不败之地,并能获得超额利润。比如,MP3、智能手机等的出现就是典型的例子。必须注意的是,创造顾客需求并不意味着技术越先进越好,它要求既有先进性又有经济性,先进适用的产品才是真正的好产品。

4. 产品与服务市场快速更新

随着买方市场的不断强化,企业之间的竞争越来越激烈,在不断满足顾客需求的同时,激发了广大顾客的新需求。顾客已经不再满足于现有的普通产品或服务,而是希望得到符合自己个性化要求的非标产品或服务。这种顾客个性化要求的非标产品或服务千变万化且更新很快,从而不仅使产品的品种和型号越来越多,还导致产品的寿命周期越来越短。产品品种和型号数量的不断增多就要求企业具有不断创新的科研能力、设计能力、制造能力与服务能力。产品寿命周期的缩短则给企业带来了更大的挑战,因为企业不仅要做到生产一代、试制一代、研发一代,更重要的是要突出及时性和准确性。如果没有准确地捕捉市场机会,创新性的产品没有及时生产出来,则可能遭遇没等新产品正式上市，就已经过时而惨遭市场淘汰的境地。因此，准确抓住顾客需求的市场信息，并及时生产出能够满足其个性化要求的产品或服务是对现代企业提出的新要求，也是其面临的新挑战。

5. 物流等新兴产业应运而生

经济全球化和网络经济的发展促进了世界物流业的兴起。物流产业是物流资源产业化而形成的一种复合型或聚合型产业。现代物流是以物流企业为主体，以运输和信息为平台，涉及生产、流通和消费全过程的现代全供应链管理系统。2019年我国社会物流总额达到298万亿元，同比增长5.9%，增长速度比上年回落0.5个百分点。与同期GDP相比，社会物流总额增速已连续多年低于GDP增速。专家表示，这显示当前经济增长方式已从物化劳动，也就是以生产资料、原材料投入为主，向服务化的"活劳动"，也就是向以智力、技术创新投入为主转变。

从需求结构来看，2019年工业品物流总额比上年增长5.7%。其中，战略性新兴产业、高技术制造业继续保持较快增长。2019年战略性新兴产业物流需求增长8.4%，增速高于工业品物流总额2.7个百分点。高端制造业物流需求比上年增长8.8%，增速高于工业品物流总额3.1个百分点。另外，内需对物流需求增长的拉动继续增强，进口、消费等相关新动能物流需求贡献率继续提升。

二、全球价值网络下的价值创造与分配

（一）全球价值网络下企业价值创造

在全球价值网络下，企业价值创造所形成的网络租金可以分为两大类：一是可占用的共有租金；二是私有租金，即内部准租金、溢入租金和溢出租金之和。由于全球视野而形成更广阔范围的企业间合作，企业能够创造出更多的私有租金。首先，内部准租金可以通过私有资源（非共享资源）的水平外延和垂直延伸，扩大企业自身拥有的私有资源的应用范围，将网络合作的增值效应扩展至全球其他价值网络而实现获利，也可以通过接触全球更多的技术或市场信息，创新企业私有资源，培育出新的独特性资源，从而创造出更多的价值。其次，溢入租金也会因全球视野的合作而创造更多的价值。因为通过更加广阔的合作，能够学习、吸收合作伙伴所拥有的独特性资源，提高企业自身的竞争优势。最后，溢出租金也可能由于全球化的合作而增多。因为在合作中会学习、吸收合作伙伴的独特性资源，同时合作伙伴会找机会学习、吸收你的独特性资源。企业要采取适当措施（如强化内部管理、加强保密意识等）尽量减少溢出租金，这是

无可厚非的。但从另一个角度来看，溢出租金的存在又能强化企业不断创新的动力，使学习者与模仿者永远成为自己的追随者。

企业共有租金是由一定的合作形式与共享性资源相结合而产生的收益，其大小是由关系专用性投资、知识共享路径、互补性资源，以及良好的合作关系这几大因素决定的。在全球价值网络下，这些因素仍然是企业共有租金的重要来源。此外，企业要有全球视野，更加突出地强调顾客价值、核心能力、相互合作关系、价值网络整合四大方面。

1. 顾客价值

企业的价值取决于其能够创造多少价值，而且必须创造超过同行一般水平的价值才能获得竞争优势。此时，若企业以比竞争对手更低的价格向顾客提供相等的消费者剩余，则企业可以比竞争对手获得更高的利润率，从而取得竞争优势。创造的价值必须在消费者和生产者之间进行分配，如图 1-1 所示。

图 1-1 企业创造价值的构成

企业创造的价值可以表示为

创造的价值 = 顾客价值 + 企业价值 = （$B-P$）+（$P-C$）= $B-C$　　　　（1-1）

其中，B 为消费者的可察觉收益，C 为成本，P 为价格。

从公式（1-1）可以看出，企业价值的驱动因素是顾客价值，顾客价值是企业价值实现的前提。只有实现更多的顾客价值，才能实现更多的企业价值。顾客价值决定顾客满意，顾客满意决定顾客忠诚，顾客忠诚决定企业价值。在企业为顾客创造价值的同时，顾客的行为选择在为企业创造价值。顾客在购买时，为企业带来了许多有价值的信息。显然，企业的价值创造是由顾客的数量和质量决定的。一般来说，维持现有顾客忠诚的成本低于开发新顾客的成本，企业应尽量维持现有顾客，不断增加顾客价值，实现企业价值创造。

2. 核心能力

核心能力的一个显著特性就是价值优越性，即能为顾客带来长期性的关键利益，能够比竞争对手更好、更全面地满足顾客需要，同时能使企业比竞争对手有更高的劳动效率、更低的产品成本，从而为企业创造超过同业平均利润水平的超额利润。从定性的角度看，核心能力强的企业往往表现为主业突出、规模大、技术创新能力强、市场份额大和持续盈利能力强，能不断为消费者提供优质的产品和满意的服务。从定量的角度看，衡量企业核心能力强弱的指标有两个：一是核心能力作用的范围（当地、全国或全球）和层次（企业、行业）；二是公司创造价值的多少。

3．相互合作关系

相互合作关系不同于以资本为纽带的产权关系，而主要是指建立在合作与信任基础上的协作关系，它有利于促成价值网络协同效应。

企业与上游供应商构建的价值网络形成战略合作成员关系。这种关系是一种交易关系，是价值网络成员不同的利益主体为了各自的利益而形成的一种交易关系。同时，这种交易关系是一种相对长期和稳定的交易关系，这种关系一般建立在正式或者非正式的协议基础上，不同于随机的市场交易关系，能够有的放矢，目标明确，是一种互惠互利、能产生协同效应的交易关系。

影响价值网络成员相互合作关系的合作质量的因素具体包括如下几个方面。

一是资产互补性。互补性使合作双方协同的收益大于不合作的收益。企业间品牌、技术、文化、人力资本等无形资产的互补性表现在合作方之间的资源、结构、文化和能力的协同。这些无形资产之间强烈的互补性及难以模仿和转移的特点为企业间构建价值网络提供了基础。

二是知识开放与学习。格雷鲁维特、乌兹和古拉蒂等研究表明，价值网络成员间的学习和知识信息的交流是促进相互合作关系的重要基础。首先，它能建立起有效的沟通机制，提供对关键资源的进入许可。其次，它加深了对彼此之间的深入了解，有助于对合作投机行为进行有效抑制。最后，它加强了合作方对隐性知识的共同理解，促进了价值网络成员间的组织吸收能力和组织沟通能力的提高。

三是关系专用性资产投资。关系专用性资产投资形成了蕴藏于合作关系中的公司价值创造源泉。这些投资将价值网络成员的生产体系有机联系起来，建立起成员间的价值转化渠道和价值生存机制。关系专用性投资是价值网络成员的联合投资，这种投资跨越组织边界，涉及对方的人力、结构和流程。关系专用性资产的投资显示了价值网络成员的合作诚意，增加了成员间的信任度，投资形成的沉淀成本加强了对关系性投资的保护。

四是关系规制。关系规制涉及两个问题：一个是对合作创造价值的分配问题及由此形成的激励规制；另一个是有效监督关系资源的使用，降低关系成本，防止投机行为。古拉蒂和乌兹认为，对关系的规制可以是正式的关系契约，包括投资、资产抵押、第三方强制等，也可以是非正式的关系契约，包括声誉机制、关系嵌入等。

4. 价值网络的整合

价值网络的整合就是通过价值网络资源的优化配置，达到提升网络竞争力、形成竞争优势、创造更多的价值、取得更好的经济效益的目的。特别是要从全球化的视角，对全球价值网络资源进行优化配置，使有限的资源能够通过价值网络的整合而充分发挥其效应。要通过价值网络的整合，使企业间的合作更加协调。合作是企业参与竞争的一种战略选择，是竞争方式和竞争手段的深化和发展。在竞争中合作、在合作中竞争，使企业价值创造的视野从企业内部扩大到价值网络成员之间，通过价值网络的有机整合，创造更多的企业价值。这体现在三个方面：首先，合作具有 1+1 > 2 的协同效应，同时避免或减少了重复投资的浪费；其次，合作能够创造价值增值机会，即通过合作创造新知识、新技术、新产品和新服务，带来价值增值；最后，合作使生产水平得到进一步提高，因为合作有利于专业化分工的深入，并且使企业能够把有限的资源集中于企业最擅长的核心业务上。

通过价值网络的有机整合，能使企业价值创造聚焦于企业核心能力。通过企业价值网络的优化，可将企业的有限资源集中于企业创造价值的战略环节，而将不具备战略优势的非战略环节外包。企业通过构建价值网络，实现外部资源的整合共享，创造 1+1 > 2 的协同价值，实质上是借助外部资源优化，提升了企业的核心能力。

（二）全球价值网络下企业价值分配

网络租金中的私有租金是参与者的私有资源因网络效应而产生的专属于本企业、不与伙伴企业分享的收益。共有租金则由参与者联合创造并共同拥有，必须在网络成员之间进行分配。价值分配是由价值创造决定的。影响分配的因素有多种，其中关键资源因素、产业与竞争等网络外部因素、企业内在的学习能力因素是影响分配的重要因素。在全球价值网络下，尤其要重视关键资源因素中的核心技术和体现企业综合能力的网络整合在企业价值创造与分配中的地位与作用。

核心技术作为关键资源因素的典型代表，具有稀缺性、不可替代性和独特性的特点，通常是科技创新成果的成功应用。核心技术在企业的生产经营中能够创造更高的附加价值，自然也就在租金分配中获取更大的分配额，因为它的创造力决定了它有较强的议价权力并能够获取应得的份额。这从全球价值网络下跨国公司垄断产业链上游（产品研发、关键零部件生产等环节）和产业链下游（品牌与服务等环节）超额利润的现实得到证明。没有掌握核心技术等关键资源的企业只能通过普通加工和组装这样的低附加价值的环节来获取微薄的利润。

在全球价值网络下，整合能力可以反映一个企业的综合能力。企业的价值创造与分配在全球价值网络下很大程度上取决于整合能力。整合能力是指一个企业整合各种社会资源的能力，是一个企业各种综合能力的集中体现和最高表达，其中网络地位、关系资本等是重要体现。可以说，这种整合能力是企业生产能力、技术能力、市场能力的有机结合。通过取长补短、有效融合，企业把社会上各种资源整合到一起，统一进行配置和经营，使它们发挥无限潜力。通过整合企业内部和外部的各种资源，形成内外互动协调机制，使价值网络充分发挥其竞争优势并创造更多的顾客价值和企业价值。随着市场经济的不断发展和全球化市场的形成，整合能力的作用不断凸显，并成为决定企业创造和分配价值的主要因素。所以，企业不仅要尽力提高自身的生产技术、降低成本、加强管理等，还要通过整合，依靠全球价值网络企业间知识与能力的共享、相互合作等创造更多的顾客价值和企业价值，因而获得更多的利润或网络租金。

可见，在全球价值网络处于主导地位及对整个全球价值网络做出重要贡献的企业分得更多的利润或网络租金是必然的，这也是其整合企业内部和外部各种资源的主要目的。需要指出的是，如何合理分配网络参与者之间的利益将直接影响到网络的稳定性。如果一方参与者过分榨取另一方的利润，而使对方不能获取所创造的应得租金份额，则其合作动机就会降低。因此，共有租金和私有租金的平衡也是不能够忽视的。

三、装备制造业概述

（一）装备制造业的含义

装备制造业是指能够为国民经济和国家安全提供物质技术装备的一系列行业。本书对装备制造业的边界界定采用国家统计局发布的《中华人民共和国2016年国民经济和社会发展统计公报》定义[①]，装备制造业包括金属制品业，

---

① 　《中华人民共和国2016年国民经济和社会发展统计公报》注释 [14]。

通用设备制造业，专用设备制造业，汽车制造业，铁路、船舶、航空航天和其他运输设备制造业，电气机械和器材制造业，计算机、通信和其他电子设备制造业，仪器仪表制造业。根据 2017 年 10 月 1 日实施的《国民经济行业分类》（GB/T 4754—2017），装备制造业在制造业 C 纲目下，包含行业 33 ～ 40。

1998 年，中央经济工作会议首次明确提出"要大力发展装备制造业"。按照国家发展和改革委员会对国民经济行业的分类与代码，装备制造业包括金属制品业，通用设备制造业，专用设备制造业，汽车制造业，铁路、船舶、航空航天和其他运输设备制造业，电气机械和器材制造业，计算机、通信和其他电子设备制造业，仪器仪表制造业八大类及下属的 185 个小类。从纵向来看，装备制造业是由机械工业、材料、电子和零配件等相关的行业组成的产业群体。

随着近几年的高速发展，中国装备制造业的整体水平已经达到了 20 世纪 80 年代中后期的世界水平，而很多主要工业产品及科技水平含量较高的产品生产能力已跃居世界前列，如大中型发电设备、大中型金属切削机床等，并且不断有新型、高效、高精度的制造工艺技术在装备制造业中广泛应用，制造工艺水平的逐年提高为进一步提高产品质量、制造大型成套设备、研制高新技术产品创造了条件。

（二）研究装备制造业的目的

制造业历来被世界各国视为国民经济的基础，是推动经济增长的动力。一个国家如果没有雄厚的制造业，就很难占据国民经济发展的制高点，很难在世界各国逐渐热化的竞争中保持主动权及长久的发展动力。尤其是对中国这样一个希望实现民族复兴，尽快达到世界先进水平的大国来说，制造业的地位就显得尤为重要。宋健曾经说，制造业不仅是中国这样一个大国的立国之本，也永远是人类社会的"首席产业"，一个没有强大制造能力的国家永远成不了经济强国。

装备制造业作为制造业的核心，在推动整个制造业发展方面，发挥着至关重要的作用。它一方面提供物质财富和新的知识，另一方面为国民经济各部门提供先进的手段和装备。毫不夸张地说，装备制造业的现代化程度和发展水平直接关系到制造业的发展水平和发展速度，进而决定国民经济的发展速度、水平和质量，是一个国家或地区经济和科技实力的具体体现。从目前全球竞争的角度来说，谁在装备制造业领域取得了领先地位，谁就在全球化进程中占据了有利位置。因此，研究先进制造技术、大力发展装备工业、提高装备自给率始终是世界各国经济发展的重要战略。

目前，中国处于工业化发展的关键时期，"中国制造"正在以前所未有的速度席卷世界。但是从整体来看，中国制造业还处于比较低的水平，以轻工业产品为主。随着近年来全球经济危机、国内人力资本价格提高、环境的逐渐恶化等问题的出现，加快产业结构优化升级，进一步提高制造业水平已经成为当务之急，而其中的关键就在于有效促进装备制造业的发展。在技术革命和经济全球化发展推动下，国际装备制造业正在发生着重大变化，呈现出一些新特征、新趋势。

第一，世界装备制造业发展分工日益全球化。信息技术革命导致社会生产管理发生了革命性变化，企业组织形式也趋于多元化，分工全球化进程不断加快。目前，分工全球化主要以两种形式存在：第一种是开发商使用其掌握的产品设计、生产等关键技术，授权其他生产商按要求生产产品，自己则将工作重点放在建立营销网络、广告宣传及售后服务等方面；第二种是开发商在全球范围内通过合作建立零部件生产网络，自己负责产品的总装与营销。

对装备制造业来讲，这种全球化分工使资源配置范围得到了极大拓展，企业可以将生产、营销、服务及研究开发等流程向全球推进，采取异地设计、异地制造等新型经营方式，从而使装备制造业在全球范围内重新分布与组合。最明显的例子是许多制造业跨国公司均开始在海外设立研究开发机构，逐渐将研发工作进行分散，充分利用其他国家的高技术人力资本优势。据调查，美国企业在其他国家设立的研究开发机构多达182个，仅在日本就设有43个，所有研发机构中涉及制造业的有116个。其他国家企业在美国共设有715个研究开发机构，其中涉及装备制造业的高达423个。值得关注的是，跨国公司在这一过程中纷纷把生产环节移向中国，并且把这种转移与其全球战略、全球配套体系及企业组织制度结合起来。世界级大公司已相继在中国设立了研发中心（据统计已有600多个）、服务中心和采购中心。

第二，世界装备制造业发展分工日益集聚化。自20世纪90年代以来，世界范围内装备制造业集聚化趋势不断发展，其目的是使不同企业通过合作和创新赢得竞争优势，具有特色的中小企业在这一过程中发挥着重要作用。以英国为例，英国国内目前共有154个规模较大的产业集聚群，分布在18个地区，覆盖部门和地区都十分广泛，英国北部的集聚倾向于汽车、金属加工等制造业行业。其他发展较快的产业集聚群还有美国的硅谷和128公路的电子业群、明尼阿波利斯的医学设备群、德国索林根的刀具业群、斯图加特的机床业群、韦热拉的光学仪器业群等。

第三，世界装备制造业技术创新速度不断加快。进入21世纪以来，技术创新水平不断提高，尤其是信息化水平的高速增长为装备制造业发展带来了新的机遇。网络技术一方面使装备制造业产业结构发生变化，集聚式契约分包合作方式已经成为主要生产形式；另一方面改变了装备制造业的生产和流通方式。电子商务的兴起在贸易领域引起了巨大变革，改变了装备制造业的生产、消费、流通方式，加速了装备制造业的全球化进程。总体来讲，网络技术正在改变着装备制造业的产业结构与组织结构，产业纵向一体化趋势正逐步减弱，取而代之的是契约分包的合作形式。网络化的制造、销售、采购、售后服务及承揽订货方式成为企业必不可少的手段和工具。

四、装备制造业的分类及特征

（一）装备制造业的分类

按照装备功能和重要性分类，装备制造业主要包括以下三方面内容。

一是重大的先进的基础机械，即制造装备的工作"母机"，主要包括数控机床（CNC）、柔性制造单元（FMC）、柔性制造系统（FMS）、计算机/现代集成制造系统（CIMS）、工业机器人、大规模集成电路及电子制造设备等。

二是重要的机械、电子基础件，主要包括先进的液压、气动、轴承、密封、模具、刀具、低压电器、微电子和电力电子器件、仪器仪表及自动化控制系统等。

三是国民经济各部门（包括农业、能源、交通、原材料、医疗卫生、环保等）科学技术、军工生产所需的重大成套技术装备，如矿产资源的井采及露天开采设备，大型火电、水电、核电成套设备，超高压交、直流输变电成套设备，石油化工、煤化工、盐化工成套设备，黑色和有色金属冶炼轧制成套设备，民用飞机、高速铁路、地铁及城市轨道车、汽车、船舶等先进交通运输设备，污水、垃圾及大型烟道气净化处理等大型环保设备，大江大河治理、隧道挖掘和盾构、大型输水输气等大型工程所需重要成套设备，先进适用的农业机械及现代设施农业成套设备，大型科学仪器和医疗设备，先进大型的军事装备，通信、航管及航空航天装备，先进的印刷设备，等等。

从分类可以看出，在中国，装备制造业关系到国民经济建设的各个方面，涉及面广，联系性和联结性强，构成了国家国防安全的基础和保障，对于其他产业产生了连带作用，提供了强有力的支持，也无形中提高了其他产业的竞争力。

（二）装备制造业的特征

根据装备制造业的定义及其所涵盖的内容，我们可以看出装备制造是将高端技术转化为生产力的重要手段的产业载体，具有高技术化、集成化、智能化的发展趋势，在一定意义上代表着生产力的发展方向。装备制造业的主要特征如下：

1. 产业范围广，产品门类多

装备制造业不仅涉及设备加工业，还涉及材料、电子和机械零配件加工等配套加工行业。装备制造业在国民经济中的主导作用是其他企业无法替代的，其产业结构优化调整具有的推动力量能够带动一大批相关产业的发展。其产品范围包括机械加工（含航空、航天、船舶和兵器等制造行业）和电子工业中的投资类产品。装备制造业可以为各行业提供现代化设备装置，从农业生产的机械化产品到国防使用的武器装备，社会各行各业的发展都离不开装备制造业。所以，装备制造业在国民经济中起着举足轻重的作用。

2. 产业关联度高，行业带动力强

装备制造业具有很强的关联效应，不仅可以实现工业结构的调整和产业升级，还可以通过向其他产业提供先进的技术装备来提升其技术结构，最终带动整个产业结构的全面升级。

3. 产业集群化，上下游产业链衔接紧密

装备制造业具有明显的集群特征，依据钻石模型，归纳为两种基本模式：以价值链分工为主导的产业集群模式和以竞争互补为主导的产业集群模式。以下主要介绍以价值链分工为主导的产业集群模式。以价值链分工为主导的产业集群模式中，通过产业链和价值链形成密切的上下游连接关系。随着新材料、新工艺、新技术的层出不穷，整体技术含量得到了大幅提升。一台小小的生产设备也许就汇集了包括钢铁、合金、塑料、橡胶、尼龙等多种材料，采用了表面热处理、材料复合等多项新工艺，涵盖了液压、仿形、光电等多种新技术。装备制造业中大量新材料、新工艺、新技术的投用必然会带动相关产业的蓬勃发展，使上下游产业链的衔接更加紧密。

4. 技术含金量高，操作流程复杂

装备制造业是科学技术物质化的体现，是高新技术产业化的载体，能较快吸收当代产业技术，本身的创新活动相当频繁，产品更新的周期较短，属于技术密集型产业。随着装备制造业不断引进高新技术，以及应用信息技术、软件技术和先进制造技术，将有更多的装备制造产业进入高技术产业范畴。装备制造业的主要流程包含产品的市场探索、产品的研发创新、产品的制造生产、产品的销售及服务，形成了一个从市场到市场的循环。其中，产品的生产制造环节，从原材料、零配套元件的采购到零部件的加工、制造及委托加工制造、上下游企业构成了一个相互联系的产业链，产业链越长，社会大生产分工生产协作的程度越高。

5. 吸纳就业能力强，从业人员结构复杂

装备制造业虽然属于技术密集型和资本密集型产业，但它不同于流程作业的工业，有较大的就业容量，可以提供大量的就业机会，具有较强的吸纳就业能力。同时，由于装备制造业前后产业关联度较高，对装备制造业投入也可以带动其他关联工业的发展。同时，增加相关工业的就业人数，解决就业问题，缓解就业压力，对保持社会安定团结具有至关重要的作用。产品的市场开发、研发创新、生产制造、销售及服务等每一个环节需要不同层次的人才，这使装备制造业的从业人员结构异常复杂。

6. 能有效节省能（资）源，产品附加值高

随着世界能源的日益枯竭和国际竞争的日趋激烈，各生产企业不得不采用既节能又环保的装备来组织生产，以最大限度地降低生产成本。从产品的原理、结构、材料、寿命等每一个细节入手，使大多数装备的节能环保功用日渐完善，对节约能源和保护环境起到了积极的促进作用。装备制造业作为技术密集工业，万元产值消耗的能源和资源在重工业中是最低的，而且产品技术含量高，附加价值高。

7. 保障国家经济安全，提高综合国力

装备制造业的发展水平能反映出一个国家工业体系的技术实力和生产配套的综合，特别是一些技术攻关难度大、设备成套性强，产品需跨行业配套制造的重大技术装备制造能力，反映了一个国家的经济和技术实力。装备制造业的发展有利于提高国民经济各行各业的技术水平和劳动生产率，从而提高国家的综合竞争力。许多工业化国家都把装备制造业作为主导产业加以培育。

装备制造业是用先进的科学技术改造传统产业的重要纽带和载体，是高新技术产业和信息化产业发展的基础，是国家经济安全和军事安全的重要保障。从装备制造业的特征中可以看出，加强中国装备制造业的自主创新能力是发展装备制造业的必然之路，它有利于提升中国工业整体的发展水平，提高中国的经济实力和综合国力。

五、装备制造业的战略地位

装备制造业是为国民经济发展和国防建设提供技术装备的基础性产业，其发展水平在一定程度上决定了一个国家或地区的经济实力、国防实力及在世界经济体系中的综合竞争力。因此，装备制造业在整个国民经济中处于至关重要的地位，具体表现在以下几个方面。

（一）装备制造业是国家工业水平的代表

装备制造业的发展水平是国家工业化进程的标杆。一国装备制造业的技术水平与竞争力基本可以代表国家工业科技的总体水平。当今世界的工业发达国家和地区往往也是装备制造业的强国，如美国、德国和日本。

装备制造业的特殊性在于，其提供的产品是国民经济各行各业所必需的设备，装备制造业的发展将提高国内装备的设计能力和制造水平，从装备的国内供给能力和供给水平方面，为本国工业的结构升级提供有力支持。我国人口众多，工业化进程中的生产装备不可能长期依赖进口，必须立足于本土装备企业。

（二）装备制造业是国民经济的重要支柱

装备制造业在各个工业化国家中，仍然是工业中最为重要的部分，是国民经济的支柱产业。《2019 中国制造强国发展指数报告》显示，中国制造业位居全球制造业第三阵列的前列，在美国、德国、日本之后，名列全球第四名，中国制造强国发展指数为 109.94，比去年略有提升，其主要原因是中国规模发展指数（55.16）为近年来最高值且持续位居各国首位，但质量效益（15.05）、结构优化（23.40）、持续发展（16.33）仍与美、德、日等国差距巨大，其中美国在这三项上的指数分别为 49.84、48.77 和 31.33。

报告认为，2012—2018 年，中国主要依靠规模指数的大幅提升，而质量效益、结构优化、持续发展三项数值合计仅提升了 5.4%，三项分项数值合计在 9 个主要工业国中位列第 7 位。报告指出，2018 年中国制造业劳动生产率为 28 974.93 美元 / 人，仅为美国的 19.3%、日本的 30.2% 和德国 27.8%。

发达国家已经进入后工业化时期，尽管随着产业链分工的发展，一些低端产品和低端生产环节被转移到了劳动力成本更为低廉的国家和地区，装备制造业表现出一定程度的外移，但发达国家并没有放弃在装备制造业方面的技术优势和主导地位，技术前沿及一些重要的生产环节至今仍牢牢掌握在发达国家的企业手中。在发达国家，装备制造业的支柱产业地位已经不完全体现在产业规模方面，通过对产业链主导权的控制，发达国家不仅保持了产业技术方面的领先地位，也获取了大量的产业利润，其增加值率和对于 GNP 的贡献保持了较高水平。

（三）装备制造业是用先进科学技术改造传统产业的重要纽带和载体

装备制造业的水平和现代化程度直接决定着整个国民经济的水平和现代化程度。劳动生产率的提高反映了一个国家的经济技术水平，是提高竞争力和国民收入的重要基础，而提高劳动生产率主要是通过先进装备和科学管理、把先进科学技术转化为现实生产力来实现。当前，中国国民经济各部门面临着用先进技术装备改造传统产业，提高生产水平、效益、劳动生产率的艰巨任务。中国政府提出，要加快工业改组改造和优化升级，有赖于振兴装备制造业，为各行各业提供先进和成套的技术。

（四）装备制造业是高新技术产业和信息化产业发展的基础

在信息技术与其他高新技术高速发展过程中，将其与机械制造技术充分结合，使制造工业，特别是装备制造业及产品在技术上产生新的飞跃。目前，发达国家都是在工业化的基础上发展信息化的，没有先进的电子和信息产品的制造设备，就谈不上信息化；反之，没有电子和信息技术的应用和发展，装备制造业就难以实现今天在技术上的飞跃。

（五）装备制造业是国家经济安全和军事安全的重要保障

经济全球化和市场国际化是国际经济大潮流，国民经济发展所需的许多设备都可以从国外买到，但由于经济和政治的原因，各国通常很难将最核心的技术出售。在这种情况下，唯有大力提高本国的装备制造业水平，才能不断缩短与其他国家之间的差距，尤其是涉及国防领域的先进技术和装备，只有依靠自身，才能逐渐真正实现跨越式发展，不断提高综合国力。

第二章 全球价值网络下的中国装备制造业的发展状况

一、中华人民共和国成立以来的装备制造业发展历程

中国装备制造业的发展轨迹是与中国产业发展的政策息息相关的。如果把中国经济发展进程划分为以下几个阶段，即计划经济阶段、有计划的商品经济阶段、计划经济向市场经济转轨阶段、社会主义市场经济阶段，那么在这些阶段中出台和产生的一系列产业政策都在相当程度上影响了中国装备制造业的提升路径。可以说，是中国产业政策的发展推动了中国装备制造业的提升。所以，根据中国经济发展的不同阶段及其制订的经济发展计划，可将中国装备制造业的发展阶段划分为以下三个阶段。

（一）中国装备制造业的起始阶段（1949—1978年）

这个阶段又可以称为中国装备制造业的起步阶段。由于中华人民共和国成立前中国的工业基本处于停滞阶段，装备制造业的基础相当薄弱，整个产业处于世界落后水平。中华人民共和国成立初期，国家花费大力气，对机械装备工业进行大范围的重组和改造，也着力培养了一批大型的国有装备企业。第一个五年计划期间，国家提出装备工业的发展方针和任务是"五年内机械装备工业建设的部署以发展冶金设备、发电设备、采矿设备、运输机械和农业机械的制造为重点，并适当地发展炼油和化工设备、金属切削机床和电器的制造"[①]。第一个五年计划基本是按部就班地顺利进行的，各项机械工业指标也都超额完成。

---

① 李健. 中国机械工业发展史 [M]. 北京：机械工业出版社，2001:75-76.

在顺利完成第一个五年计划后，中国进入了全面建设社会主义时期，这个时期的特点是以调整和过渡为主，研制出了一批大型和成套的设备。例如，第一机械工业部（以下简称"一机部"，现代工业和信息化部）建成了年处理原油 100 万吨的炼油设备和年产 2.5 万吨合成氨的设备，还完成了关于精密机床的研制和开发工作，这是中国首批高精度设备的研发。当 1960 年苏联专家撤离中国后，在中国装备工业进入极其困难的阶段下，一机部开发和研制了核原料加工设备、原子能反应堆和核物理试验设备等高科技产品，并在仅仅依靠国内艰苦环境和国际各方严密封锁的情况下，完成了航天、航空、舰船、兵器等行业尖端产品的研发。

第三个五年计划期间，中国主要围绕"大小三线"的建设进行了大量工作，从而改变了中国装备工业的整体布局。在这个阶段，中国装备工业的成果主要是，第二汽车制造厂研制出了冷加工成套设备；攀枝花钢铁公司研制出了年产 150 万吨钢铁成套设备；炼油设备年处理原油量提高到了 250 万吨；合成氨设备年产量由 2.5 万吨提高到 5 万吨。

第四个五年计划期间，中国从西方工业发达国家引进了汽轮机和轴承等制造技术和成套设备，从而提高了为航空航天、石油化工等工业设备配套的能力。"二五"到"四五"这段时间，中国装备工业取得了不小的成就，初步形成了门类较齐全、具有一定规模水平的装备制造体系。其中，在湘西、鄂西和西北分别建成了第二重型机器厂、第二汽车制造厂、四川三大动力设备（汽轮机、发电机、锅炉）制造厂、西北和西南的机床工具厂、贵州和甘肃的低压电器制造厂等，西南地区重点建设了以重庆为中心的西南装备工业基地，还有分布在西南、西北各省区的航天、航空、兵器等国防和尖端工业科研、生产基地。可以说，"大小三线"的建设为中国装备工业布局的基本形成奠定了坚实的基础。

中国装备制造业在这个阶段的发展特点基本如下：在工业建设上，基本以自给自足、自力更生为主，辅助以高关税等方式进口的一批装备设备和产品替代国内落后设备。工业生产方面，以供应国内市场为主，成立了一批具有一定装备设备和产品研发能力的专业科研机构，形成了较完整的装备工业体系，并初步奠定了工业化的基础。在这个阶段，由于装备制造企业缺乏主动进行技术改造，没有形成推动技术进步的内在机制，从而缺乏技术改造和进步的能力。此外，装备行业中的科研单位和企业、企业和市场基本是脱节的关系；装备工业及其企业的发展是依靠政府推动的、被动的发展过程，是政府对企业生产经营、研制研发进行严格控制，而不是持续的、持久的、普遍的技术进步过程。

（二）中国装备制造业的稳步发展阶段（1979—1999 年）

在这个阶段，改革开放带来的经济发展使中国装备制造业在成长的同时稳步发展，并且取得了一系列的技术进步。第五个五年计划期间，政府提出了"调整、改革、整顿、提高"的方针，通过对生产结构的调整，对相关服务领域的扩大，使国民经济比例关系严重失调的状况得以改进。在此期间，国家还采取了其他一系列的措施，如调整企业结构，发挥行业和中心城市的作用，按专业化协作原则改组装备工业，发展了一些经济联合体；通过管理体制的改革，使生产资料不再是商品的束缚，从而将装备产品领入市场，中国装备制造业得到了进一步的发展。

进入第六个五年计划和第七个五年计划时期，中国装备工业自主创新得到了前所未有的发展。在这个时期，由于在引进技术、发展大型成套设备方面取得了巨大成果，相应带动了一批大型骨干装备企业的技术改造，从而带动了整个装备工业的生产和科技创新。在此期间，机械工业部（现为工业和信息化部）相关系统引进成套设备、项目及单项技术 1 300 余项。

进入 20 世纪 90 年代后，电气机械制造业、普通机械制造业、仪器仪表制造业渐渐成为装备工业技术引进的重点。"八五"计划期间，中国机床工具及相关技术的引进约占全部引进项目总数的 50%，用汇额约占用汇总额的39.5%。根据《1998—2020 年中国机械工业发展报告》的整理，在 1991—1996年中国装备制造业中机床工具设备、汽车和电工电器设备在引进技术费用、用汇额等方面名列前茅，而机床工具设备、电工电器设备和仪器仪表设备在引进项目方面更是分别位居前三位。另外，从第八个五年计划到今天，中国装备工业技术的引进主要集中于层次较高的技术引进，而这种持续地大规模地引进较高技术也说明了中国装备工业以一种更加开放的姿态与世界接轨，向世界学习，向发达国家取经，意欲后发制人。但是，这也从另外一个角度反映了中国装备制造业虽然发展了几十年，但在技术上还是与世界发达国家存在相当大的差距，因此发展空间也是很大的。中国装备工业需要利用好引进的技术，从而全面提升中国装备制造业的技术水平和创新能力。

从改革开放到 1999 年是中国装备制造业成长和稳步发展的阶段。这个阶段中国装备制造业的基本特点是，中国进入市场经济时代，改革开放下的中国敞开胸怀迎接世界。在这样的背景下，中国装备制造业也迎来了发展的春天，充分享受到国际和国内两个市场及这两种资源带来的机遇，特别是鼓励利用外资。政府也为了鼓励中国装备工业的发展，逐步降低了关税，中国装备制造业也逐步完成了从主要出口初级产品向出口工业制成品的转变，并且在出口的商品中工业制成品的比重不断上升。在这样的机遇下，一些传统的产业开始慢慢成熟起来。可以说，市场经济在很大程度上解决了中国传统产业领域中经济短缺的问题，使中国装备制造业得以蓬勃发展。

（三）中国装备制造业的快速发展阶段（2000 年至今）

进入 21 世纪后，中国装备制造业真正迎来了快速发展的阶段。在这个阶段，国家出台了一系列单独的关于振兴和大力发展装备制造业的文件和政策，使装备制造业的发展驶入了快车道。其中，在第九个五年计划和第十个五年计划期间，中国政府出台了大量文件和相关政策，如《国务院关于加快振兴装备制造业的若干意见》，该意见明确了装备制造业的振兴目标：到 2010 年，发展一批有较强竞争力的大型装备制造企业集团，增强具有自主知识产权重大技术装备的制造能力，基本满足能源、交通、原材料等领域及国防建设的需要。此外，中共中央关于制定"十五"计划的建议强调，要大力振兴装备制造业，为中国装备制造企业注入了一道强心剂。在中央相关政策的指导下，各地方政府也发挥了重要的能动作用，依靠区域优势，最大限度地发挥了产业集聚效应，慢慢形成了一批极具特色和竞争力的装备制造企业集群；初步建立和完善并形成了一整套中国装备制造企业的技术创新体系；建设和逐步完善了一批具有国际先进水平的重大技术装备工程中心和研发中心；逐步构建以基础装备、一般机械装备、高新技术产业装备、重大技术装备等为核心的专业化产业体系，形成纵向的合理分工、协调发展、相互促进的产业格局，与国际先进装备制造业体系紧密依靠。

在"九五"和"十五"期间，中国在关键领域的重大技术装备领域取得了重要进展：1999 年 11 月 20 日，中国第一艘无人实验飞船"神舟"一号发射成功并顺利返回，使中国装备工业高技术工程达到新的高度。在此期间还有"新舟 60"新一代支线客机研制成功；中国在 20 世纪兴建的最大能源项目二滩水电站 550 兆瓦水轮发电机组投产；600 兆瓦火电机组分别在哈尔滨、上海顺利投入运行；以国内设计制造为主的"宝钢二期工程"完成了 250 吨氧气转炉和 1550 兆瓦冷连轧扳机等一大批世界水平冶金设备；现代化大型乙烯成套装置的核心设备乙烯三机、乙烯裂解炉等相继试制成功。自"十一五"规划以来，随着中国政策越来越开放，中国装备制造业已成为世界很多知名跨国公司向中国进行国际产业转移的重点。在最近的调查中发现，在中国 40 个工业行业的大类中，电气机械及器材制造业、电子及通信设备制造业、普通机械制造业和交通运输设备制造业等成为跨国公司对中国装备制造业中进行直接投资最为集中和广泛的行业，这些行业对中国工业增长的贡献率在 55% 以上，对中国工业乃至整个经济的发展起到了巨大的推动作用。

从 20 世纪末到现在是中国装备制造业自主创新能力快速发展的阶段，在这一阶段，中国装备制造业有如下特点：入世使中国经济发展迅速，同时将中国装备制造业推向了整个世界，融入了整个世界的发展。在积极参与国际分工和国际竞争的同时，市场变得越来越广阔。国内市场的开放俨然已使其成为国际市场的一部分；不断降低的关税和有管理的浮动汇率等政策和措施的出台更是将中国装备制造业的发展推向了国际化。经过"十一五"规划的发展，中国装备制造业更加具有国际竞争力，相信在不久的将来，中国必定会成为现代化的装备制造业强国。

二、中国装备制造业的发展现状

（一）装备制造业产业结构现状

1. 各行业资产增速稳步提升

2017 年，我国装备制造业资产规模实现稳步提升，但各行业资产增速差别较大。其中，仪器仪表行业等五个行业资产总额增速高于 5%，农业机械等六个行业资产总额增速位于 0 ～ 3%，而其他行业资产总额呈负增长趋势。从资产规模方面看，新能源汽车的强劲发展带动整个汽车工业产销量再创新高，使汽车行业实现平稳发展，其行业资产规模最大，为 77 302.35 亿元。从资产增速来看，随着消费升级态势明显，消费品市场规模扩大，食品包装机械行业实现快速发展，其行业增速最大，为 11.48%，增速同比上升了 3.02 个百分点。内燃机行业是资产总量降幅最大的行业，比 2016 年降低了 10.15 个百分点，增速为 −3.74%（表 2−1）。

表 2−1　2017 年装备制造业细分行业资产对比

行业分类	资产总计 / 亿元	同比增减 / %
农业机械行业	2 970.65	2.52
内燃机行业	2 857.28	−3.74

续　表

行业分类	资产总计 / 亿元	同比增减 / %
工程机械行业	6 572.91	2.24
仪器仪表行业	9 106.89	8.64
文化办公设备行业	1 333.99	−1.66
石化通用行业	21 533.93	0.32
重型机械行业	13 239.57	0.97
机床工具行业	10 296.44	5.99
电工电器行业	53 791.68	5.68
通用基础件行业	14 950.85	2.60
食品包装机械行业	842.60	11.48
汽车行业	77 302.35	10.74
其他民用机械行业	8 476.78	−2.00
铁路、船舶、航空航天和其他运输设备行业	17 097.80	1.07

数据来源：国家统计局、机经网。

2. 各行业收入小幅回落

2017 年，我国装备制造业行业收入小幅回落，除内燃机行业、工程机械行业、仪器仪表行业等五个行业收入增加，其他行业收入均减少。从主营业务收入方面来看，汽车行业主营业务收入最高，为 81 121.74 亿元。从收入增速来看，汽车行业仍受国家支持新能源发展、购置税优惠等政策的影响而快速发展，增速最大，为 5.84%，但相比 2016 年下降了 8.42 个百分点。受铁路客货运输改革调整影响，其市场需求进行了结构性调整，导致铁路、船舶、航空航天和其他运输设备行业主营业务收入同比下降 10.98 个百分点（表 2–2）。

表 2–2　2017 年装备制造业行业收入对比

行业分类	主营业务收入 / 亿元	同比增减 / %
农业机械行业	4 498.91	−5.19
内燃机行业	2 464.72	3.14
工程机械行业	5 522.72	4.00
仪器仪表行业	9 440.82	1.94
文化办公设备行业	1 636.97	−1.53
石化通用行业	21 422.74	−4.43
重型机械行业	12 100.74	−3.52
机床工具行业	11 434.83	−1.36
电工电器行业	56 755.55	−2.83
通用基础件行业	19 432.53	−4.07
食品包装机械行业	871.01	0.98
汽车行业	88 207.32	5.51
其他民用机械行业	11 563.11	−7.24
铁路、船舶、航空航天和其他运输设备行业	14 606.80	10.98

数据来源：国家统计局、机经网。

3. 各行业成本基本持平

2017 年，我国装备制造业行业成本费用基本持平，而主营业务收入增速较快的企业成本也增幅明显。内燃机行业和仪器仪表行业等五个行业成本呈现不同幅度的增加，而农业机械行业、重型机械行业和机床工具行业等九个行业成本呈减少态势。从成本费用规模来看，汽车行业成本费用规模最大，为

81 121.74 亿元。从成本增速方面来看，汽车行业的增速最大，为 5.84%。铁路、船舶、航空航天和其他运输设备行业成本降幅最大，为 10.31%（表 2-3）。

表 2-3　2017 年装备制造业细分行业成本对比

行业分类	主营业务收入 / 亿元	同比增减 / %
农业机械行业	4 245.01	−4.84
内燃机行业	2 257.27	1.32
工程机械行业	5 167.50	2.02
仪器仪表行业	8 647.56	1.36
文化办公设备行业	1 553.64	−1.00
石化通用行业	20 035.70	−4.57
重型机械行业	11 427.97	−2.92
机床工具行业	10 625.59	−1.91
电工电器行业	53 339.46	−2.52
通用基础件行业	18 126.59	−4.10
食品包装机械行业	814.59	0.92
汽车行业	81 121.74	5.84
其他民用机械行业	10 909.98	−6.86
铁路、船舶、航空航天和其他运输设备行业	12 637.30	−10.31

数据来源：国家统计局、机经网。

4. 各行业利润小幅上升

2017 年，我国装备制造业利润总体小幅上升，但各行业利润增速差别较大。工程机械行业和内燃机行业利润同比增速高于 35%，仪器仪表行业、机床工具行业、食品包装机械工业利润以逾 10% 的速度增长，重型机械行业利润基本保持稳定，文化办公设备行业等利润呈下降态势。从利润规模方面来看，汽车行业利润最高，为 7 008.11 亿元。从利润增速方面来看，受国家扶持力度加大、环保型设备需求增加、行业内生动力增强的影响，工程机械行业利润增速最大，达 73.33%，同比增长 63.06 个百分点。铁路、船舶、航空航天和其他运输设备行业降幅最大，为 –14.47%，与 2016 年相比下降了 16.56 个百分点。新能源内燃机需求大幅增加，内燃机行业增幅上升，比 2016 年提高了 36.80 个百分点（表2–4）。

表 2–4　2017 年装备制造业细分行业利润对比

行业分类	利润总额 / 亿元	同比增减 /%
农业机械行业	247.50	−5.26
内燃机行业	243.61	36.80
工程机械行业	401.50	73.33
仪器仪表行业	865.13	10.02
文化办公设备行业	86.69	−11.29
石化通用行业	1 403.26	4.99
重型机械行业	654.01	0.01
机床工具行业	816.96	10.29
电工电器行业	3 440.72	−5.14
通用基础件行业	1 263.81	−0.85
食品包装机械行业	59.72	10.14
汽车行业	7 008.11	1.65
其他民用机械行业	642.75	−11.17
铁路、船舶、航空航天和其他运输设备行业	873.20	−14.47

数据来源：国家统计局、机经网。

（二）中国装备制造业对外经济现状分析

1. 装备制造业进出口双双增长

2017 年，我国装备制造业进出口总额为 7 808.25 亿美元，同比增长

16.48%，增速较 2016 年上升 26.08 个百分点，如图 2-1 所示。我国装备制造业进出口贸易顺差为 1 088.21 亿美元，比 2016 年增加 136.81 亿美元。在世界经济温和复苏、国内经济稳中向好、"一带一路"倡议稳步推进、外贸稳增长政策效应显著等多方面因素的共同作用下，扭转我国装备制造业连续两年下降的局面，实现两位数的恢复性增长。

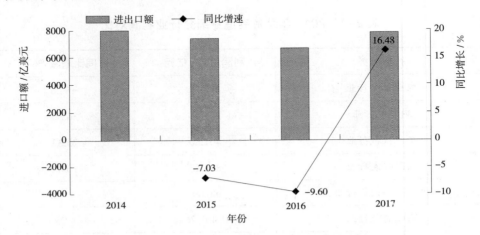

图 2-1　2014—2017 年装备制造业进出口额及同比增速

2017 年，我国装备制造业出口额为 4 448.23 亿美元，同比增长 16.22%，增速较 2016 年上升 27.92 个百分点。分月份看，装备制造业出口额增速呈波动增长态势，1 月份同比增速最高（307.37%），2 月份降至最低（-2.99%），随后开始回升，如图 2-2 所示。

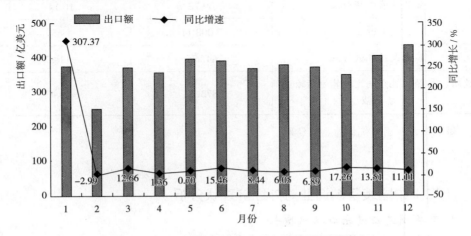

图 2-2　2017 年装备制造业出口额及同比增速

2017 年，我国装备制造业进口额为 3 360.02 亿美元，同比增长 16.82%，增速较 2016 年上升 23.47 个百分点。分月份看，装备制造业进口额增速呈波浪式上升趋势，1 月份同比增速最高，达 125.51%，如图 2-3 所示。

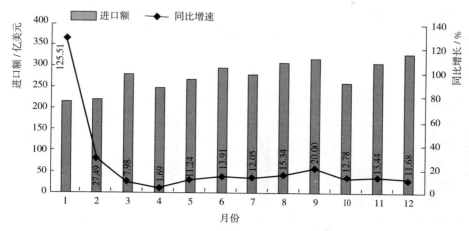

图 2-3　2017 年装备制造业进口额及同比增速

分行业来看，2017 年进出口总额最高的三个行业分别是电工电器、汽车和石化通用，分别是 1 604.03 亿美元、1 355.71 亿美元和 949.7 亿美元。从进出口增速来看，2017 年，各分行业均为正值，工程机械进出口额增速最高，为 20.83%，重型机械进出口额增速最低，为 3.48%，如图 2-4 所示。

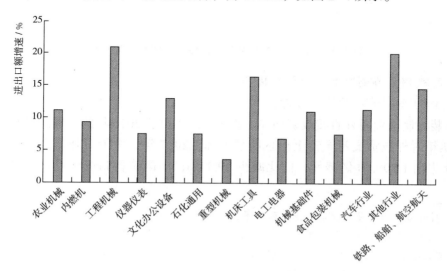

图 2-4　2017 年主要装备制造业进出口额增速对比

2017 年实现贸易顺差前三位的是电工电器、石化通用和工程机械，分别为 545.81 亿美元、426.85 亿美元和 146.38 亿美元。2017 年贸易差额为负的行业有汽车行业、仪器仪表行业、其他行业和机床工具行业，其贸易逆差分别为 –207.17 亿美元、–140.13 亿美元、–53.88 亿美元和 –34.75 亿美元。2017 年大部分装备制造业行业贸易差额为正，对外贸易表现良好，如图 2–5 所示。

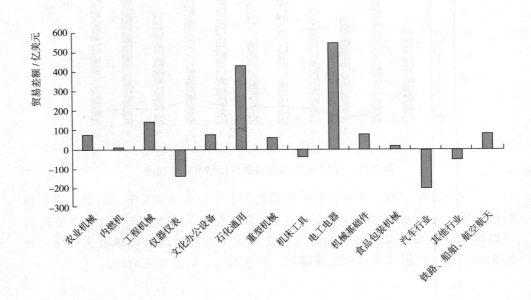

图 2–5　2017 年主要装备制造业行业贸易差额对比

2. 我国装备制造业对外投资情况

（1）对外直接投资力度加大 [①]

装备制造业对外直接投资明显下降 [②]。在经历了 2016 年的爆发式增长后，2017 年对外投资交易金额上出现明显下降。2017 年，中国对外非金融类直接投资达到 1 200.80 亿美元，同比减少 29.41%；中国装备制造业对外直接投资

[①]　对外直接投资是指我国企业、团体等（简称境内投资者）在我国港澳台地区及国外以现金、实物、无形资产等方式投资，并以控制国（境）外企业的经营管理权为核心的经济活动。对外直接投资的内涵主要体现在一经济体通过投资于另一经济体而实现其持久获利的目标。（该解释来自商务部《对外直接投资统计制度》）

[②]　联合国贸发会议将全球对外直接投资分为跨境并购投资和绿地投资。

108.40 亿美元，同比减少 39.31%，占同期总投资额的 9.03%。分月份看，装备制造业 2017 年 1 月的对外直接投资额同比增速最快，达 172.62%，5 月的对外直接投资额同比增速最慢，为 –61.60%，如图 2–6 所示。

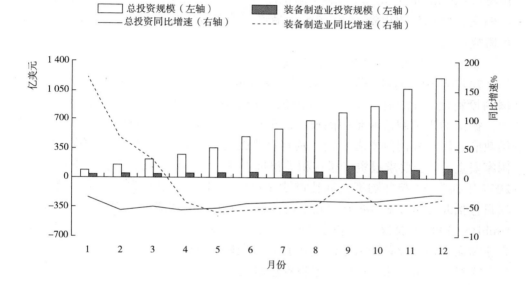

图 2–6　2017 年我国对外直接投资总额、装备制造业对外直接投资累计完成额及同比增速

（数据来源：商务部国外经济合作统计数据）

（2）重点国家（地区）投资合作情况

2017 年，受全球投资回报率下降、国际生产扩张速度日渐放缓、全球价值网络扩张趋于停滞的影响，超大型并购及企业重组减少，我国对外直接投资额大幅减少。

①我国对美国的直接投资首次下降

2017 年，受政策及政治因素影响，中国对美国的直接投资总额为 294.005 亿美元，同比下降 36%，并且进行的投资几乎都是 2017 年之前宣布的项目或收购。与装备制造业相关的投资项目主要包括青岛海尔拟以现金方式收购斐雪派克生产设备有限公司 100% 股权，以便于将斐雪派克研发的智能制造的数字化平台 COSMOline 融入青岛海尔自主研发的智能数字化平台 COSMOPlat，推动 COSMOPlat 的建设和推广；浙江万安科技以现金方式收购了 Evatran 目前拥有的全部业务及资产，其研发的电动车无线充电系统成为获得美国第三方安全认证的产品，有助于万安科技在电动车无线充电领域的布局等。

同时，中国多项交易因美国外国投资委员会（Committee on Foreign Investment in the United States）阻挠而取消，如美国芯片生产商莱迪思半导体收购案，中资集团出资 13 亿美元，最终因美国外国投资委员会以国家安全为由阻挠而取消。

②对德投资受新并购法案影响减少

2017 年中国对欧洲的直接投资额达 800 亿元，同比增长 129%，其中对德国的投资额为 137 亿美元，占对欧洲投资总额的 17.13%，位居英国之后排第二。德国的先进制造业是中国投资的重点，但受德国政府新法规的影响，即德国政府在面对外国投资者收购"具有重要战略意义公司"申请时，有权"根据国家安全需要"要求投资者履行相关报批责任，并对交易施加更长的审核时间，2017 年共有 54 起并购案，同比减少 20.59%。其中与装备制造业相关的投资项目包括北斗星以 8 000 万欧元增资持有汽车电子电器测试工程服务商 In-tech GmbH57.14% 的股权，以布局汽车电子业务板块；乐惠国际以 400 万欧元收购高速和无菌包装设备制造生产企业 NSM Packtec GmbH。

③对"一带一路"沿线国家投资稳步推进

2017 年，我国企业对"一带一路"沿线 59 个国家进行了直接投资，投资额合计 143.6 亿美元，占同期总额的 12%，比 2016 年同期增加 3.5 个百分点。对"一带一路"沿线国家实施并购 62 起，投资额 88 亿美元，同比增长 32.5%。在对外投资整体降温的背景下，我国企业在"一带一路"沿线国家的并购依然维持在 2016 年的水平。但是，其投资仍主要集中在基础设施领域，装备制造业投资比重相对较小。投资项目与装备制造业相关的主要包括湖北天立坤鑫装备公司以 1 537.33 万元收购了越南生产特种商用车的永发汽车公司 29% 股权，飞乐音响以 160 万欧元收购泰国制造照明产品的 Havells Sylvania 公司的 100% 股权。

3. 外资对装备制造业投资状况

（1）高技术制造业引进趋增

2017 年，吸收外资规模小幅下降，高技术制造业大幅增长。2017 年，制造业实际使用外资 2 259 亿元（折合 334.85 亿美元），同比减少 1.9%，在全国实际使用外资总金额中的比重为 25.74%。其中，高技术制造业实际使用外资 665.90 亿元（折合 98.71 亿美元），同比增长 11.3%，实现持续增长，占制造业实际使用外资总额的 29.48%。

（2）国家加大制造业对外开放力度

2017 年，我国继续推进制造业对外开放，不断推动形成全面开放新格局。正如党的十九大报告中提到"中国开放的大门不会关闭，只会越开越大"，放宽市场准入，为装备制造业进入我国提供法治化、国际化、便利化营商环境。党的十九大报告提出"实行高水平的贸易和投资自由化便利化政策，全面实行准入前国民待遇加负面清单管理制度，大幅度放宽市场准入，扩大服务业对外开放，保护外商投资合法权益"后，习近平在博鳌亚洲论坛再次提出大幅度放宽市场准入制度。随后，国家发改委会同有关部门开展具体措施落实研究工作，通过制定新的外商投资负面清单，大幅度放宽外商投资准入门槛，重点开放制造业市场，如汽车行业将分类型在五年过渡期间，取消专用车、新能源汽车（2018）、商用车（2020）、乘用车（2022）的外资股占比限制；船舶行业 2018 年取消外资股占比限制；飞机制造行业 2018 年取消外资股比限制。

（3）各地加大装备制造业的对外开放力度

一是广东省大力改善装备制造业企业的营商环境。一方面，深入推进自贸试验区制度创新，将外商投资负面清单由 122 项缩减到 95 项，装备制造业领域重点取消轨道交通设备、汽车电子、新能源汽车电池、摩托车等外资准入限制；另一方面，加大对外开放政策力度。出台"外资十条"进一步扩大对外开放以积极利用外资，重点放开专用车、新能源汽车制造等装备制造业外资股占比限制，对制造业重点项目或地区总部最高奖励 1 亿元等，实际利用外资达 1 385.5 亿元。同时，广东省分别在以色列、爱尔兰、英国举办经贸合作交流会，共签约 168 个项目，总金额达 166.24 亿美元。

二是重庆市加强与欧盟在装备制造业领域的合作。2017 年，重庆市实际利用外资 101.83 亿美元，连续五年超过百亿美元。其中，制造业实际利用外资 52.2 亿美元，占全市比重超过 50%。近年来，重庆与欧洲经贸往来保持良好的发展态势，截至 2017 年底，累计实际使用外资 27.38 亿美元，而德国是最大的贸易伙伴，实际使用外资 14.79 亿美元，其装备制造业项目投资主要涉及铁路、船舶、航空航天和其他运输设备制造业等。同时，重庆通过政府＋平台＋创新＋服务的开放式运营模式，在重庆自贸试验区范畴内搭建设立面向欧洲及其葡语系国家的招商引资引贸引智的推介平台——中德中葡创新促进中心，引进海内外高端人才，促进重庆与欧洲及其葡语系国家在智能制造、科技创新等领域的合作交流。

三是山东省部分装备制造业外企投资大幅增加。2017 年，山东省制造业实际使用外资 645.84 亿元，同比增加 9.68%。其中，通用设备制造业实际使用外资 131.94 亿元，同比增加 52.55%，涨幅最大；专用设备制造业实际使用外资 61.16 亿元，同比增加 27.97%。

四是天津市大力引进装备制造业企业。2017 年，天津市累计实际使用外资 106.1 亿美元，比 2016 年增长 5%，其中，制造业实际使用外资 32.6 亿美元，增速为 1.5%。滨海新区龙头作用显著，实际使用外资 77.17 亿美元，占全市实际使用外资总量的 72.8%，比 2016 年提高 8.6 个百分点。同时，天津市大力推进企业招商，重点引资装备制造领域跨国公司地区总部、研发中心、世界 500 强和隐形冠军企业，具体措施包括以下三个方面。

①调整直接使用外资工作评价办法。天津市实行稳增长与调结构并重原则，将以往单纯考核利用外资规模调整为考核利用外资规模与考核利用外资质量并重，加大高端项目考核比重。

②抓实一批重点项目。重点落实霍尼韦尔研发中心、GE 智能制造技术中心、德国弗劳恩霍夫研究院中国实验室，日本太阳密封、昭和电器，JIMCO 等隐形冠军企业拟在津投资项目。同时，推动中芯国际二期增资 15 亿美元项目、一汽丰田新车型增资 162 亿元项目落地。

③组织交流会，拓展招商渠道。聘请空中客车、通用电气、西门子、大众汽车、丰田等 20 家知名跨国公司负责人参加交流会，加强与跨国公司 500 强企业的合作，扩大项目引进。

三、全球价值网络下的中国装备制造业的战略困境

（一）中国装备制造业产业结构方面遇到的困难

1. 中小企业缺乏长期发展战略

中小装备制造企业与所处行业的大型企业相比，资产规模、人员数量、经营规模都相对比较小，相当数量的中小企业居于产业链上游，或者是基础支撑部分，是提高产业链整体配套性和协调性的关键，其发展水平在一定程度上决定装备产业链所能达到的高度。德国就得益于强大的中小企业而成为全球重要的制造强国。但是装备制造类中小企业无法通过简单的管理创新或者模式创新就获得长远发展，因此核心技术与产品才是其生存的根本。装备制造业属于典型的资本和技术密集型产业，尤其是高端装备产品，研发、启动、生产和制造

的一次性固定投入巨大，加之其研发周期长、利润率低，多数中小企业更倾向于为大型企业贴牌生产，这样既可以利用国内廉价劳动力和土地成本，又省去了研发创新所需的资本。但这种重复劳动既不能为企业带来持续盈利，又不能提高行业竞争力。

2. 大型企业转型升级速度慢

大型企业已经形成了成熟的业务核心竞争优势，由现有业务向新方向转型是一个长期的过程。同时，在资金实力等影响下，大型企业的转型较多地依靠外部整合，其方向选择具有机遇性和被动性的特点，缺乏战略性和主动性，难以形成明确的主导产业、核心产品和统一品牌，企业转型步伐缓慢。此外，在管理体制上，大型企业的业务模块较多，推动企业转型会影响各部门的业务联系，导致企业资源整合及协同优势较难发挥。

3. 部分产品和零部件质量与国外差距较大

我国装备研发制造能力不足，质量标准体系建设落后，部分关键配套辅机、零部件和原材料虽然实现了国内生产制造，但是产品的可靠性、稳定性不高，质量难以满足需求。例如，国产五轴联动数控机床连续无故障时间仅为国外的2/3，精冲模寿命一般只有国外先进水平的1/3左右，使国内企业对购买自主研发的产品顾虑重重。此外，民营装备制造业企业缺乏品牌意识和品牌战略，民营企业家缺乏远见，导致在世界上很难找到中国装备制造业的知名品牌。在世界品牌实验室2017年发布的世界品牌500强企业中，中国仅有37家企业入选，而美国有233家企业入选，并且在中国入选的37家企业中，仅海尔集团属于装备制造业。

4. 高端装备和关键部件受制于人

装备制造业重点领域发展急需的专用生产设备、专用生产线及专用检测系统等存在明显短板，五轴超精密机床及高档数控系统、国防军工领域关键部件精加工生产线制造和检测装备等产品大部分仍需要进口；前沿及新兴领域装备有效供给能力严重不足，如12英寸集成电路芯片制造设备、高端医疗CT球阀、液晶面板关键生产设备依赖进口；部分关键部件仍未掌握核心技术，如超临界机组的安全阀、3兆瓦以上风电机组轴承等受制于进口。这些都说明我国高端基础制造装备和关键部件受制于人，对战略性新兴产业发展的制约依然存在。

5. 高档工业软件系统水平较低

装备制造业智能化发展的核心是工业软件，它凝聚着装备企业发展所积累的工业知识、方法和数据，通过建模进行设计及制造，如波音787的研制用了

8 000 多种软件，其中只有 1 000 多种为商业软件，其他都是"非卖品"，些软件是该企业几十年工程技术和知识的结晶，这也是波音公司核心竞争力的一部分。然而我国大部分装备制造业并没有认识到工业软件的重要性，还存在制造企业业务流程和信息系统"两张皮"现象。2017 年，我国软件业人均收入13.03 万元，在所有行业中最高。软件从业人员 600 万人，创造了 5.5 万亿元产值，但其中工业软件从业人员比例极低。

6. 政策覆盖范围不平衡

装备制造业领域政策支持力度不均衡。清洁高效发电装备、轨道交通、高技术船舶及海洋工程装备等领域设备价值高、风险大、维保成本高、风险保障需求迫切，目前支持相对充分；大型环保及资源综合利用装备、先进成形加工装备、新型大马力农业装备、电子及医疗专用装备等领域设备自主化率低，单台（套）设备价值及保费相对较低，装备制造企业投保及保险公司推广积极性不高，目前支持较少。

（二）中国装备制造业经济运行中遇到的困难

1. 经济运行仍有下行压力

（1）仍有部分企业经营困难

2017 年，装备制造业企业亏损面为 11.61%，同比下降 0.38 个百分点，与制造业企业亏损面（11.31%）相比，亏损面差距缩小。2017 年，装备制造业亏损额为 1 350.01 亿元，同比下降 8.19%，增速同比下降 9.58 个百分点，与制造业亏损额增速大幅下降（-17.94%）相比，装备制造业亏损企业亏损额仍在上升，这表明装备制造业企业整体经营情况有所改善，但仍不容乐观。

（2）资产利润率依然较低

2017 年，我国装备制造业总资产利润率为 0.71%，同比下降 0.09 个百分点，与制造业总资产利润率（7.7%）相比，装备制造业资产利润率较低，资产利用效率仍然有待提高，说明装备制造行业产能过剩问题依然严峻。同时，在高库存情况下，企业仍要把产品不断推向市场，导致应收账款增加，反过来又影响企业资金流及利润，带来下行压力。

（3）产成品存货持续增加

装备制造业企业库存持续增加。2017 年，我国装备制造业产成品存货为11 181.78 亿元，同比增长 6.37%，上升 0.09 个百分点，占全国制造业产成品的 27.71%。与制造业产成品存货（5.90%）相比，装备制造业产成品存货增速较快，占比较大，这说明装备制造业产能过剩形势依然严峻。

（4）运营风险较高

2017 年，装备制造业应收账款为 46 689.37 亿元，同比增长 7.45%，增速同比下降 2.58 个百分点，占制造业应收账款的 37.20%，并且应收账款增速高于同期装备制造业主营业务收入及利润增速 8.20 个百分点和 6.75 个百分点，说明应收账款仍在高位，企业获得的稳定持续现金流较少，面临较大的经营风险，而销售业务相对低迷也会在短期内加重企业的资金负担。

（5）固定资产投资趋缓

装备制造业固定资产投资增速低于全社会及制造业。2017 年，累计完成固定资产投资 54 403.04 亿元，同比增加 2.53%，增速继续低于全国固定资产投资增速（7.20%）和制造业固定资产投资增速（3.08%），企业固定资产投资意愿较低（图 2–7）。从总体来看，装备制造企业投资趋于理性，没有盲目扩张，投资多以技术改造为主，主要对工艺技术改造，对生产流水线改造，开展新产品开发。但是，装备制造企业在面临融资难、高端技术和管理人才缺乏、长效技术未建立的情况下，技术改造工作有待改善。

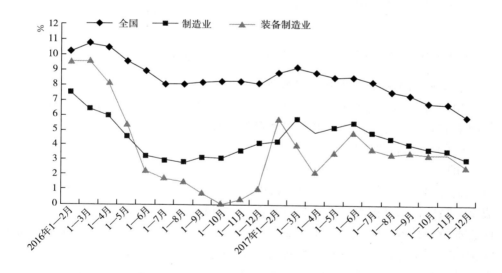

图 2–7　2016、2017 年全国、制造业及装备制造业固定资产投资增速比较

（6）市场需求依然低迷

2017 年，中国采购经理人指数中的新订单指数基本在 53% 上下，略高于临界点之上，表明制造业市场需求扩张步伐较缓慢，如图 2–8 所示。这主要是由钢铁、电力、煤炭、化工、石油等领域仍处于产能调整阶段引起的。装备制造业受这些传统用户影响，市场需求低迷的境况没有改变。影响较大的如海工装备市场，随着国际油价"断崖式"下跌，全球海工装备市场需求骤降，船东接船意愿和能力不足，我国海工企业面临严峻的生存挑战。

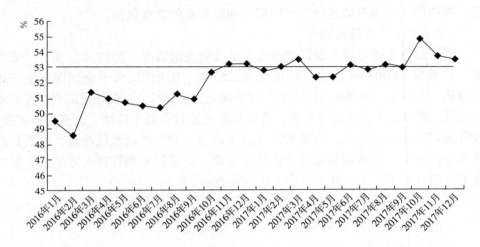

图 2-8 2016、2017 年中国制造业采购经理人指数和制造业新订单指数比较

2. 经营成本对企业发展的制约性有所增加

2017 年，由于原材料价格攀升、用工成本上涨、物流成本和融资成本增长等因素的影响，经营成本对企业发展的掣肘作用依旧明显。

（1）原材料价格攀升

2017 年以来，以钢铁为代表的原材料价格呈大幅上涨趋势，平均增速11.6%，涨幅明显高于工业生产资料出厂价格（平均增速 8.4%），为控制产品成本，原材料库存被大量消耗，因此企业原材料补库需求明显，如图 2-9 所示。而成本价格传导明显乏力，装备制造业企业运营成本继续承压。分行业市场需求预期不同又导致各行业原材料库存差异明显。其中，工程机械、机械基础件、汽车等行业市场需求预期向好，原材料补库明显；重型矿山机械、食品包装机械等行业市场预期较差，原材料库存增长不明显。

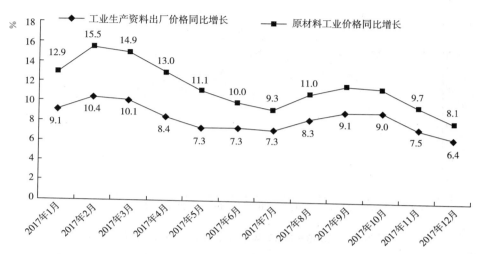

图 2-9　2017 年工业生产资料出厂价格和原材料工业价格同比增速

（数据来源：国家统计局）

（2）用工成本持续上升

近年来，我国最低工资标准不断上升，工资成本刚性上升，2017 年以来，上海、深圳、北京等 21 个省份和城市宣布已调整或将上调最低工资标准，较 2016 年（9 个）大幅增加。同时，与工资挂钩的各类社会保障待遇标准也随之上调，六险两金等相关费用再次上升，致使人工成本提高，给企业带来较大压力。此外，受用工结构调整升级的影响，企业大幅提高研发人员在总人数中所占的比例，而研发人员的薪酬约是普通员工薪酬的 1.5 ～ 3 倍，推动企业用工成本持续上升。这些都削弱了中国装备制造业的竞争力。

（3）物流成本下降空间大

近年来，我国物流成本水平总体呈下降趋势。2017 年，社会物流总费用占 GDP 的比例为 14.6%，比 2016 年下降 0.3 个百分点，年均降速 3.02%，如图 2-10 所示。然而我国的社会物流总费用占 GDP 比例仍比美国（8%）、日本（11%）等发达国家高，还高于印度（13%）、巴西（12%）等其他金砖国家，高出全球平均水平 3.6 个百分点。目前，我国制造业生产成本中仍有三成左右被物流占去，远高于发达国家的 10% ～ 15%，因此我国装备制造业物流成本仍有较大的下降空间。

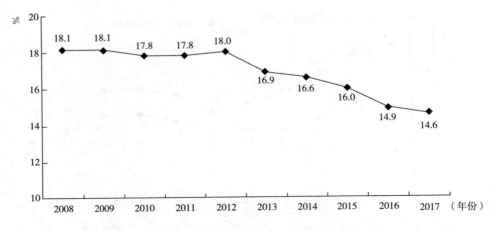

图 2-10　2008—2017 年社会物流总费用占 GDP 的比例

（数据来源：中国物流与采购联合会）

（4）企业融资难问题仍严重

截止到 2017 年，中国短期贷款实际利率（4.35%）高于美国（3.25%）和日本（1.22%）等发达国家。如果加入工业生产者出厂价格（PPI）上升影响，那么中国的贷款实际利率更高。而且自 2017 年以来，受央行实施宏观审慎评估体系考核、"一行两会"强调金融强监管等影响，货币市场利率和风险溢价逐步上升，推动银行贷款利率上升，企业融资难问题更加突出。装备制造业民营企业特别是小微企业融资成本高，借贷时间短，渠道单一，银行借贷、压贷、抽贷和断贷的情况时有发生。在融资成本方面，民营企业实际融资成本仍过高，贷款利率一般会在基准利率基础上上浮 20% 以上，从小额贷款公司融资的成本亦高达 20%。在融资渠道方面，面向民营企业的贷款渠道较为单一，金融机构放贷积极性不高且放贷条件严格，如贷款程序复杂、资产质押比例大、抵押物折扣率高、评估登记收费高等。而政府设立的产业投资基金由于运作能力有限，建立后并未完全发挥实际效果。在借贷时间方面，企业贷款期限较短，申请到的多为流动资金贷款，期限多为半年期和一年期，企业不得不通过拆借高利贷或过桥贷维持运营，压力巨大。

3. 优质不能优价

（1）产品出厂价格涨幅较小

2017 年，我国装备制造业分行业工业生产者出厂价格增幅较小，其中，仅专用设备行业工业生产者出厂价格涨幅（1.81%）高于1%，而仪器仪表行业（−0.90%）及金属制品、机械和设备修理业工业生产者出厂价格呈负增长（−3.37%），如图2−11所示。这说明我国装备制造业供需不平衡的问题仍然存在，一些质优产品不能优价售出。

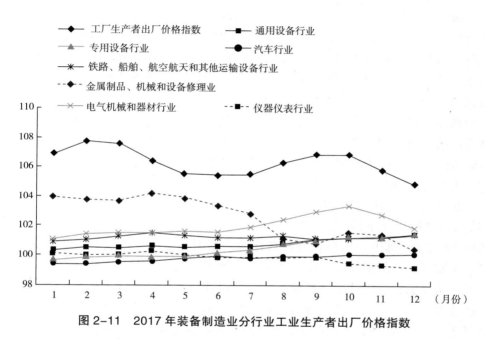

图2−11　2017年装备制造业分行业工业生产者出厂价格指数

（2）低价中标制度阻碍质量提升

产品是装备制造业企业的立身之本，只有产品有质量、企业以质量为目标，整个市场才能良性发展。但是，一些地方在招投标中存在的"低价中标"现象已成为企业提升产品质量的突出障碍。这些以低于成本价中标的企业为获取利润，在原材料采购、生产制造等方面压缩成本，以牺牲产品质量来弥补亏损，从而出现"劣币驱逐良币"的现象。例如，在工程机械行业，部分企业为获取价格竞争优势，以次充好，偷工减料，埋下安全隐患，影响企业创新的积极性。再如，2017年3月发生的西安地铁"电缆门"事件，劣质电缆在多地地铁投标中畅通无阻，导致工程建设质量下降。政府采购采取最低价中标的情况，既助长了行业间的恶性竞争，又使企业科技创新和可持续发展的环境恶化。为了解决该问题，政府采购制度改革围绕结果导向思路不断向纵深推进。2017年7月，财政部发布修订后的《政府采购货物和服务招标投标管理办法》取消最低价中标规定，要求投标人就有可能影响产品质量或者不能诚信履约的报价提供说明或证明其合理性。这一举措对解决低价中标引发的问题具有重要意义，但是低价竞争对质优企业的影响短时间内还无法根本解决。

4. 国际产能合作阻碍多

（1）出口结构不合理

加入世界贸易组织以来，我国外贸规模迅速增长，但是我国装备制造业出口结构不尽合理，出口的产品在产业结构和生产技术方面与发达国家还有很大差距，尽管部分高附加值装备制造业产品保持良好增长趋势，如出口汽车增长27.2%，医疗仪器及器械增长10.3%，但是出口仍以传统劳动密集型产品为主。而我国装备制造业很多技术密集型和资本密集型的高端产品依赖进口，如2017年中高端工业品（如集成电路、液晶显示板及汽车、汽车底盘、汽车零配件等高端产品）进口超过2 000亿元，部分重要设备和关键零配件进口增长加快，尽管这些领域有国家战略支持，但依赖进口的现状短时间内仍难改变。

（2）技术性贸易壁垒较多

2017年，共有82个WTO成员方提交了召回通报2 587次，欧盟、美国和加拿大扣留（召回）的中国产品分别为1 083次、153次和127次，占总批次的59.22%。其中，出口装备制造业的产品因技术性壁垒被召回294次。中国装备制造业产品依然面临很多欧美发达国家的技术性贸易壁垒。发达国家对中国产品设定较高的技术和环保指标，凭借其自身的技术优势来保护本国的装备制造类产品。例如，欧盟针对消费品发布的《化学品注册、评估、授权和限制制度》（REACH）一直在不断更新和提高商品的化学含量标准。

（3）国际化水平低

我国装备制造业企业应对跨国产能合作涉及的各国法律、汇率、财会制度等复杂因素的能力不足，导致企业无法在错综复杂的国际市场中做出正确的投资决策。例如，我国汽车企业对各国市场的特征和规则尚待深入了解，在品牌形象维护、知识产权保护、外方违约责任追究、反倾销诉讼等方面自我保护能力不足，"走出去"举步维艰。我国工程机械在海外市场竞争中，关键技术和关键部件依赖发达国家企业，售后服务亦是明显的制约因素。

第三章 国际装备制造业升级经验与启示

一、德国经验与启示

德国工业 4.0 提出双领先策略，即保证装备制造和市场生态领先。与其他经济发达国家不同的是，德国的制造业在经济中的重要地位从未动摇。实体经济的大占比使经济发展稳定，不会过多受金融资本的干扰，使经济指标大起大落。机械制造业是德国的支柱产业，支撑起大支柱的不是一两个大企业，而是 2 500 多家中小企业。在很多领域，这些中小企业都是"隐形冠军"，各自占据小领域内技术的制高点。德国中小企业集群式发展，规模不大，但实力很强，经营的历史普遍悠久，技术和管理世界一流。

（一）德国装备制造业发展概况

1. 德国装备制造业贸易发展现状

（1）德国装备制造业销售收入小幅增长

2017 年，德国装备制造业销售收入为 9 742.9 亿美元，同比增长 7.51%，增速同比上升 5.75 个百分点。分月份看，德国全年销售收入增速波动较大，1—6 月销售收入增速呈波动下降趋势，4 月份销售收入增速降至全年最低值（−14.04%），7 月销售收入增速又快速上升，11 月销售收入增速达到全年最高值（23.17%），如图 3-1 所示。

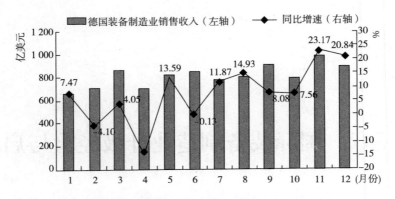

图 3-1 2017 年德国装备制造业销售收入及同比增速

（数据来源：机械工业联合会）

（2）德国装备制造业进出口均有大幅增长

2017 年，德国装备制造业进出口总额为 12 488.22 亿美元，同比增长 8.74%，比 2016 年增速上升 7.39 个百分点。其中，出口额为 7 772.45 亿美元，同比上升 8.20%；进口额为 4 715.77 亿美元，同比上升 9.62%。2017 年，德国始终处于贸易顺差状态，顺差额为 3 056.68 亿美元，贸易顺差比 2016 年增加 175.40 亿美元，如图 3-2 所示。

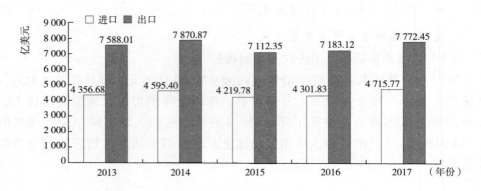

图 3-2 2013—2017 年德国装备制造业进出口贸易情况

（数据来源：www.trademap.org）

2. 德国装备制造业科技发展现状

（1）镜头制造技术研究进入新阶段

2017年6月，德国弗劳恩霍夫生产技术研究所宣布承担由德国教研部资助的"数字光子生产"研究园区子项目"MaGeoOptik"，研究如何使要求苛刻的石英玻璃或钻石聚焦镜头生产成本降低、质量更高，以推动光学系统在医疗、航天等领域的应用。MaGeoOptik的研发内容分为三部分：一是研制石英玻璃镜头的高精度模具；二是制定新的钻石镜头抛光控制方案，研发新的应用模型，制定相应的机轴控制软件方案，使生产具有复杂几何形状的钻石镜头更快、成本更低，更适应商业市场；三是建立对超精密自由成型镜头的100%无损检测方法，一种新的高精准光学测量系统用于检测由石英玻璃或钻石制造的镜头的特性，其测量速度将提高6～10倍。该技术成果不但可以用于测试高功率激光器及其他未来应用领域的光学新材料，而且符合工业需求。

（2）3D打印技术实现新突破

①实现零重力下金属件的3D打印制造。2018年4月，德国联邦材料测试研究院（BAM）首次成功实现零重力条件下金属工具的3D打印制造。由于太空的零重力环境，3D打印一直局限于采用FDM技术制造热塑性塑料或聚合物，金属3D打印很难实现。BAM研究人员通过使用氮气作为保护气体，利用专用运输送氮气到金属粉末层来稳定粉末状，成功打印出了金属部件。BAM研究团队已与德国克劳斯塔尔工业大学、德国航空航天中心（DLR）的复合结构和自适应系统研究所合作，对该技术完成了两次飞行测试。3D打印设备和原材料能够实现备件的按需制造，可减少航天器携带的备用设备，从而节省燃料，对于降低太空旅行成本十分有效。

②开发出3D打印微结构的防伪新技术。2017年11月，德国卡尔斯鲁厄理工学院（KIT）和光学公司蔡司开发出使用荧光3D打印微结构的防伪新技术。与普通防伪全息图采用的2D结构不同，该技术通过3D打印出由交叉网格支架和可发出颜色的荧光点组成的微观结构，其长度为100微米，肉眼和传统显微镜不可见，只有通过特殊仪器才能将其检出。该微结构可作为嵌入式金属薄片嵌入纸币、药物、汽车零部件等的防伪标签中，或整合到银行票据的透明窗口中，以改善防伪保护。

（3）机器人技术应用不断创新

①DNA与纳米机器人结合发展。2018年1月，德国慕尼黑工业大学研究人员使用DNA分子组装出可以远程控制的纳米手臂。该DNA手臂由刚性双链DNA螺旋组成，长约25纳米。研究人员通过一条单链DNA将纳米手臂一

端附着在一个 55 纳米见方的 DNA 平台上，通过施加电荷来精确地控制手臂移动，可使其到达指定位点。该研究表明，DNA 手臂可能成为其他纳米器件的动力源泉，可在一个更大的系统中充当马达或者推进器的角色，这对纳米机器人的发展具有重要意义。

②磁控软体机器人应用范围再突破。2018 年 1 月，德国马普智能系统研究所研发出一种毫米尺度的磁控软体机器人。该机器人呈长方体状，长 3.7 毫米，宽 1.5 毫米，厚 185 微米，其主体材料为硅胶，内嵌具有磁性的钕铁硼微颗粒，可在磁场控制下改变自身形态，并根据不同的地形产生爬行、滚动和游动等运动模式。该软体机器人还能拾起极其微小的"货物"进行装货、运货和卸货操作，其有望在微工程和健康医疗领域发挥巨大作用。

（4）传感器技术深入汽车电池检测

2017 年 2 月，德国波鸿鲁尔大学的研究人员开发出一种用于检测电动汽车电池的传感器新技术。该技术可以将传感器系统扩展到具有不同数量细胞的电池中，通过不间断电源系统和太阳能储能系统，降低电动汽车锂离子电池的重量和成本，减少电池技术负担，并提高电池的使用寿命。未来该技术有望在汽车行业发挥巨大作用。

（5）医疗领域透视技术再创新

2017 年 12 月，德国弗劳恩霍夫图像数据处理研究所与埃森大学附属医院皮肤科及专门生产头戴式显示器的 Trivisio Prototyping 公司合作，采用透视技术（3D–ARILE）开发出一种新型的 AR（扩增实境）眼镜，能协助医生准确定位癌症淋巴结的位置，顺利实施肿瘤切除手术。3D–ARILE 技术较现有定位技术凸显三项优势：一是安全，ICG 替代了一直使用的医学示踪标记物放射性纳米胶体锝 99m，减轻了对病人的伤害；二是快速，无须使用约需 30 分钟才能显现被标记淋巴结的"闪烁照相机"，而是即时显像；三是简便，不需要额外的显示屏和图片。这种新型的 AR 眼镜大大方便了手术的实施。

（二）德国装备制造业政策措施

1. 推动航空航天数字化发展

为应对未来新挑战，提高德国航空航天中心的核心竞争力，2017 年 10 月，德国经济部和德国航空航天中心联合发布德国航空航天 2030 战略（DLR 2030）。根据这一新战略，未来德国每年将投入 4 200 万欧元，支持 DLR 在 6 个联邦州新增的 7 个 DLR 研究所的工作，并加大了数字化领域研究的投入，10 个跨领域项目中有 8 个涉及数字化，包括全球互联、未来工厂、基于模拟的认证、大数据平台、安全相关结构的状态监测、自动和互联系统的网络安全、交通 5.0 和数字地图。推动航空航天数字化发展是德国《数字化战略 2025》的具体实践，也进一步印证了德国制造业数字化战略发展的方向。

2. 发布首部自动驾驶汽车法案

2017 年 5 月，德国政府发布历史上首部自动驾驶汽车法案，为自动驾驶汽车上路扫除障碍，这是德国向无人驾驶迈出的重要一步。该法案以保障驾驶者的法律安全为前提，自动驾驶汽车被允许在德国的公共道路测试。按照法案规定，驾驶员在车辆自动驾驶系统可以自行操控方向盘及制动的情况下双眼不用专注于道路，手也可离开方向盘，上网与浏览邮件皆被允许。但是驾驶人不能离开驾驶座位，必须在车中随时准备好从自动驾驶切换到人工驾驶模式。同时，该法案还明确规定，所有自动驾驶汽车内部必须安装类似"黑匣子"的装置，用于记录相关系统运行、要求介入操控和人工驾驶等不同阶段的详细情况，以明确交通事故责任。此外，该法案将会根据自动驾驶技术发展的情况每两年进行一次修订，因为对于相关数据的保护和使用目前还没有特别成熟的解决方案。尽管该法案对自动驾驶还有很多限制规定，但是对汽车制造业来说这无疑是一个很好的开始。

3. 扶持中小企业国际化创新发展

2018 年 1 月，德国经济部发布新修订的《中小企业创新核心计划（ZIM）》[①]，在支持德国中小企业与德国国内的科研机构及其他合作伙伴共同开展技术创新合作的基础上，强调支持德国中小企业开展跨国合作，建立国际合作网络，开拓国际市场。依照该计划，来自其他国家的中小企业合作伙伴可以参与资助项目的申请。为此，德国政府从 2018 年 1 月 1 日开始，启动一个为期两年的 ZIM 网络资助"国际化模式探索"项目。尽管德国政府承认外国中小企业作为网络合作伙伴（特别在资助方面）会产生较高的资金和时间成本，但是德国的网络管理资金份额仅优先照顾德方合作伙伴，参与合作的外国网络管理所需费用要自筹。

4. 推动中德智能制造／工业 4.0 领域的制造标准化合作

（1）成立中德智能制造／工业 4.0 标准化工作组。2015 年 12 月 21 日，为落实马凯副总理与德国加布里尔副总理达成的"六点共识"，务实推动中德

---

① ZIM 资助计划于 2008 年启动，德国经济部长期支持德国中小企业与德国国内的科研机构及其他合作伙伴共同开展技术创新合作，并进行富有成效的新技术市场转化。

智能制造／工业 4.0 领域的标准化合作，成立中德智能制造／工业 4.0 标准化工作组。

（2）召开中德智能制造／工业 4.0 标准化工作交流会。来自中德双方的相关领导和专家就中国智能制造政策体系及工作推进情况、中国智能制造标准化推进情况做主旨报告，并进行交流。截至 2017 年底，工作组共召开了 5 次会议，在智能制造参考模型、信息安全与功能安全、无线通信、应用案例等方面取得了多项阶段性成果（见表 3-1）。

表 3-1　中德智能制造／工业 4.0 标准化工作交流会及国际报告会

会议名称	时间／地点	会议重要事件
首届中德智能制造／工业 4.0 发展与标准化交流会	2015 年 12 月 16 日／上海	（一）重要事件 1. 德方全球首发《工业 4.0 标准化路线图》（第二版） 2. 中国首次在国际平台官方解读《智能制造综合标准化体系建设指南》（2015 版） 3. 中德双方基于相同的模板（IEC 62559-2），分别收集各自国家的智能制造／工业 4.0 案例，此次会议分享基于共同模板的使用案例 （二）达成较重要共识 1. 基本明确了智能制造／工业 4.0 的标准化范围 2. 探讨在国际标准化组织（如 ISO、IEC、TSO/IECJTC1 等）共同提出国际标准提案等合作内容 3. 确定双方在机器人、智能制造功能安全和信息安全、预防性维护、无线工业应用等领域的合作意向 4. 加强中德两国企业在工作组内的交流与合作，如成立参考模型子工作组等
第二次中德智能制造／工业 4.0 标准化会议	2016 年 5 月 23 日／德国莱比锡市	达成较重要共识： 1. 继续在国际标准化组织中保持密切合作 2. 开展工业 4.0 参考架构模型和智能制造系统架构的互认 3. 开展无线通信标准化领域的合作与交流 4. 共同制定通用用例模板以满足工作组的工作需要 5. 开展智能制造机器人、信息安全与功能安全、预防性维护和工业软件等领域的标准化合作

会议名称	时间 / 地点	会议重要事件
中德智能制造 / 工业 4.0 标准化工作组第三次会议	2017 年 4 月 6 日 / 北京	达成较重要共识： 1. 开展智能制造系统架构和工业 4.0 参考架构模型的互认，并提交参考模型国际标准提案 2. 开展信息安全和功能安全、无线通信、预测性维护领域以及案例的合作与交流 3. 双方继续在国际标准化组织中保持密切合作 4. 计划进一步开展工业软件、智能制造机器人和智能网联汽车等领域的标准化合作与交流
中德智能制造 / 工业 4.0 标准化工作组第四次会议	2017 年 6 月 27 日 / 青岛	达成较重要共识： 1. 继续开展智能制造系统架构与工业 4.0 参考架构模型互认工作，并形成中德参考架构互认报告草案 2. 开展信息安全与功能安全的合作与交流，并共同形成《中德信息安全标准化》白皮书草案（第三版）和中德功能安全与信息安全文件草案 3. 在工业通信的频谱需求与共存管理、标准化路线图、边缘计算等方面开展合作 4. 一致同意联合制定《智能制造 / 工业 4.0 预测性维护标准化路线图》白皮书 5. 共同审议中德联合共用案例模板，并起草完成应用案例报告初稿 6. 继续在国际标准化组织的各技术委员会和工作组中保持密切合作
第五次会议暨第二届中德智能制造 / 工业 4.0 发展与标准化国际报告会	2017 年 12 月 5 日 / 杭州	中德两国专家就参考模型互认、信息安全、工业网络与边缘计算、应用案例、功能安全、预测性维护等议题达成了重要共识，发布了《中德智能制造系统架构（IMSA）与德国工业 4.0 参考架构模型（RAMI 4.0）互认研究报告》《中德智能制造 / 工业 4.0 标准化合作进展报告》《智能制造 / 工业 4.0 标准互认报告》《智能制造 / 工业 4.0 案例报告》四项阶段性成果

（三）德国装备制造业转型升级的经验

1. 科研创新是"德国制造"的核心发动机

德国的基础科学长期在世界保持领先水平，历史上也出现了非常多的科学家。从科研创新的积累来说，基础科学的优渥条件让新技术和新理论应用到生产实践存在先天优势。德国企业界拥有一种共识，认为制造本身是创造价值的，装备制造的未来只能通过智能生产创造价值。因此，德国首先提出新一代工业革命概念"工业4.0"，并投入大量的人力、物力。科学技术对装备制造的先进性来说意义重大，对于装备制造业紧密联合一般制造业，带动整个产业体系发展具有重大效果。目前，德国工业自动化主要集中在机械制造和电气工程领域，并计划吸收航空航天的先进技术，打造多个工业产业示范区，加强其装备制造业的技术优势。

2. 大批具有发展活力的"隐形冠军"

德国装备制造业富有将产品做到极致的"工程师精神"，这种精神不仅促使德国制造享誉世界，还催生出大量制造业的"隐形冠军"。之所以称之为"隐形冠军"，一是因为这些企业大多都是中小企业，产品、技术集中在一个或几个细分领域，大多数终端消费者接触不到；二是这些中小型企业大多有非常悠久的历史和独门技术积累，拥有一门或两门业内首屈一指的先进技术。德国企业界的"隐形冠军"常常是家族企业，传承久远，结构简单，管理高效；对科学技术和产品质量非常重视，企业管理者往往是技术人员，而非职业经理人，其本身对技术很了解，也很感兴趣；这些中小企业一般远离资本市场，有固定的客户群体，很少受到市场的干扰，技术研发和企业发展也非常有活力和连贯性。

3. "双元制"教育体系和丰富的工业人口

德国的教育体系与其他国家差别很大。从中学开始，德国就有意识地设立旨在成为专业技术人员的职业教育体系。德国的职业教育体系涵盖所有专业，相当于300多个专业职位，其不是政府独立设立支持的，而是和企业合作办学，由教育部门和企业合作培养对口人才。因此，德国拥有数量众多的工业人口，高素质的工业人口是德国装备制造业在全球价值网络中成为高附加值部门的关键因素。具体来说，德国的职业教育是重视行业趋势，因势利导，因时而变，企业需要什么人才，学校就培养什么人才；校企合作，学生除了在学校接受常规的理论知识以外，还需要去工厂接受培训，增强实践认识；充分尊重学生的个人发展，对于教育体系有与众不同的设计，满足每个学生未来成长的不同个性需求，实现学校、企业和学生的共赢。

二、日本经验与启示

日本是世界装备制造业的三强国家之一，日本的装备制造业自有其特点：

一是强有力的政府产业政策与财阀集团控制的装备制造企业协进；二是装备制造业十分重视人才的价值，设备技术的进步主要围绕帮助人工的需要；三是独特的文化和雇佣制度让知识和经验高度集中于人员素质，保证生产环节各个部分正常运行。20世纪90年代以来，日本提出"精益制造"理念，即通过生产结构、人员组织和市场供求等方面的变革，使产品能够最大限度地满足客户需求，特点是小批量、多品种。为应对"工业4.0"，日本经济产业省提出"互联工业"来推动制造业变革，主张跟随美国应用互联网技术、大数据和云计算，而不是德国不断革新、升级设备的智能化、无人化，支撑起装备制造业发展，迎接新一轮的工业革命。

（一）日本装备制造业发展概况

1. 日本装备制造业贸易发展现状

（1）日本装备制造业销售收入逐渐减少

2017年，日本装备制造业销售收入为7 581.1亿美元，同比减少4.38%，增速同比下降11.06个百分点。分月份来看，1—5月份销售收入增速呈"V"字形上升的趋势，6月份销售收入增速快速下降，7—10月份销售收入增速均为负值，全年最低增速出现在9月份，为−18.00%，在随后的11—12月份销售收入又有所回升，12月份销售收入增速达到全年最高值8.72%，如图3-3所示。

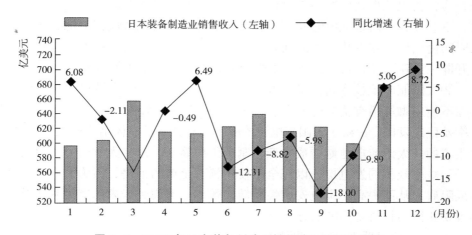

图3-3 2017年日本装备制造业销售收入及同比增速

（数据来源：机械工业联合会）

（2）日本装备制造业贸易顺差持续扩大

2017年，日本装备制造业进出口总额为6 724.03亿美元，同比上升6.95%，增速比2016年上升3.44个百分点。其中，出口额为4 507.85亿美元，同比上升6.84%；进口额为2 216.19亿美元，同比上升7.19%。2017年，日本装备制造业贸易顺差为2 291.66亿美元，贸易顺差比2016年增长139.88亿美元。

2. 日本装备制造业技术发展现状

（1）下一代航空发动机研发进入新阶段

由于日本加入了国际航线民航客机温室气体减排的国际框架协议，研究开发环境友好型航空发动机迫在眉睫。日本宇宙航空研究开发机构（JAXA）计划从2018年开始，同企业、大学合作开发下一代航空发动机，研究减少氮化物排放，提高燃烧效率，并进行技术验证。截至2017年7月，JAXA已经成功开发了氮化物排放量比ICAO基准低75%的燃烧器，接着会重点解决实用化过程中的相关技术问题。在高温高效涡轮研究开发方面，JAXA已经研发出小型发动机涡轮叶片，并且能够承受1600摄氏度，接着将围绕加大涡轮输出功率并提高工作效率，进行设计、开发、性能验证，开发将耐热复合材料应用于涡轮的技术。

（2）电池技术取得新进展

①大容量蓄电池技术取得新进展。2017年4月，日本Qualtec公司的研究团队发现饱和高氯酸钠水溶液的电化学窗口达到3.2伏，显示了较好的特性，是普通铅蓄电池电化学窗口的1.6倍。高氯酸钠电池的电荷在水溶液中流动方便，不会着火，而且充电时间只需要2～3分钟，可以解决锂电池容量大，但长时间使用后存在发热着火的问题。大容量蓄电池技术将为开发大容量蓄电装置开辟一条新途径，将帮助智能手机和电动汽车等设备取得新突破。

②太阳能电池技术再突破。2017年12月，东京大学先端科学技术研究中心在不使用铷等稀有金属的前提下，实现了钙钛矿太阳能电池20.5%的高转换效率及稳定发电。钙钛矿太阳能电池（使用具有钙钛矿晶体结构的太阳能电池）比主流的硅太阳能电池制造成本低，制造工序简易。东京大学研究小组成功制作了无缺陷规整的发电层，以完全不使用稀有金属为前提，因为对电子流动不形成阻碍，从而提高了发电安定性及转换效率。考虑到未来的实用和普及，采用容易获得的材料制作电池意义重大。

（3）工业机器人产品不断更新

①人工智能技术助力新型协作机器人系统构建。2018年4月10日，日本川崎重工推出了名为Successor的新型协作机器人系统。该系统配备了新型控

制器和传感器，采用人工智能技术，可由工程师借助远程设备进行操作，并将其动作转换为机器人的自动化动作。该机器人协作系统简化了先前难以实现自动化的工作流程，并且可与各型号的川崎机器人相兼容，目前已在日本川崎的西神户工厂投入使用，并将开始全面发售。

②新型机器人使火箭燃料制造更安全。2018年4月，日本中央大学和日本宇宙航空研究开发机构开发出一款能够模拟真实肠道蠕动的机器人，可混合各种成分以制造固体火箭燃料。该机器人比传统制造燃料的搅拌机更加安全，燃料在蠕动的机器人橡胶管里无须承受过大剪切应力且不与金属接触，可避免发生火灾和爆炸。该机器人实现了固体火箭燃料的连续性制造，能够控制原料的用量，确保生产出理想的燃料，将更加安全高效。据悉，研究人员已经使用这种机器人来生产真正的燃料，并在火箭中进行了测试。

③全新小型机器人将在电子行业大发展。2017年7月，日本安川电机发布了小型6轴多关节GP系列机器人及配套控制柜。此组新品为MOTOMAN-GP7、MOTOMAN-GP8和MOTOMAN-GP12，最大负载分别为7千克、8千克和12千克，最大水平伸长度为927毫米、727毫米和1 440毫米。该系列机器人可用于小型零部件的搬运、组装、点胶、上下料以及打磨等，适用于对空间、精度要求高且快速发展的电子行业。

（二）日本装备制造业政策措施

1. 扩大科技创新领域官民共同投资

2017年6月，日本政府发布《科技创新综合战略2017》，在继续落实打造"世界最适宜创新的国家"（超级智能社会5.0[①]）战略任务的基础上，增加进一步扩大科技创新领域官民共同投资的任务，并围绕两个核心任务制定了具体改革措施。

（1）超级智能社会5.0任务

《科技创新综合战略2017》围绕实现超级智能社会（Society 5.0）目标，制定三项重点措施。一是重点激发年轻研究人员和风投企业积极参与，在全民参与的基础上推进官产学一体化。二是通过相关措施，如推进实施"关联产业"加强基础技术等，达成各部委措施从基础研究到产业化的贯彻实施。通过"战略创新创造项目"协调各部委措施的方向性，并逐步推进实施这些策略。三是

---

① 《科学技术基本计划》在日本科技战略规划体系中是最重要的部分，由内阁府综合科技创新会议每五年公布一期，确定科技发展五年中长期发展目标和方向。《第五期科学技术基本计划（2016—2020）》最重要的战略目标是实现超级智能社会（Society 5.0）。

向全世界宣传、分享超级智能社会 5.0 理念，构建大数据平台支撑知识型社会。

（2）扩大科技创新领域官民共同投资任务

《科技创新综合战略 2017》通过三项创新政策举措来解决企业流向大学及国立科研机构的横向研发经费极少的问题。一是设立"科技创新官民投资扩大推进费（暂定）"，针对网络空间基础技术、物理空间基础技术、创新防灾减灾技术等进行重点培育，以政府研发投资带动民间研发投资；二是扩大研发投资的相关制度改革，包括改革大学与国立研究开发法人、建立易于捐赠的制度体系、重视地方科技创新等；三是以客观依据为基础，对研发投资及其实施效果进行评价，构建和活用政策课题判断依据系统，科学合理配置科技资源，有效扩大官民共同研发投资。

2. 提出应对第四次工业革命的策略

2017 年 6 月，日本经济产业省等三个部委联合发布《日本制造白皮书 2017》，在总结分析日本制造业现状的基础上，提出应对第四次工业革命的策略及日本制造业改革的方向，以提升日本先进制造竞争力。日本政府根据"与终端用户的距离"与"提供数据的对象的性质"标准，将制造业划分为制成品、零部件、原材料和生产设备四类，提出应对第四次工业革命的对策（见表 3-2）。

表 3-2　日本制造业应对第四次工业革命的对策

产　业	特　点	应对策略
制成品	1. 靠近终端客户，便于在产品中组装传感器、特制设备等 2. 对产品质量要求最高 3. 客户需求变化多、周期短	1. 建立客户交互型商业模式，通过与客户的频繁接触提供产品与服务 2. 连接不同生产环节，实现生产优化。例如，在汽车设计环节最大限度地引入数字技术，通过开发模型库等方式，为汽车设计过程提供广泛的技术支持 3. 通过数字技术开展定制服务，实现产品的品类多样化和少量化生产

续　表

产　业	特　点	应对策略
零部件	1. 不直接与用户接触，收集用户信息困难 2. 中小企业偏多，对价格敏感 3. 外包形式的商业模式	1. 通过在金属模具等器材中内置传感器或外置一些设备，使零部件供应商能够向用户提供零部件及附加服务 2. 建立通过中介接受订单的商业模式 3. 通过物联网技术改善生产与服务 4. 通过数字技术优化制造企业的生产过程，开发能够根据客户的需求来开发并提供服务的新型模式
原材料	1. 位于价值链上游，与消费者距离远，难以取得产品的使用数据 2. 流程型生产	1. 精简生产流程 2. 使原材料具备传感功能 3. 建立与客户的直接联系 4. 通过材料信息技术加快研发
生产设备	与消费者距离相对较近	为客户提供远程维护、预测性维护等服务

注：按照"与终端用户的距离"与"提供数据的对象的性质"对日本制造业分类。

1. 制成品：汽车、电子产品、飞机、日用品、食品、医药品、化妆品等。

2. 零部件：运输设备的零部件、电子零部件、金属零部件等。

3. 原材料：化工、石油工业、钢铁业、非铁金属、陶瓷工业、纸浆及纸制品、纤维制品等。

4. 生产设备：生产器械等。

3. 发布人工智能技术战略工程表

2017年3月，日本政府在"人工智能技术战略会议"上发表工程表，计划在三个时间段内，通过人工智能的运用，实现生产、流通、医疗与护理等领域效率的大幅提高。第一阶段（2017—2020年），确立无人工厂和无人农场技术，普及新药研制的人工智能支持，实现生产设备故障的人工智能预测；第二阶段（2020—2030年），达到人与物输送及配送的完全自动化，机器人的多功能化及相互协作，实现个性化的新药研制以及家庭与家电人工智能的完全控制；第三阶段（2030—），使护理机器人成为家族的一员，实现出行自动化及无人驾驶的普及，能够进行潜意识的智能分析并实现本能欲望的可视化。

4. 围绕亚洲部署国际标准战略体系

2017 年 5 月，日本经济产业省工业结构委员会下设的工业技术环境委员会设立"标准认证小组委员会"并举行了第一次会议，宣布标准认证小组委员会承担推动日本工业标准体系与国际接轨的重要任务。随后，该委员会设计了战略性的国际标准化体系方案并展开讨论制定，其中一个重要的推广区域就是亚洲，如图 3-4 所示。

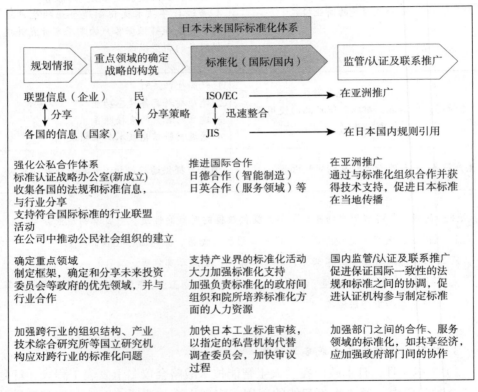

图 3-4　日本未来国际标准化体系

（三）日本装备制造业转型升级的经验

1. 日本现代化产业模式

日本现代化产业模式是其装备制造业占据全球价值网络高附加值环节，保持国际市场竞争优势，科研设计不断更新迭代的不二法门。日本装备制造业顶端往往是几个世界闻名的超大规模财阀集团，用来管理整个工艺复杂、环节多样的产业链。产业链中端是数量较多的中等规模企业,用以调配、组装关键零部件,保证成品的质量上乘和品质稳定。也有一大批生产性服务业企业为产业链提供物流保证、资金支持及风险管理。产业链末端是更多的中小型装备制造企业,深耕细分领域,甚至专门生产一种型号的特种螺丝。但是这些小企业拥有世界领先的技术,有些甚至是独一无二的。日本的现代化工业体系使整个产业链高效率且高质量,大型装备主导整个产业链,中型企业保证中间环节。整条产业链通力合作,从上到下、从大到小呈金字塔分布,形成瀑布效应。

2. 政府推行的产业政策是装备制造业发展的制度保障

可以说,制造业是日本经济腾飞的立身之本,日本政府也格外重视其引以为豪的装备制造业发展。日本汽车、"新干线"列车和船舶制造等装备制造产业享誉世界的重要原因就是日本政府强有力的产业政策推动科学技术创新,保证产品质量。日本经济产业省每年都会对其制造业发布一些优惠政策,扶持、推动其本土装备制造企业发展。例如,2016年日本政府积极打造装备制造的综合技术服务平台,为装备制造企业提供交易项目的技术咨询、专利保护、验收和评估的便利;建设科研机构、高校院所和企业间的科研设备共享平台,通过产学研一体化,使信息、技术共享,实现新知识、新技术向新产品的转化。此外,日本政府高度重视教育在行业发展中的支撑作用,规定企业每年必须有足额经费满足员工的个人发展,为其提供技能培训,等等。

3. 企业文化与终身雇佣制

不同于美国企业文化对个性解放的追求,日本文化具有克制、服从和集体观念,日本装备制造企业的上下级层级明显,对工作的职能划分十分明确,员工在各自的工作岗位上只需干好分内的事情就可以了,不鼓励和提倡跨职能或职位处理工作。这种企业文化和日本的民族性格有关,更重要的是满足装备制造业对产品质量的要求。现代化工业大规模流水线生产需要的是标准化零件和产品,只要在产业链的每一步保证工序的规范化,达到质量水平,就能保证最后成品达到研发设计的质量要求。正是现代化装备制造业的特性让日本企业文化的优势发挥出来。由企业文化衍生出来的对生产工序每一步的严格章程和考核、对员工的严格要求是日本装备制造业蓬勃发展乃至占据全球价值网络高端的重要因素。另外,日本企业对员工实行终身雇佣制,只要员工专心工作,不违法乱纪,蓄意破坏企业的经营,就能按照资历对应升职,直到退休。终身雇佣制有利于提高企业事务的连贯性,企业也乐于培养和信赖员工,帮助员工个人发展;雇员没有失业的担忧,更能潜心工作,对企业保持较高的忠诚度。日本装备制造业如一台精密的机器,只要每个零部件保持正常工作,整台机器就能高效运转，创造价值。日本的企业文化和人力设计就是为了每个环节严丝合缝，从而保证整个体系高效运转。

三、美国经验与启示

（一）美国装备制造业发展概况

1. 美国装备制造业贸易发展现状

（1）美国装备制造业销售收入增速稳步上升

2017 年，美国装备制造业销售收入为 16 687.9 亿美元，同比增长 2.22%，增速同比上升 2.03 个百分点。分月来看，1—3 月份美国装备制造业销售收入增速呈上升趋势，4 月份销售收入增速急速下跌，降至全年最低 –0.64%，5—10 月份销售收入增速呈上升趋势，全年最高增速出现在 10 月份，为 4.14%，11—12 月份销售收入增速虽然有所回落，但仍保持增长，如图 3-5 所示。

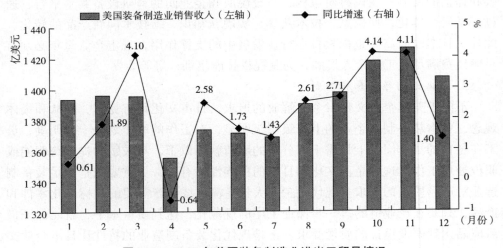

图 3-5 2017 年美国装备制造业进出口贸易情况

（数据来源：机械工业联合会）

（2）美国装备制造业贸易逆差进一步扩大

2017 年，美国装备制造业进出口总额为 17 450.26 亿美元，同比上升 4.95%，比 2016 年增速上升 6.73 个百分点。其中，出口额为 6 114.08 亿美元，同比上升 3.66%；进口额为 11 336.18 亿美元，同比上升 5.66%。2017 年，美国装备制造业始终处于贸易逆差状态，逆差额为 5 222.10 亿美元，贸易逆差增加 392.09 亿美元，如图 3-6 所示。

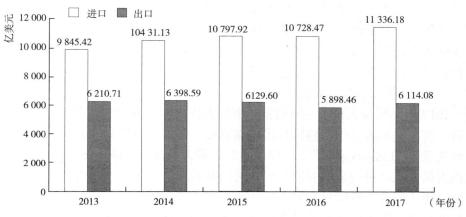

图 3-6　2013—2017 年美国装备制造业进出口贸易情况

（数据来源：www.trademap.org）

2. 美国装备制造业科技发展状况

（1）3D 打印技术有新的突破

2017 年 11 月 3 日，美国劳伦斯利弗莫尔国家实验室（LLNL）宣布，他们成功研发出了一种 3D 打印不锈钢零部件的方法，通过这种方法生产出来的零部件强度是通过传统方法生产出来的两倍。海洋级不锈钢因其耐腐性、高延展性等优良特性，成为焊接、发动机零部件等领域的更优选择，但是增加这类不锈钢结构强度的常规技术通常需要牺牲其延展性。而 LLNL 的研究人员通过密度优化工艺操纵材料底层微观结构，解决了限制 3D 打印高质量金属的主要瓶颈，即激光熔化金属粉末时引起的孔隙率可能会导致零件容易降解和断裂。未来，这种按需打印大型复杂金属物体的能力将为制造业带来变革。短期来看，这项技术使制造商不用再维持大量库存，可以按需打印部件；从长期来看，大规模生产某一特定零部件的大工程将会被产品线丰富的小工坊取代。

（2）人工智能技术向制造业多个领域渗透

2017 年，人工智能技术呈爆发式发展，成为全球人工智能商业化、产品化运用的拐点，催生出自动驾驶汽车、智能医疗及智能芯片等应用。英伟达发布全球首款人工智能自动驾驶平台"Drive PX Pegasus"，旨在将全自动驾驶汽车尽早推向市场。美国麻省理工学院计算机科学与人工智能实验室（CSAIL）开发出人工智能诊断系统，使乳腺癌早期诊断准确率提升至97%。欧特克（美国工业设计软件巨头）发行创新软件平台，Netfabb 3D 与 Fusion 360 打印软件使机器学习及人工智能模块功能更完整，可以领会设计师的需求，并掌握数字化设计生产要素的性能参数，如材料、结构、造型及加工制造等，根据系统的智能化指引，仅需要设计师设置期望的约束条件，如材料、尺寸与重量等，系统则自主设计出成百上千种可选方案。

（3）机器人技术不断创新

2017年，机器人技术不断创新，围绕人机协作、人工智能和仿生结构三个方面，美国机器人基础与前沿技术迅猛发展。美国卡耐基梅隆大学开发出机器人触觉系统"Fingervision"，能使庞大的机器人通过触觉感知物品以控制握力，促进人机交互朝更安全的方向发展。美国麻省理工学院开发出机器人语音控制系统，能使机器人听懂简明直白的命令，甚至理解给出命令的语境。美国海军研究办公室资助美国柔性能量系统公司研发的柔性两栖机器人完成原型样机演示验证，该机器人采用创新的柔性鳍状足，可在水下航行，也可在近岸、海面碎浪带、潮间带、植被或碎石覆盖的海滩、冰区等复杂环境中运用机器人语音控制系统，听懂简明直白的命令，甚至理解给出命令的语境。

（4）天然气能源技术取得新进展

美国休斯敦的 Net Power 公司开发出了一项可以实现天然气零碳排放的能源技术，可从根本上解决 CO_2 排放和 NO_x 污染的问题，不仅能够回收 CO_2，还能将回收的 CO_2 应用于采油或作为化工原材料等。Net Power 公司彻底摒弃传统的以水蒸气为工质的热能循环过程，选用全新的以高压高温超临界 CO_2 为介质的 allan 循环过程，将燃烧天然气产生的二氧化碳放置到高压高温的环境中，用合成的超临界二氧化碳作为工质，驱动特制的涡轮机，使大部分的 CO_2 被不断地再利用。截至2017年底，Net Power 公司的发电厂已经在试运行且开始了初始测试。如果此举真的可以实现，该技术的突破将有望改变当前全球碳排放和碳交易的格局。

（二）美国装备制造业政策措施

1. 推进创新研究院的发展壮大

为保持美国在先进制造领域的领导地位，构建国家制造业创新网络，先进制造伙伴关系工作组于2012年7月在《抓住国内先进制造业的有利先机》（称为 AMP 1.0 报告）报告中正式提出建立美国国家制造创新网络（NNMI）

（现已更名为美国制造业计划），随后第一个创新研究院——增材制造创新研究院建立。截至 2017 年底，在美国境内已经成立了 14 家国家制造业创新研究院。其中，2017 年全年新建的国家制造业创新研究院有两个，分别是先进机器人制造创新研究院（Advanced Robotics Manufacturing, ARM）和节能减排创新研究院（Reducing Embodied-energy and Decreasing Emissions Institute，REMADEI）。

（1）先进机器人制造创新研究院

2017 年 1 月 13 日，美国国防部牵头成立先进机器人制造创新研究院，先进机器人公司是其领导机构。ARM 聚焦协作机器人、机器人控制、灵巧操作、自主导航与机动、洞察与感知、测试、验证和确认等领域，研究相关技术如何应用于航空航天、汽车、电子和纺织等行业。2017 年美国已成立的创新研究院进展如表 3-3 所示。

表 3-3　2017 年美国已成立的创新研究院进展

研究院	2017 年创新研究院进展
国家增材制造创新机构（美国造，AM）（2012 年成立）	2017 年 2 月，AM 发布《增材制造标准化路线图（1.0 版）》，针对工业增材制造市场（特别是航空航天与防务、医疗）提出 5 个领域共 89 项差距及相应建议。重点项目"金属粉末床增材制造的变形预测和补偿方法开发"于 3 月完成，开发了一个可靠的变形预测和补偿软件工具，减少了 75% 的产品研制时间；"用于增材制造无缝化设计、分析、建造和重新设计工作流的多学科设计分析"项目于 4 月完成，面向增材制造的最优化建立了一个准则和改进的软件技术，将增材制造从设计到建造的周期缩短 50%。2 月，西门子制造部门 3D 打印涡轮叶片完成首次满负荷核心机实验，实现重大技术突破；4 月，波音宣布将使用增材制造技术生产 787 科的钛结构组件
美国轻质材料制造创新研究所（明日轻质创新，LIFT）（2014 年成立）	集成计算材料工程（ICME）项目"面向轻量化金属结构构件的可靠变形控制手段和实施"计划于 12 月完成；"薄壁铝的模铸开发"计划于 6 月完成；"面向确保铝锂锻件性能的加工、开发、应用并确认机遇物流特性的局部粘塑性模型"计划于 12 月完成
化数字制造和设计创新研究院（DMDII）（2014 年成立）	2017 年 1 月，DMDII 在世界最大的大型开放式在线课程（MOOC/慕课）平台 Cousera 启动了"数字 101"系列课程

研究院	2017 年创新研究院进展
下一代电力电子制造创新研究院（电力美国，PA）（2015年成立）	自"氮化镓（GaN）晶片上制造立式氮化镓（GaN）设备"（Manufacture Vertical GaN Devices on Bulk GaN Wafers）项目开展，截至2017年9月，在 100 毫米圆晶片立式 GaN-on-GaN 晶体管目标上，已经形成了几个关键技术成就：一是展示了 100 毫米圆晶片、高质量 GaN-on-GaN 外延可以作为制造立式晶体管的基础；二是设计制造了一套创新 100 毫米掩模组，极大地改善了工艺的均匀性；三是开发出对立式器件性能至关重要的工艺；四是基于以上结果，研发组启动了第三批氮化镓立式晶体管的运行
先进复合材料创新研究院（IACMI）（2015 年成立）	2017 年 7 月，IACMI 与米歇尔曼（Michaelman）和其他重要的 IACMI 联盟成员一同合作，宣布了一个重点研究优化乙烯基树脂和纤维上浆剂的性能，开发高性能碳纤维复合材料的项目。其研究目标是开发不含苯乙烯的乙烯基酯树脂、纤维上浆剂与碳纤维的混合物，并具有至少 3 个月的室温储存能力，固化时间应少于 3 分钟
美国集成光子制造创新研究院（AIM 光子）（2015 年成立）	AIM 光子支持美国麻省理工学院的研究人员对硅光子学的技术进行研究。6 月，麻省理工学院的研究人员提出了"硅波导中的电致二阶非线性光学效应"，并针对两种利用了该非线性效应的硅设备做了报告。光子芯片的研发能够帮助云硬件节约成本
柔性混合电子创新研究院（NextFlex，原名 IMI）（2015 年成立）	2017 年 6 月，NextFlex 与 Optomec 开发合作伙伴 Lockheed Martin 一道和宾汉姆顿大学、通用电气公司、Intrinsiq Materials 公司、马里兰大学展开合作，计划通过推进工具、软件和打印工艺，正式实现导体和介电材料在复杂 3D 表面上的适形打印。该项目将有助于柔性混合式电子组件（FHE）的广泛应用
美国先进功能纤维制造创新中心（AFFOA）（2016 年成立）	2017 年 6 月，AFFOA 开放了原型制作设施和将技术与制造路线图付诸实践的基础设施服务平台
清洁能源智能制造创新研究院（CESMII）（2016 年成立）	2017 年 2 月，CESMII 在"智能制造商业化和规划启动会"成立商业、技术和平台三个委员会，首次披露了技术工作组的方向，包括过程控制、传感器、数据分析与高性能计算 HPC、工具与架构和开发的标准 5 个工作组，11 月，发布 2017—2018 年的短期建设路线图（Roadmap 2017—2018），并指出智能制造是 2030 年前后可以实现的制造方式

续　表

研究院	2017 年创新研究院进展
化工过程强化应用快速发展创新中心（RAPID）（2016年成立）	2017 年 3 月，美国能源部在春季会议上第一次召开成员现事会议，介绍 RAPID 组织架构、任务目标、企业愿景及近期规划等信息
国家生物制药制造创新机构（NIIMBL）（2016 年成立）	2017 年 12 月，国家生物制药制造创新机构发布首个完整项目遴选信息：该项目需要解决生物制药制造中的技术和（或）劳动力开发的问题，提案小组要在 2018 年 1 月 16 日前提交一份不具约束力的意向通知。为支持该项目，NIIMBL 计划提供 800 万美元的资助
先进再生制造创新中心（ARMI）（原名 ATB）（2016 年成立）	2017 年 8 月，ARMI 研究人员使用生物 3D 打印癌细胞推进癌症治疗。克里斯托弗·奥布赖恩的博士研究生及其团队正在使用 3D 打印创建嵌入人体癌细胞 3D 打印层的微组织，使医生能够针对特定患者的癌细胞测试药物和治疗过程
节能减排创新中心（REMADE）（2017年成立）	2017 年 1 月，REMADE 在位于纽约的罗切斯特理工学院正式成立，5 月正式开始运营
先进机器人制造（ARM）创新机构（2017 年成立）	2017 年 1 月，ARM 在宾夕法尼亚州匹兹堡正式成立

（2）节能减排创新研究院

制造业是美国第一大能耗行业，为了提高制造业能源使用效率，2017年 1 月 4 日，美国能源部（DOE）委任可持续制造创新联盟（Sustainable Manufacturing Innovation Alliance，SMIA）牵头建立节能减排创新研究院，专注于能够显著减少制造关键材料所需能源的创新技术的早期应用研究，并通过对金属、纤维、聚合物及电子产品废弃物这四大类重点能耗领域材料的回收、重复利用和再制造，促进制造业整体能效提升。

2.加速解决协作机器人在制造业应用中的阻碍

为有效解决美国制造业面临的劳动力数量减少，但生产力需求增加的问题，美国政府在发布《先进制造伙伴计划》的同时，发布了《国家机器人计划》（称为"NRI-1.0"），聚焦机器人创新研究，探索如何让协作型机器人与人类建立共生关系。2017 年 1 月，为加快开发和使用与工人一起工作或合作的协作机器人（co-robots），在 NRI-1.0 的基础上，美国国家科学基金会（NSF）发布《国家机器人计划 2.0》（称为"NRI-2.0"），聚焦协作机器人的协作、交互、机器人物理体、可扩展性、降低准入门槛和社会影响等主题开展研究。推进协作机器人发展已成为美国推进制造业发展的重要途径之一，得到了美国国家科学基金会的大力支持，NSF 已计划每年向 NRI-2.0 投入 3 000 万～ 4 500 万美元，支持 40 ～ 70 个相关项目。

3. 推进互联网和制造业的深度融合

网络信息技术加速向实体经济领域渗透融合，为推动制造业向数字化、互联化、智能化发展，2014 年 3 月，思科（Cisco）、美国电话电报公司（AT&T）、通用电气（GE）、IBM 和英特尔（Intel）联合成立了美国工业互联网联盟（IIC），以协调降低应用工业互联网的障碍，加快工业互联网技术的应用，鼓励并实现产业创新。2015 年 6 月，IIC 发布工业互联网参考架构（1.7 版本的 IIRA），以创新的方法实现物联网在制造业中的应用，通过制定通用语言标准，帮助开发者更快地开发出应用系统。随后，IIC 和德国的工业 4.0 平台达成共识，共同推进工业互联网在全球的发展。2017 年，IIC 发布 1.8 版本的 IIRA，在前一版本的基础上融入快速出现的新型 IIC 技术、概念和应用，使物联网核心技术适用于制造等行业中的每个小型、中型和大型企业的深度和广度，使制造业企业能够快速驱动物联网应用。IIC 推进互联网在工业领域应用中发挥了重要作用，截至 2017 年底，IIC 有 28 个公布验证的测试平台，其中 3/4 是关于制造业领域的，借助这些平台，制造业企业与 IIC 之间可以建立反馈循环，通过边学边试，不仅能够检测创新性的想法、技术、商业模式是不是有效，还能在检测的基础上修正方向。

4. 发布减税政策助力制造业发展

2017 年 11 月和 12 月，美国众议院和参议院分别通过了不同版本的《减税与就业法案》，用于解决税制对美国制造业的掣肘。具体来说，与制造业相关的税改内容：一是降低制造业公司税率，提升美国企业的竞争力。议案决定将企业法定税率从 35% 降低至 20%，该税率低于工业化世界平均水平的 22.5%。二是制造业企业海外利润收取低税率。允许企业 100% 扣除未来五年的短期投资费用且不限定投资领域，以促进社会投资。三是制造业投资抵扣范围增大。根据属地原则，美国企业的海外利润实行一次性征收，并按照 10% 的优惠税率，同时 12% 为企业获利回流美国现金等价物的税率，5% 为非流动性投资的税率。该法案将成为美国历史上最大的税收减免法案，在短期内为美国制造业注入一支"强心剂"。

5. 调整贸易政策，推进制造业回流

近年来，美国制造业空心和劳工阶层大量失业问题日渐严重，美国政府将问题聚焦在全球化和中国制造上，以贸易保护主义确保"美国利益优先"。一是以不公平贸易为由发起更多贸易调查，如美国以维护国家安全为由，对钢铝产品进口启动"232 调查"，加大对中国铝箔、不锈钢等产品的"双反"力度，对中国启动"301 调查"，瞄准知识产权密集的高新技术行业；二是明确表态不承认中国市场经济地位，延续"替代国方法"对中国征收高额反倾销税；三是退出跨太平洋伙伴关系协定（TPP），贸易谈判重心由多边向双边转移，尤其是在北美自由贸易协定谈判（NAFTA）中，美国一直处于强势地位，部分领域标准或将超越 TPP，在原产地规则、竞争中立规则等领域单方面强调美国利益。未来，美国仍继续将贸易政策中"美国优先"原则的焦点更多地放在中国，以助力制造业回流。

（三）美国产业转型升级的经验

1. 经济全球化下构建全球价值网络

20 世纪 90 年代，美国跨国公司凭借先进的公司治理和信息技术的综合运用，抓住经济全球化机遇，在全球范围内积极布局，构建全球价值网络体系，并占领全球价值网络两端高附加值环节。美国凭借移民国家优势和领先世界的交通、通信技术让全球价值网络的构建成为可能。其跨国公司不光把目标市场扩展到全世界，还把生产和服务布局到全球范围，以获得综合成本最低的原材料、劳动力等。一是开放的市场环境让美国装备制造企业布局到世界各地大为可行；二是有效市场竞争出来的装备制造企业往往有惊人的市场嗅觉，能够很敏感地察觉市场生态，迅速对生产结构、组织架构进行调整。

2. 有效市场需求推动装备制造业升级

凯恩斯的有效需求理论一直在美国经济中起着重要的理论指导作用。美国国内市场的有效需求在推动产业结构转型升级过程中起到举足轻重的作用：一方面，美国居民总体上收入水平较高，中产阶级占比大，居民收入差距小，国内市场对产品的有效需求推动了本国产业规模不断扩大，引领相关产业集聚，形成分工不断细化下的产业合作网络模式，延伸产业链，促进产业结构升级；另一方面，企业是市场的微观主体，市场的有效需求帮助企业了解市场的前沿

信息，为企业转型升级提供方向，引导企业发挥创新意识，将技术与市场需求结合，以更快地将技术成果转化为生产力，拓展业务向高附加值环节延伸，实现企业升级。同时，美元的强势地位为其吸引全球高质量生产要素和低成本产品提供了得天独厚的条件，为本国产业升级注入了所需的技术、人才等高端要素。

3. 移民与原生国家的天然联系带来的市场扩展和技术、文化融合

美国作为当今世界唯一的超级大国，本身又是移民国家，吸引了大量高端人才和技术劳动力的流入，汇聚了世界各地的不同文化、理念及技术，产生了激烈的碰撞和融合，进而诞生了许多新技术和新设计。除此之外，高素质移民往往在原生国家就属于有一定影响力的阶级，和原生国家的天然联系方便让美国装备制造企业布局到世界各地，对于其构建全球价值网络具有极大的优势。例如，从构建全球价值网络到把价值链中的低附加值环节转移到发展中国家，再到自身赚取高附加值环节的高额利润。

四、韩国经验与启示

韩国是全球制造业较为发达的国家之一，韩国制造业门类齐全、独立完整，技术较为先进。但近年来，韩国制造业面临崛起的中国制造业及逐渐复苏的日本制造业的双重挑战，增长乏力。

（一）韩国装备制造业发展概况

韩国是一个新兴工业国家，也是全球制造业较为发达的国家之一，电子、汽车、船舶、石化、钢铁行业在全球具有重要地位。在联合国工业发展组织编制的制造业竞争力排名中，韩国制造业竞争力指数从 2005 年到 2016 年均位列全球第四位。但同时，韩国制造业面临中国制造业及逐渐复苏的日本制造业的挑战，增长乏力。

1. 在本国国民经济中的地位

韩国制造业是国民经济的重要组成部分，韩国制造业增加值占 GDP 的比重从 20 世纪 60 年代初期的 12% 提升到 2016 年的 27%。制造业从 20 世纪 60 年代的劳动密集型逐步升级到当前的知识密集型，主要经历了 4 个阶段。1962—1972 年为劳动密集型阶段：这一阶段主要发展轻纺、食品烟草等轻工业产业。1973—1981 年为资本密集型阶段：1973 年韩国公布并实施"重化工业发展计划"，大量投资向重化工业倾斜。这一阶段汽车产业、船舶产业、石化工业、钢铁行业逐步成长。1982—1991 年为技术密集型阶段：这一阶段造船、汽车产业成长为主导产业，电子信息产业得到迅速发展。1992 年至今为知识密集型阶段：电子计算机、通信终端等技术密集型和知识密集型产业在制造业中比重迅速增大。同时，韩国大力发展生产性服务业，包括研发产业、设计产业、高级组装产业等，通过扩大无形资产，向产业价值链的最高点优化升级。1960年以来韩国制造业增加值占GDP比重如图3-8所示。

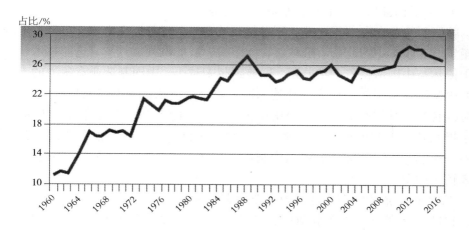

图 3-8　1960 年以来韩国制造业增加值占 GDP 比重

（数据来源：世界银行）

2. 韩国制造业竞争优势

（1）造船、汽车、电子等具有较强竞争优势

韩国的电子、造船、汽车、钢铁、石油化工等主要行业具备全球竞争力的设计、加工、组装技术。韩国船舶行业主打生产海洋工程船、气体运输船和大型集装箱船等高端船型，韩国造船业市场份额多年居全球首位。韩国汽车产业国产化率持续保持在90%以上，是全球少有的几个在汽车方面拥有自主创新能力的国家。2016年，韩国汽车产量为423万辆，连续10年保持全球第五大汽车制造国的地位。2016年，韩国钢铁产量排在全球第六位。韩国的电子信息行业更是其外向型经济发展的重要标志，三星电子已经成长为全球最大的科技企业，LG电子、LG显示等企业也表现出强劲的竞争力，这些企业在智能终端、集成电路、液晶显示、电子材料等诸多领域市场份额在全球领先。韩国纺织行业、石油化工等行业同样在全球处于领先水平。

（2）拥有一批国际化的全球知名品牌

韩国拥有一批国际知名品牌，电子产业的三星、LG进入世界品牌100强。

造船行业方面的现代重工、大宇造船、三星重工，汽车行业的现代、起亚都成长为全球的知名品牌。品牌是企业的质量、技术、商业模式和企业文化的承载体，是一项能提高产品和服务附加值的重要无形资产，为企业带来超额利润。

3. 韩国制造业的劣势

（1）不具备高端零部件、原材料的优势

韩国制造业在高端零配件、原材料领域不具备优势，在电视、空调、电脑、冰箱领域逐步被中国赶超。虽然在智能手机、智能电视、汽车、造船技术领域，韩国依然与中国保持着一定差距，但差距越来越小。中国制造业竞争力的上升，对韩国制造业带来较大压力，导致韩国企业全球市场份额下滑原材料组装工厂向海外转移。韩国企业为了应对中国企业竞争力的上升，需要将工厂转移到有利于提高竞争力和市场开拓的地方，三星电子已在中国西安投资 70 亿美元建设新一代芯片工厂。如果韩国国内制造业被逐步转向国外，将会对韩国制造业带来较大冲击。

（2）过于依赖大型企业，中小企业实力薄弱

2017 年，韩国十大企业销售额之和占 GDP 的比重在 40% 以上，尤其是三星电子、现代汽车的占比高达 20%，显示出韩国经济对大企业依赖度较高。而日本十大企业销售额之和占 GDP 的比重为 24.6%，美国仅为 11.8%。韩国中小企业实力薄弱，在生产效率、设计研发实力、营销能力等多方面与大型企业差距显著，具备组装成品竞争力的中小企业极为稀缺，主要生产廉价配件，仍停留在劳动密集型生产上。韩国中小企业主要充当了大企业的分包商，如果韩国大型企业经营出现问题，"多米诺骨牌效应"将会迅速影响中小企业的经营。

（二）韩国制造业发展的原因

韩国善于利用国际资源，而且对引进技术的消化、吸收和再创新非常重视，同时很注重培养相关的技术人才，再加上产业结构的合理配置、相关法律和政策的支持，韩国装备制造业的自主创新得到了飞速发展。

1. 韩国装备制造业发展模式

韩国作为工业化国家，寻求适合自己的自主创新模式是极其考验政府和企业决策者能力的。通过不断的努力，韩国在自主创新模式的寻求和推行上走出了一条正确的和值得我们借鉴的道路。这个创新模式便是充分利用国际技术资源，通过技术的引进—模仿—改进—创新，迅速完成技术学习过程，不断提升自主创新能力，如图 3-9 所示。

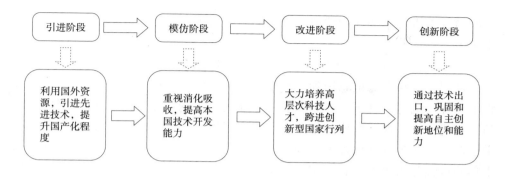

图 3-9　韩国装备制造业引进—模仿—改进—创新模式

（1）利用国外资源，引进先进技术，提升国产化程度

在经济发展初期，由于缺乏技术能力，韩国不得不大量依赖引进国外技术。韩国政府和制造企业深知，仅靠技术引进做"世界加工厂"是不会有竞争力的，更不可能成为经济强国。因此，长期以来，韩国在致力于技术引进的同时，一直把增强自主创新能力作为重要目标。在引进先进技术，并成功提升韩国装备制造业自主创新能力方面，最成功的例子来自韩国高速列车系统的技术引进。其由韩国铁路设施公司与法国公司共同进行系统设计，并由铁路设施公团专门负责审批和监督。针对韩国生产的产品焊接质量很不稳定的现象，韩国还专门成立了一所焊接学校，结果做到了高速列车 50% 本地制造，大大提高了韩国铁路产业的技术水平。另外，韩国的核电发展也是从技术引进跨越到自主创新，并实现国产化的比较成功的典型范例。通过引进先进技术和加快设备国产化，韩国相关的核电技术水准和设备器材国产化得到了大幅提高，并由此奠定了自主发展核电事业的基础。

（2）重视消化吸收，提高本国技术开发能力

技术引进成功与否，并不在于引进了多少先进技术和先进设备，而在于引进的技术是否在尽可能短的时间内被有效地吸收，并变成适用于本地条件的技术。如果一个国家在技术水平上比发达国家落后太多，又缺乏消化吸收新技术、新知识的能力，即使是再多的技术引进也无法缩短技术差距，无法变成为我所用的技术能力。韩国为加强对引进技术的消化吸收和再度开发，采取了以下重要措施：通过立法制定相应政策，为企业逐步走向自主技术开发提供制度保障；调整技术引进战略，通过加强国内外独立和合作研发活动提高引进技术的使用效率并促进消化吸收；对技术引进进行控制和考核，政府只允许引进关键技术，然后进行消化吸收再创新；每引进一项技术，都制定出相应的消化吸收目标，

定期检查引进技术的使用情况，总结经验，发现问题；采取财政、税收上的优惠政策。

（3）大力培养高层次科技人才，跨进创新型国家行列

韩国政府和企业也意识到，高水平的科技创新队伍是一个国家创新能力的根本保证。因此，韩国装备制造业一直在为自主创新培养高层次的科技人才队伍。在这方面，韩国政府和相关企业采取了以下主要措施：加强学研结合的自主培养，主要表现在增加教育经费、加强大学教育和科研机构的建设、开发青少年的科技能力等方面；韩国政府增派留学生和科研人员出国深造；从国外引进人才战略，通过引进国际组织和外国机构在韩国建立研究机构，吸引外国人才来韩国参与研究活动。目前，韩国有多个协会负责在美国、日本和欧洲等国和地区进行海外人才引进。比如，"科学和工程基金会"有专属负责研究海外科学家和工程师的需求，帮助解决海外人才回国后面临的工作和生活问题，推进海外人才引进。

（4）通过技术出口，巩固和提高自主创新地位和能力

随着产品质量的不断提升，韩国技术的国外需求也进一步激增，这使韩国技术出口迅猛发展。其中，韩国 2018 年高科技产品出口额达 2 047 亿美元，占出口总额的 33.8%。随着技术实力的提高，韩国出口商品结构也发生了巨大变化，以汽车、机械、电子、通信设备等装备制造业为主的高科技商品成为出口的主力军。另外，韩国装备制造业自主创新能力的不断提高，也使其成套设备出口量实现了大幅度的增加。随之而来的是韩国大型成套设备自主生产能力得到了迅猛提升，并且很有可能成为支撑韩国经济增长的新的支柱。韩国的技术发展战略逐步从引进国外先进技术进行改造、创新向注重自主创新和技术引进并重的战略转变。

2. 制约韩国制造业发展的原因分析

韩国制造业面临的问题是生产原材料、零部件的中小企业实力过于薄弱，根本原因在于大型企业与中小企业未能实现协同发展。一是对大型企业的倾斜性支持导致大企业与中小型企业差距扩大。20 世纪 70 年代，韩国重点扶持"骨干"企业发展，在金融税收等多方面倾斜支持"骨干"企业，并向"骨干"企业提供大量资金，如现代、三星等在政府的扶持下成长为具有国际竞争力的大型企业。二是大企业形成垄断利润进一步削弱中小企业的竞争力。韩国大型企业生产的产品中，大部分零部件和原材料均由中小企业生产和提供，大企业凭借垄断优势获取垄断利润，压缩了中小企业的利润空间，削弱了中小企业的竞争力，进一步加大中小企业和大型企业的差距。

（三）韩国装备制造业自主创新政策措施

1. 制定相关技术政策和措施

韩国政府通过提供税收优惠及资助等办法，促进企业引进技术和开展自主研发工作，比如，企业引进技术支付的各种费用（包括专利权使用费）在 5 年内均可免税等；企业所属研究开发机构的研究试验设备的投资，按购置价款的 50%（国产器材为 70%）实行加速折旧；韩国"技术准备金制度"规定，企业可按收入总额的 3%～5% 提留技术开发准备金，在投资发生前作为损耗计算，自提留之日起 3 年内使用。为了建立广泛的对外科学技术联系，韩国设立了经济与技术研究院，与世界各主要科学技术资料库联网检索，取得大量广泛的科技信息，并帮助指导企业特别是中小企业寻找信息、确定需求，并与有关科技信息资源建立联系。

为了促进技术的转化，韩国政府规定转让或租赁专利、技术秘诀或新工艺所得收入，按照合同提供自行研究开发的技术秘诀所得的收入，可减免所得税或法人税；转让给本国人所得的收入，全额免征税金；转让给外国人所得的收入，减征 50% 的税金。此外，韩国政府对于计算机、信息通信、材料工程等新兴领域的技术引进采取再度开发计划。规定企业引进技术必须留有同等数额的费用用于消化吸收，缺乏吸收能力的公司必须委托研究开发机构吸收。韩国政府还采用风险投资方式帮助企业承担引进风险，向对引进技术进行消化吸收的企业提供长期贷款和税收优惠，尽量满足引进技术企业消化吸收的需求。

2. 财税政策的支持

在鼓励技术创新方面，政府在财税方面给予了很大的支持，包括以下 3 个方面。

（1）技术开发准备金制度

根据企业类型的不同，相关企业可按照其收入总额的 3% 提取技术开发准备年金，并可将其计入成本。在提留期的 3 年内用于技术开发、技术培训、技术革新及研究设施等用途。

（2）开发费用税收扣除与研究试验设备加速折旧

税收扣除主要针对技术及人才的开发费用。企业专职研究人员的经费、研究用材料费、国外委托教育培训费、技术研究费、公司内职业培训费用等，可享受所得税前的税收扣除。如果税收扣除额抵扣不足，可在 5～7 年内逐年结转。对于企业研究试验用设备可采用加速折旧或税收扣除的方法。

（3）新技术开发的流转税与所得税减免

对企业研究所、产业技术研究组及非营利法人等单位用于新产品开发且国内不能生产必须进口的试验研究用物品，免征特别消费税。对企业研究所不动产免征地方税。为国内服务的外国技术服务人员，给予免征 5 年个人所得税的待遇。对企业的专职研究开发机构及产业技术开发部门，进口用于科学研究或产业开发的物品，给予享受减免关税的优惠措施。以上有关物品中途不能改变用途，否则将追征减免的税款。

3. 金融政策的支持

韩国开发银行、产业银行等银行为私营企业的新产品开发、工艺开发和新技术商业化等方面的研究开发活动提供长期、低息的贷款。韩国技术银行等风险资本机构为私营企业技术开发活动提供股权投资、购买债券、契约贷款、技术开发贷款、租赁服务等财力支持。凡属于研究开发性质的项目，都可以向韩国技术银行申请贷款。贷款到期后，有效益的项目要还贷，而失败的项目则可以免除。另外，韩国政府还允许银行以发行技术彩票的形式筹措部分风险资金，以弥补该银行因资助研究开发项目所造成的亏损。

4. 对人才培养的支持

韩国政府认为科学技术水平提高的关键在于科技人才。韩国政府重视教育、培养人才的主要措施有以下 3 个方面。

（1）职业技术和培训

韩国有两套教育体系，一套是教育部统管的从小学一直到研究生的通行模式；另一套是劳动部统管的职业技术培训所、培训中心、技术大学和学院等。韩国科技部于 1973 年制定了《技术资格鉴定法》，1976 年，在劳动部下面成立了职业训练和管理署，统一管理全国技术培训和资格鉴定。

（2）注重引进海外学者

从 1968 年起，韩国政府开始引进海外学者工作，现有多个协会在美国、日本和欧洲做海外学者的工作。科学和工程基金会与海外使团密切配合，研究海外科学家和工程师的情况，以及他们回国后的工作条件和环境，针对国内最急需的专业，引进最有能力的学者。

（3）培养高级人才

在韩国重化工业阶段的后期，为适应产业高级化的需要，发展技术密集型产业和知识密集型产业，韩国更加重视高技术人才的培养。1981 年，韩国将研究工业生产的科技研究所与研究生院现代科学院合并，成立现代科学技术院，使研究与生产结合更加紧密，研究生在学习阶段直接参与解决生产中的实际问题。

第四章　中国装备制造业技术创新效率评价及影响因素

一、中国装备制造业技术创新效率评价

（一）测度方法

1. DEA 评价模型

DEA（Data Envelopment Analysis，数据包络分析）评价模型最早是由著名的运筹学家 A. Charnes，W. W. Cooper 及 E. Rhodes 于 1978 年提出的，用于评价相同部门间的相对有效性，是一种使用数学规划建立评价模型的定性与定量相结合的多目标决策方法。常见的 DEA 评价模型有 CCR 模型和 BCC 模型两种，两者既有联系又有区别。CCR 模型通过多元投入与产出的决策单元来评价相对效率，只针对假定规模报酬不变的情况对决策单元的生产前沿面进行效率的测算，而 BCC 模型则是在原先模型的基础上将综合技术效率分解成纯技术效率和规模效率，其反映出的相对效率更为细致。

（1）CCR 模型

CCR 模型在假设固定规模报酬不变的情况下，通过多元投入与产出决策单元的生产前沿面进行测算得到相对效率。假设有 n 个决策单元，并且每个决策单元都有 m 种投入和 s 种产出，分别用 x_j 和 y_j 表示第 j 个决策单元的投入量和产出量，u^T 和 v^T 分别代表投入和产出的权值，那么对于第 j 个决策单元，则有

$$\max h_j = \frac{u^T y_j}{v^T x_j} \tag{4.1}$$

$$\text{s.t.} \begin{cases} \dfrac{u^T y_j}{v^T x_j} \leqslant 1 (j=1,2,\cdots,n) \\ u \geqslant 0, v \geqslant 0 \end{cases} \tag{4.2}$$

其中，h_j 是决策单元 j 的效率，这个值越大表明决策单元效率越高，也就越有效。为了实现效率值更好的计算，在模型中融入对偶变量，将阿基米德数 ε，松弛变量 s^- 和 s^+ 引入原有的模型中，可得到对偶规划模型：

$$\min \theta - \varepsilon \left(e^T s^- + e^T s^+ \right) \tag{4.3}$$

$$\text{s.t.} \begin{cases} \theta_{x_j} - X\lambda - s^- = 0 \\ Y\lambda - S = y_j \\ \lambda, s^-, s^+ \geqslant 0 \end{cases} \tag{4.4}$$

在该模型中，若 $\theta=1$，和均为 0，则表示 DEA 有效，前沿面为规模效益不变，其规模和技术均有效；若 $\theta=1$，s^- 和 s^+ 不全为 0，则表示 DEA 有效性较弱，投入产出须做调整；若 $\theta<1$，则表示 DEA 无效。

（2）BCC 模型

由于 CCR 模型只针对规模报酬不变的情况做分析，为了弥补这一缺陷，A. Charnes 和 W. W. Cooper 在规模报酬可变的前提下构建了 BCC 模型，将决策单元中的综合技术效率分解成纯技术效率和规模效率，借此可以判断使 DEA 无效的具体因素。若 j 表示任意决策单元（$j=1,2,\cdots,n$），X 和 Y 表示投入和产出向量。对于决策单元 j，投入导向下对偶形式的 BCC 模型如下所示：

$$\min \theta - \varepsilon \left(e^T s^- + e^T s^+ \right) \tag{4.5}$$

$$\text{s.t.} \begin{cases} \sum_{j=1}^{n} X_j \lambda_j + s^- = \theta X_0 \\ \sum_{j=1}^{n} Y_j \lambda_j - s^+ = \theta Y_0 \\ \lambda_j \geqslant 0, s^-, s^+ \geqslant 0 \end{cases} \tag{4.6}$$

在该模型中，若 $\theta=1$，s^- 和 s^+ 均为 0，则表示 DEA 有效；若 $\theta=1$，s^- 和 s^+ 不全为 0，则表示决策 DEA 有效性较弱；若 $\theta<1$，则表示 DEA 无效。

2. Malmquist 指数模型

Malmquist 指数最早是由瑞典经济学家和统计学家 Malmquist 于 1953 年提出的，后来由 Caves, Christensen 和 Diewert 三位学者于 1982 年将这一模型应用于生产效率变化的测算当中，引起了学术界较大的反响。Fare 和 Grosskopf 等人用非参数线性规划算法对这一指数模型进行了深入的完善和拓展，使 Malmquist 指数法已被广泛应用于全要素生产率、技术产出效率等生产率问题的研究当中，通过建立多投入和多产出的技术模型描绘生产率。Malmquist 指数法是一种计算效率的非参数法，能够对多投入多产出指标进行综合分析，观测出决策单元技术创新效率的动态变化，以此对无效 DEA 进行有针对性的改进。具体来说，Malmquist 指数法具有以下三个优点。

第一，能够实现多个地区多个时间的指标数据样本共同参与测度分析，可以从测度结果反映更多效率信息。

第二，效率测度所需投入产出指标数据较为易得，无须更多相关的价格信息。

第三，可以将全要素生产率进一步分解为技术效率变化指数和技术进步指数，进而可以深入分析决策单元效率。

以 x 为投入，y 为产出，针对任一个特定时期的 t（$t=1,2,\cdots,T$），在原有 DEA 模型不变规模报酬下，用 (x_t, y_t) 和 (x_{t+1}, y_{t+1}) 分别表示 t 与 $t+1$ 时期的投入和产出向量，用 $d_0^t(x_t, y_t)$ 和 $d_0^{t+1}(x_{t+1}, y_{t+1})$ 分别表示 t 与 $t+1$ 时期的距离函数，则两个时期的 Malmquist 指数定义为

$$M^t\left(x_{t+1}, y_{t+1}; x_t, y_t\right) = \frac{d_0^t\left(x_{t+1}, y_{t+1}\right)}{d_0^t\left(x_t, y_t\right)} \tag{4.7}$$

$$M^{t+1}\left(x_{t+1}, y_{t+1}; x_t, y_t\right) = \frac{d_0^{t+1}\left(x_{t+1}, y_{t+1}\right)}{d_0^{t+1}\left(x_t, y_t\right)} \tag{4.8}$$

根据 Fare 和 Grosskopf 等人的思想，可对 Malmquist 技术创新效率指数进行分解，通过分解指数可得

$$M\left(x_{i+1}, y_{i+1}; x_i, y_i\right) = \left[\frac{d_0^t\left(x_{i+1}, y_{i+1}\right)}{d_0^t\left(x_i, y_i\right)} \times \frac{d_0^{i+1}\left(x_{i+1}, y_{i+1}\right)}{d_0^{t+1}\left(x_i, y_i\right)}\right]^{\frac{1}{2}}$$

$$= \frac{d_0^{t+1}\left(x_{i+1}, y_{i+1}\right)}{d_0^t\left(x_t, y_t\right)} \times \left[\frac{d_0^t\left(x_t, y_t\right)}{d_0^{t+1}\left(x_t, y_t\right)} \times \frac{d_0^t\left(x_{t+1}, y_{t+1}\right)}{d_0^{t+1}\left(x_{t+1}, y_{t+1}\right)}\right]^{\frac{1}{2}} \tag{4.9}$$

根据得到的公式可知，第一项表示技术效率变化指数（Technical Efficiency Change，EFFCH），是指创新资源管理水平的高低和技术创新对效率产生的影响所导致的结果，也就是说，目前的创新资源配置完善与否，能否充分利用已有的创新资源，进而达到不浪费资源等；第二项表示技术变化指数（Technical Change，TECHCH），是指通过引进新的创新技术对技术创新效率带来影响后导致的结果，一般通过技术水平的提高使生产效率发生变动，即为技术进步。当加入限制条件后，在可变规模报酬条件下，可求解各决策单元（DMU）的距离函数，并可以将技术效率变化指数进一步分解，即

$$
M\left(x_{i+1}, y_{i+1}; x_i, y_i\right) = \frac{d_0^i\left(x_1, y_j\right)}{d_0^{t+1}\left(x_{i+1}, y_{t+1}\right)} \times \frac{d_0^{i+1}\left(x_{i+1}, y_{i+1}/v\right)}{d_0^{i+1}\left(x_i, y_t\right)} \\
\times \left\{ \left[\frac{d_0^t\left(x_1, y_1\right)}{d_0^{1+1}\left(x_i, y_t\right)} \times \frac{d_0^t\left(x_{t+1}, y_{t+1}\right)}{d_0^{t+1}\left(x_{t+1}, y_{t+1}\right)} \right]^{\frac{1}{2}} \right\} \quad (4.10)
$$

由得到的公式可知，第一项表示规模效率的变化（Scale Efficiency Change，SECH），用来反映是否达到了规模经济；第二项表示纯技术效率的变化（Pure Efficiency Change，PECH），是在可变规模报酬条件下，用来反映效率的累积变化情况；第三项没有变化，仍然表示技术变化指数（Technical Change，TECHCH），即技术进步。因此，通过分解，Malmquist 技术创新效率分解为规模效率变化、纯技术效率变化和技术进步等 3 个部分，即

$$
M\left(x_{t+1}, y_{t+1}; x_t, y_t\right) = EFFCH \times TECHCH = SECH \times PECH \times TECHCH \quad (4.11)
$$

根据 Fare 等（1994）的学者评价理论思想可知，如果 Malmquist 的技术创新效率指数（TFP）大于 1，则表明从 t 到 $t+1$ 时期的技术创新效率增长率为正，如果创新效率指数（TFP）小于 1，则表明技术创新效率负向增长。此外，通过 Malmquist 指数模型的分解，如果规模效率变化、纯技术效率变化和技术进步变化大于 1，则说明分项是技术创新效率增长的动力源泉，如果这些分项指数小于 1，则说明技术创新效率（TFP）的下降是这些分项指数作用的结果。在实际操作运算中，可通过运用 DEA 的 CCR 模型和 BCC 模型求解出式（4.11）的 Malmquist 技术创新效率指数，一般通过 DEAP2.1 等软件即可得到计算结果。

（二）指标体系的构建

1. 指标体系的构建原则

技术创新效率的研究，从广义上讲是指技术创新行为的投入产出比。一般

来说，在给定投入和技术同等的条件下，如何对创新资源进行最大限度的利用即是技术创新效率的研究目的。装备制造业作为国民经济的重要支柱产业，是一个多投入多产出的复杂动态系统，指标过多或者过少都会影响到技术创新效率的测度。为了科学、客观地对中国装备制造业技术创新效率进行测度和分析，本节建立了一套科学、合理的投入产出指标体系，并在选取指标和建立指标体系过程中遵循了以下基本原则。

（1）科学性和系统性原则

在建立指标体系时，通过深入分析每一项指标的定义和内涵，结合技术创新的本质来评价创新投入和产出的经济活动，理论联系实际，确保指标选取的科学性。此外，在对中国装备制造业全方位、多角度进行效率测度时，指标指向设置要明确，不能出现指标之间存在包含与被包含、层次不明、似是而非等关系，因此建立指标体系还需要遵循系统性原则。

（2）目标性和可行性原则

本节建立指标体系的目的是进行技术创新效率测度分析，因此所选指标需要与装备制造业投入产出所贴合，在与研究目的保持直接的逻辑关系的基础上使指标的选取具有目标性。在进行技术创新效率研究时还需要保证指标数据的可得性和数据之间的可比性，由于统计口径和标准的不同，一般通过相关统计年鉴获取原始数据，以此确保指标数据的切实可行和准确易得。

（3）全面性和代表性原则

装备制造业是一个具有多投入和多产出特点的行业，技术创新效率指标体系需要对整个行业技术创新活动有一个较为全面的概括，因此在指标选取时，要尽可能地包含装备制造业的创新特征。与此同时，由于技术创新效率投入指标是一段连续供给，投入产出指标之间的强相关性会影响到效率评价[1]，因此在投入产出指标选取时不宜过多，把握关键因素，剔除相关因素，使指标体系更加精简，更具代表性。

2. 指标体系的建立

中国装备制造业通过技术创新活动提高自身的技术水平和增强产品的竞争力，并以市场需求为导向，将技术创新导入市场需求，从而获取经济利益。[2]

---

① 桂黄宝. 我国高技术产业创新效率及其影响因素空间计量分析 [J]. 经济地理，2014，34(6): 100－107.

② 蔡媛媛，吕可文. 生产性服务业与制造业互动发展研究——以河南省为例 [J]. 华北水利水电大学学报（社会科学版），2016，32(5): 35－41.

本书回顾了国内外学者针对装备制造业技术创新效率的相关文献，发现不同的学者对投入产出指标的选取持有不同的观点。一般来说，技术创新效率通过投入产出两方面进行衡量测度，但装备制造业是一个多投入多产出的复杂系统，通过人力、财力、物力等要素的投入后，需要经过研发阶段成为知识成果，再经过成果转化阶段才能最终形成新产品，获取效益。在相关研究的基础上，通过两种角度对中国装备制造业技术创新效率进行测度分析，一种是根据价值链理论将技术创新过程分为研发阶段和转化阶段[①]；另一种是将技术创新活动过程作为一个整体进行分析。[②] 图 4-1 是本节基于创新研发和成果转化两阶段对中国装备制造业技术创新效率情况进行测度分析的过程图。

图 4-1　技术创新过程图

（1）研发阶段评价指标的选取

研发阶段作为装备制造业技术创新效率测度的初始阶段，通过创新资源的投入，形成技术创新知识成果，具体表现为通过获取新知识和新技术为装备制造业技术创新发展提供动力。桂黄宝通过创新投入和创新产出两个方面构建衡量中国高技术产业创新效率的指标体系，创新投入包含各地区 R&D 人员全时当量、R&D 经费内部支出和新产品开发经费，创新产出包含新产品销售收入和专利申请量。赵丹等 [③] 基于知识管理理论将装备制造业自主创新能力评价指标体系分为创新投入能力、知识流动能力、创新管理能力和创新营销能力 4 个维度。其中创新投入指标包括 R&D 经费内部支出、R&D 人员全时当量、技术引进费用、新产品开发经费支出等，产出指标是通过技术创新完成转化后的新产品表征，包括新产品销售收入、专利申请数量、拥有注册商标数量、有效发

———————

① 肖仁桥，钱丽，陈忠卫. 中国高技术产业创新效率及其影响因素研究 [J]. 管理科学，2012(5): 85−98.

② 汪茂泰，何永芳. 动态随机非参数数据包络分析法及其应用 [J]. 统计与决策，2015 (21): 83−85.

③ 赵丹，孙冰，易英欣. 基于 DEA-Malmquist 方法的装备制造业自主创新能力评价 [J]. 河海大学学报（哲学社会科学版），2018(2): 13.

明专利数等。李士梅和李安[①]通过上市公司数据样本对中国高端装备制造业的创新效率进行了测度，其中创新投入分为资本投入指标企业研发费用和劳动投入指标技术人员数量，创新产出方面则选择专利数量指标进行测度。冯正强和白利利[②]则是以装备制造行业的总产值、固定资产净值、从业人数为原始数据指标，并通过工业生产者出厂价格指数、固定资产投资价格指数将其调整为基期可比价格来测算中国装备制造业的效率水平。可以看出，多数学者都是从创新投入和创新产出两方面出发建立指标体系的，创新投入指标主要包括 R&D 人员全时当量、R&D 经费内部支出、新产品开发经费支出、技术引进经费支出、研发机构数量等；创新产出指标主要包括新产品销售收入、专利申请数量、有效发明专利数、新产品开发项目数等。综合以上分析，并结合研究内容和指标构建原则，在装备制造业研发阶段，选取 R&D 人员全时当量和 R&D 经费内部支出作为研发投入指标；选取专利申请数和有效发明专利数作为创新产出指标。研发阶段投入产出指标体系如表 4-1 所示。

表 4-1　研发阶段投入产出指标体系

一级指标	二级指标	单　位
投入指标	R&D 人员全时当量	人／年
	R&D 经费内部支出	万元
产出指标	专利申请数	件
	有效发明专利数	件

（2）转化阶段评价指标的选取

装备制造业技术创新的成果转化阶段是效率测度的关键阶段，涉及装备制造业新产品的销售收入，与装备制造业技术创新发展的经济利益挂钩，能较好地体现出技术创新知识成果转化为新产品的能力。因此，在成果转化阶段中，应当具备知识成果要素的投入和新产品要素的产出。Raymond A. Raab 和

---

①　李士梅，李安.中国高端装备制造业创新效率的测度分析 [J].社会科学战线，2018(6)：246-250.

②　冯正强，白利利.我国装备制造业技术水平测算及其影响因素研究——基于省际面板数据的比较分析 [J].经济与管理评论，2018(2)：69-81.

Pradeep Kotamraju[①]在运用 DEA 模型测度技术创新效率时分别采取了产业专利数和销售收入作为指标进行研究。吴佐等[②]指出经济效益的衡量指标一般采取新产品销售收入和新产品开发项目数，新产品销售收入指标不仅能体现出新产品的实用价值，还能从侧面反映出技术创新在研发活动中所起的作用。冯志军和陈伟[③]认为通过技术创新产生的效益一般可以分为技术效益、经济效益和社会效益三大类。技术效益的产生一般伴随着科学技术的发展，可以采用专利申请量指标表示；经济效益作为主要利益可以通过新产品销售收入表示；社会效益是一个较为抽象的说法，属于企业的无形资产。范德成和杜明月[④]从人力、资金和技术三个方面考虑转化阶段的投入产出变量，在人力方面选取年末从业人员数指标；在资金方面选取非研发经费支出指标；在技术方面采用专利申请数指标。可以看出，多数学者在技术创新转化阶段所采取的投入产出指标具有共性，专利申请数作为一个中间变量，多次作为指标出现在研发阶段和转化阶段中，但考虑到专利申请数量和实际有效发明专利数量的差距，有效发明专利数更加有效地体现出了知识成果转化的能力。因此，本节可以选取有效发明专利数作为转化阶段的投入指标。

综合以上分析，并结合本节研究内容和指标构建原则，在装备制造业成果转化阶段，选取有效发明专利数和新产品开发经费支出作为研发投入指标；选取新产品销售收入和新产品开发项目数作为创新产出指标。转化阶段投入产出指标体系如表 4-2 所示。

① RAAB R A, KOTAMRAJU P. The efficiency of the high - tech economy: conventional development indexes versus a performance index [J]. Journal of Regional Science, 2006, 46(3): 545-562.

② 吴佐，张娜，王文. 政府 R&D 投入对产业创新绩效的影响——来自中国工业的经验证据 [J]. 中国科技论坛，2013(12): 31-37.

③ 冯志军，陈伟. 中国高技术产业研发创新效率研究——基于资源约束型两阶段 DEA 模型的新视角 [J]. 系统工程理论与实践，2014, 34(5): 1202-1212.

④ 范德成，杜明月. 高端装备制造业技术创新资源配置效率及影响因素研究——基于两阶段 Sto-NED 和 Tobit 模型的实证分析 [J]. 中国管理科学，2018 (1): 14-24.

表 4-2　转化阶段投入产出指标体系

一级指标	二级指标	单　位
投入指标	有效发明专利数	件
	新产品开发经费支出	万元
产出指标	新产品销售收入	万元
	新产品开发项目数	个

（三）指标数据的获取与处理

结合技术创新效率指标体系的构建原则，所获取的原始研究数据主要来源于《中国统计年鉴》《中国工业经济统计年鉴》和《中国科技统计年鉴》。国内学者针对装备制造业的分类研究主要有两种，分别是 7 分类法和 8 分类法，为了方便数据的搜集和整理，按照国民经济行业标准，采用装备制造业的 7 分类法，将《中国统计年鉴》中的汽车制造业，铁路、船舶、航空航天和其他运输设备制造业合并成为交通运输设备制造业。因此，研究对象装备制造业包括金属制品业（C34），通用设备制造业（C35），专用设备制造业（C36），交通运输设备制造业（C37），电气机械及器材制造业（C40），计算机、通信和其他电子设备制造业（C41），仪器仪表制造业（C42）七大类。此外，考虑到《中国统计年鉴》数据在统计口径上存在差异，其在 2007—2010 年统计的是年主营业务收入 500 万元及以上的工业企业，而从 2011 年开始，《中国统计年鉴》开始统计年主营业务收入在 2 000 万元及以上的工业企业。为了保持统计口径的一致性并保证数据的可比性，本节选取 2011 年到 2017 年的原始统计数据进行效率测度分析。

以 2011—2017 年中国装备制造业七大行业的投入产出数据来测度技术创新效率，为了增强研究的可靠性和科学性，需要对原始数据进行预处理。一是对原始数据的处理。对于个别年份指标缺失值的情况，采取平均增长率对数据缺失值进行补充，并统一指标数据的格式，保证指标数据准确、有效、规范。二是消除了滞后性对技术创新效率测度的影响。由于技术创新是一个先投入后产出的持续性过程，技术创新投入到生产销售需要一定的周期，其生产过程的复杂性就导致了存在滞后性的影响。因此，数据将以 2011 年为基准年，设置技术创新投入产出的时滞期为 1 年，即采用的投入指标数据为 2011—2016 年，产出指标数据为 2012—2017 年。其中 2017 年中国装备制造业 7 个子行业的技术创新投入产出情况如表 4-3 所示。

表 4-3　2017 年中国装备制造业技术创新投入产出情况

行业	C34	C35	C36	C37	C40	C41	C42
R&D 人员折合全时当量 / 人 / 年	97 733	199 775	177 067	330 475	285 025	457 960	68 735
R&D 经费内部支出 / 万元	3 431 676	6 968 194	6 369 444	15 933 868	12 423 807	20 027 613	2 102 352
新产品开发经费支出 / 万元	3 844 541	7 924 954	7 599 517	19 708 704	15 017 158	26 970 176	2 654 968
专利申请量 / 件	29 243	64 164	68 462	83 846	136 915	145 303	23 449
有效发明专利数 / 件	28 081	65 982	81 588	74 658	109 179	274 170	26 170
新产品销售收入 / 万元	44 718 345	96 864 598	73 561 409	348 513 622	212 862 746	398 752 318	23 449 650
新产品开发项目数 / 项	21 437	44 181	39 780	46 937	58 584	54 162	15 367

（四）实证分析与结果讨论

本节主要对中国装备制造业技术创新效率进行测度分析，包括两个部分：一是对中国装备制造业技术创新效率进行静态分析；二是对中国装备制造业技术创新效率进行动态分析。其中静态分析采用 2017 年的截面数据进行效率测度，分为研发阶段技术创新效率静态分析、转化阶段技术创新效率静态分析和综合技术创新效率静态分析。动态分析采用 2011—2017 年的面板数据进行效率测度，分为研发阶段技术创新效率动态分析、转化阶段技术创新效率动态分析和综合技术创新效率动态分析。

1. 中国装备制造业技术创新效率静态分析

根据建立的技术创新效率指标体系，采用 DEA 模型对中国装备制造业2017 年截面数据进行效率测度，评价分析 2017 年中国装备制造业技术创新静态效率，以此为装备制造业改善工业管理、优化资源配置等提供重要参考。其中，本节采用的 DEA 模型中的投入导向型的 BCC 模型对数据进行处理分析，即在产出相当的情况下尽量减少投入。

（1）研发阶段技术创新效率静态分析

中国装备制造业研发阶段的创新投入指标有 R&D 人员全时当量和 R&D 经费内部支出，创新产出指标有专利申请数和有效发明专利数。采用 DEAP2.1 软件测算装备制造业 7 个子行业 2017 年研发阶段的静态效率，从综合效率、纯技术效率和规模效率 3 方面具体分析装备制造业的技术创新效率。根据学者的研究经验可知，一般在效率测度时 DMU 个数不应少于投入产出指标总数的 2 倍。[①] 因此，借鉴李朋林和白璐[②] 在装备制造业研究中的处理方法，依据国民经济行业标准多选用了 5 个行业的指标数据进行效率测度，分别为其他制造业、金属制品、机械和设备修理业，电力、热力生产和供应业，燃气生产和供应业，水的生产和供应业。最后从效率结果中截取装备制造业的七大行业效率值进行评价分析。具体结果如表 4-4 所示。

表 4-4　研发阶段静态效率评价结果

行　业	C34	C35	C36	C37	C40	C41	C42	平均值
综合效率	0.450	0.520	0.704	0.273	0.483	1.000	0.684	0.588
纯技术效率	0.557	0.807	1.000	0.520	1.000	1.000	0.780	0.809
规模效率	0.807	0.644	0.704	0.525	0.483	1.000	0.876	0.720
规模报酬	irs	irs	drs	drs	drs	—	irs	

---

① 　盛昭瀚，朱乔，吴广谋．DEA 理论、方法与应用 [M]．北京：科学出版社，1996：155-312.

② 　李朋林，白璐．基于突变理论的产业升级能力评价研究——以陕西装备制造业为例 [J]．数学的实践与认识，2016(7)：93-102.

从装备制造业总体考虑，由表4-4中的效率值可知，在2017年中国装备制造业整个行业中，研发阶段的综合效率为0.588，纯技术效率为0.809，规模效率为0.720，效率值均小于1，表明研发阶段存在创新资源浪费现象，均表现为无效的状态。此外，纯技术效率0.809大于规模效率0.720，而综合效率＝纯技术效率×规模效率，则表明装备制造业行业规模无效率是导致综合技术效率无效的关键原因。具体到7个子行业，由表4-4可知，计算机、通信和其他电子设备制造业在研发阶段的综合效率、纯技术效率和规模效率都为1，均达到有效状态，表明创新资源在研发阶段没有造成浪费，资源能够很好地通过技术创新得到转化，应用到研发阶段中。在综合效率方面，金属制品业、通用设备制造业、交通运输设备制造业、电气机械及器材制造业这4个行业的效率值均低于平均值0.588，效率值偏低，说明在研发阶段存在创新资源浪费现象。专用设备制造业和仪器仪表制造业的综合效率分别为0.704和0.684，均高于平均值，但仍处于无效的状态，表明存在创新资源的浪费，但与其他装备制造业相比有所改善，创新资源冗余现象较为轻微。纯技术效率方面，虽然电气机械及器材制造业的综合效率较低，但纯技术效率为1，处于有效状态，说明此子行业在研发阶段对于创新资源的配置效率较高，创新技术水平也较高。此外，专用设备制造业，计算机、通信和其他电子设备制造业的纯技术效率也均为1。金属制品业、通用设备制造业、交通运输设备制造业的纯技术效率均低于平均值0.809，表明在研发阶段创新资源管理不善，技术水平也较低。在规模效率方面，交通运输设备制造业和电气机械及器材制造业的效率值较低，并且均处于规模报酬递减状态，表明研发资源投入过大，不仅造成了资源的浪费，也没有形成规模效应。

　　综上所述，中国装备制造业各子行业在研发阶段的效率值具有差异性，并且多个子产业效率值低于平均值，说明目前中国装备制造业在研发阶段的创新资源并没有得到充分利用，各个子行业的创新技术水平参差不齐，无法发挥出应有的规模效应，整个装备制造行业还具有很大的技术创新效率提升空间。装备制造业在研发阶段的效率值偏低不仅会对创新资源形成浪费，还会影响到成果转化阶段新产品的形成，只有减少创新资源浪费，在提升工艺技术的基础上扩大工业规模，才能在研发阶段使效率处于有效状态。

　　（2）转化阶段技术创新效率静态分析

　　中国装备制造业转化阶段的创新投入指标为有效发明专利数和新产品开发经费支出，创新产出指标有新产品销售收入和新产品开发项目数。采用DEAP2.1软件测算装备制造业7个子行业2017年转化阶段的静态效率，从综合效率、纯技术效率和规模效率 3 个方面具体分析装备制造业技术创新效率。
同样；依据国民经济行业标准多选用了 5 个行业的指标数据进行效率测度，最
后从效率结果中截取装备制造业的七大行业效率值进行评价分析，具体结果如
表 4-5 所示。

表 4-5　转化阶段静态效率评价结果

行　业	C34	C35	C36	C37	C40	C41	C42	平均值
综合效率	1.000	1.000	0.923	1.000	0.967	0.838	1.000	0.961
纯技术效率	1.000	1.000	0.937	1.000	1.000	1.000	1.000	0.991
规模效率	1.000	1.000	0.985	1.000	0.967	0.838	1.000	0.970
规模报酬	—	—	drs	—	drs	drs	—	—

　　从装备制造业总体上看，由表 4-5 中效率值可知，2017 年中国装备制造
业整体在成果转化阶段的综合效率为 0.961，纯技术效率为 0.991，规模效率为
0.970，效率值均小于 1，属于无效状态，表明装备制造业在转化阶段资源投入
量过大，存在创新资源浪费等现象。对比表 4-4 和表 4-5 相比较可以看出，虽
然两个阶段都处于无效状态，但转化阶段的效率值明显高于研发阶段，综合效
率有了显著提高，表明装备制造业在成果转化阶段对创新资源的管理更加规范，
对创新资源的配置更加合理，技术创新水平也有所提高。从目前中国装备制造
业发展上看，企业的规模和资金均有限，而创新技术的研发却是一个高投入、
长周期、高风险的过程，企业为了追逐利益的最大化，创新研发的积极性往往
不高，相比较而言更加倾向于通过"短平快"的转化阶段获取利益。因此，装
备制造业成果转化阶段的管理和技术水平都具有很大的提升，综合效率、纯技
术效率和规模效率值也会相对较高。

　　从装备制造业分行业上看，金属制品业、通用设备制造业、交通运输设备
制制造业、仪器仪表制造业在转化阶段的综合效率、纯技术效率和规模效率均
为 1，处于有效状态，表明成果转化过程中没有产生资源浪费，规模效益也较好。
其他装备制造业子行业的综合效率也都接近于有效状态，说明只存在微小的投
入冗余，创新资源的浪费现象较少。专用设备制造业的纯技术效率为 0.937，
接近于有效状态，其他子行业的纯技术效率均为 1，表明成果转化阶段的创新

技术水平较高，能较好地利用创新技术提高创新效率，转化创新成果。

（3）综合技术创新效率静态分析

本部分将对中国装备制造业技术创新效率进行综合性评价分析，综合评价分析将不再把技术创新过程分为研发阶段和成果转化阶段，而是将技术创新视作一个整体，将技术创新活动看成一个持续性的活动。在学者针对技术创新指标选择的基础上，选取的创新投入指标包括 R&D 人员折合全时当量、R&D 经费内部支出和新产品开发经费支出；创新产出指标包括新产品销售收入和新产品开发项目数。采用 DEAP2.1 软件测算装备制造业 7 个子行业 2017 年的综合静态效率，从综合效率、纯技术效率和规模效率 3 个方面具体分析装备制造业的技术创新效率。同样，本小节依据国民经济行业标准多选用了 5 个行业的指标数据进行效率测度，最后从效率结果中截取装备制造业的七大行业效率值进行评价分析，具体结果如表 4-6 所示。

表 4-6　综合技术效率静态评价结果

行　业	C34	C35	C36	C37	C40	C41	C42	平均值
综合效率	0.998	1.000	0.958	1.000	1.000	0.912	1.000	0.981
纯技术效率	1.000	1.000	0.977	1.000	1.000	1.000	1.000	0.997
规模效率	0.998	1.000	0.981	1.000	1.000	0.912	1.000	0.984
规模报酬	irs	—	irs	—	—	drs	—	

由表 4-6 中的计算结果可知，2017 年中国装备制造业在整个技术创新活动过程中的综合效率、纯技术效率和规模效率分别为 0.981、0.997 和 0.984，均小于 1，处于无效的状态，但都十分接近 1，相较于研发阶段和转化阶段都有所提高。通用设备制造业、交通运输设备制造业、电气机械及器材制造业、仪器仪表制造业这 4 个子行业的综合效率、纯技术效率和规模效率均为 1，处于有效状态，表明这 4 个行业在 2017 年技术效率保持较好，行业的创新资源投入较为合理，没有造成资源浪费的现象，技术水平也较高，形成了一定的规模经济。金属制品业，计算机、通信和其他电子设备制造业这两个行业在 2017 年的综合效率和规模效率均小于 1，主要是由于创新资源投入冗余，造成了资源的浪费，以至于没有实现规模经济。因此，这两个行业的技术创新效率还具有提升的空间。专用设备制造业在 2017 年的综合效率、纯技术效率和规模效

率均小于 1，处于无效状态，表明该行业中创新资源配置不合理，存在资源浪费现象，并且企业的经营管理水平和技术创新水平不高，以至于专用设备制造业在整个技术创新过程中的综合技术效率低。

2. 中国装备制造业技术创新效率动态分析

通过 DEA 模型对中国 2017 年装备制造业技术创新效率的测度可以看出装备制造业存在创新投入冗余、技术水平不高等问题。但是，技术创新是一个动态的复杂过程，在创新投入和创新产出之间存在一定的时滞性，而单纯通过静态分析技术创新效率无法全面评价装备制造业的发展情况。因此，在有关装备制造业创新效率文献的基础上，选取 1 年的技术创新滞后期，即创新投入指标数据选取 2011—2016 年，创新产出指标数据选取 2012—2017 年，运用 DEA-Malmquist 指数分析法对中国装备制造业 2011—2017 年的技术创新效率进行动态分析。

（1）研发阶段技术创新效率动态分析

研发阶段的创新投入指标有 R&D 人员折合全时当量和 R&D 经费内部支出，创新产出指标有专利申请数和有效发明专利数。采用 2011—2017 年中国装备制造业的面板数据，运用 DEA-Malmquist 对中国装备制造业创新投入及产出效率进行测算，运行 DEAP2.1 软件可得到中国装备制造业研发阶段技术创新动态效率结果，如表 4-7 所示。

表 4-7　研发阶段动态效率评价结果

时间段	2012—2013	2013—2014	2014—2015	2015—2016	2016—2017	平均值
综合技术效率	1.091	0.958	1.049	0.977	0.966	1.007
技术进步	0.897	1.073	0.943	1.157	1.157	1.040
纯技术效率	1.011	0.974	1.04	0.974	0.972	0.994
规模效率	1.08	0.984	1.008	1.004	0.994	1.013
技术创新效率	0.979	1.028	0.990	1.131	1.118	1.047

由表 4-7 可知，2011—2017 年中国装备制造业在研发阶段的技术创新效

率动态变化平均值为 1.047，呈现小幅度增长的趋势，年平均增长率为 4.7%。从分解指标上看，综合技术效率、技术进步和规模效率动态变化均值分别为 1.007、1.040、1.013，而纯技术效率动态变化均值为 0.994，表明目前装备制造业技术水平偏低，这也导致了综合技术效率增速较缓。分阶段看，2013—2014 年和 2015—2017 年中国装备制造业研发阶段技术创新效率处于较好的增长阶段，这些阶段中的技术进步均大于综合技术效率值，表明技术创新水平的提高带动了技术创新效率的增长。而在 2012—2013 年和 2014—2015 年技术创新效率开始出现下降趋势，2012—2013 年技术创新效率动态变化下降了 2.1%，2014—2015 年技术创新效率动态变化下降了 1%，这两个阶段的技术进步效率值均低于综合技术效率，表明此阶段由于技术水平能力的下降导致了技术效率偏低，技术水平的瓶颈成为阻碍装备制造业发展的重要问题。为了更加直观地反映 2011—2017 年中国装备制造业研发阶段的技术创新效率和其分项的变化情况，绘制了中国装备制造业技术创新效率变化趋势折线图，以便对 2011—2017 年中国装备制造业研发阶段的综合技术效率、技术进步、纯技术效率、规模效率和技术创新效率进行理性分析和客观评价，为中国装备制造业技术创新研发阶段效率提升提供决策参考和借鉴，具体变化趋势图如图 4-2 所示。

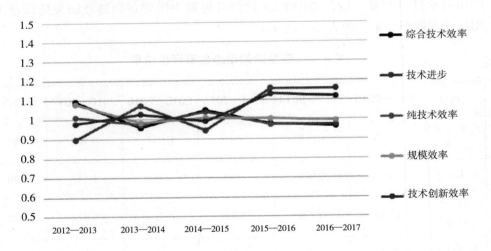

图 4-2 2011—2017 年中国装备制造业研发阶段技术创新效率变化趋势图

由图 4-2 可知，总体而言，2011—2017 年中国装备制造业研发阶段技术创新效率及其分项变化指数呈现稳中有变的发展趋势。其中，纯技术效率和规模效率变化指数趋于稳定，2011—2017 年波动不明显，但此期间技术进步和技术创新效率指数呈现出一定的波动，技术进步指数波动较为明显，技术创新效率指数随着技术进步指数的波动而变化，且 2014—2017 年拉动技术创新指数增长，表明技术进步水平对中国装备制造业的创新发展起到至关重要的作用，提高技术水平能够显著促进装备制造业的发展。

综上所述，提高技术效率对于中国装备制造业研发阶段技术创新效率的提升至关重要，要提高装备制造业技术水平，加强研发阶段技术引进和技术消化吸收的能力，还要不断鼓励企业进行自主创新，加大创新资源的投入并合理分配创新资源。注重研发活动的开展和进行，把装备制造业的技术水平能力放到关键位置，努力通过技术进步提升技术创新效率，进而促进中国装备制造业的创新与发展。

通过分析 7 个子行业技术创新效率指数的动态变化及其分解效率的变化，由表 4–8 和表 4–9 可知，中国装备制造业 7 个子行业在 2011—2017 年研发阶段的技术创新效率存在一定的差异。除了金属制品业，其他 6 个行业的技术创新效率值均大于 1，呈现出稳定增长的趋势。金属制品业的技术创新效率为 0.941，显示以 5.9% 的下降趋势发展，其综合技术效率、纯技术效率和规模效率均小于 1，表明金属制品业在研发阶段资源配置不合理、技术水平不高，由此造成规模不经济，技术创新效率偏低。通用设备制造业在研发阶段技术创新效率为 1.017，主要是技术进步和规模效率共同作用的结果。其在 2012—2013 年和 2014—2015 年技术创新效率指数比 1 小，表明此阶段的创新资源投入过少，从而导致规模效应没有达到理想效果，致使技术创新效率偏低。专用设备制造业在 2011—2017 年研发阶段技术创新效率为 1.093，年平均增长率为 9.2%，其中技术进步起到的作用最大。其在 2013—2014 年的技术创新效率指数为 0.999，接近 1，表明此阶段技术水平欠缺导致了技术创新效率的降低。交通运输设备制造业在研发阶段的技术创新效率为 1.047，年均增长率 4.7%，但在 2013—2014 年技术创新值低于 1，表明该阶段技术效率下降导致了技术创新效率下降。电气机械及器材制造业在 2011—2017 年研发阶段的技术创新效率值为 1.056，综合技术效率、技术进步和规模效率均起到了重要作用，但其在 2012—2013 年和 2014—2015 年的技术创新效率均低于 1，主要是因为此阶段的创新资源利用率低下造成了技术效率偏低。计算机、通信和其他电子设备制造业在研发阶段的技术创新效率值为 1.127，年平均增长率达到了 12.7%，是 7 个子行业中增长率最高的一个行业，技术进步单方面拉动了技术创新效率的提高。其在 2012—2013 年的技术创新效率值为 0.991，主要是由于技术水平落后导致了技术创新效率低。仪器仪表制造业在 2011—2017 年研发阶段的技术创新效率值是1.062,年平均增长率为6.2%,主要依靠技术效率和技术进步的带动。其在2014—2015年技术创新效率值为0.842,小于1,这是受制于技术水平的下降导致的技术创新效率的降低。

表4-8 7个子行业研发阶段动态效率评价结果

行　业	C34	C35	C36	C37	C40	C41	C42	平均值
综合技术效率	0.938	1.009	1.044	1.007	1.027	1.000	1.028	1.007
技术进步	1.003	1.008	1.046	1.039	1.028	1.127	1.033	1.040
纯技术效率	0.998	0.978	1.003	0.992	1.000	1.000	1.17	0.994
规模效率	0.970	1.031	1.040	1.015	1.027	1.000	1.011	1.013
技术创新效率	0.941	1.017	1.093	1.047	1.056	1.127	1.062	1.047

表4-9 7个子行业研发阶段技术创新效率指数的动态变化

行　业	C34	C35	C36	C37	C40	C41	C42
2012—2013	0.687	0.974	1.117	1.021	0.953	0.991	1.195
2013—2014	0.936	1.012	0.999	0.974	1.067	1.170	1.057
2014—2015	1.058	0.920	1.021	1.021	0.942	1.155	0.842
2015—2016	1.042	1.151	1.161	1.101	1.187	1.196	1.088
2016—2017	1.040	1.040	1.174	1.123	1.153	1.136	1.167

为了更加直观反映 2011—2017 年中国装备制造业 7 个子行业研发阶段技术创新效率指数的动态变化，绘制了中国装备制造业子行业技术创新效率变化趋势折线图，以便对 2011—2017 年中国装备制造业 7 个子行业在研发阶段的技术创新效率进行对比分析，具体变化趋势图如图 4-3 所示。

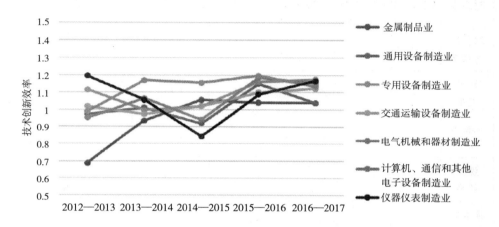

图 4-3 2011—2017 年 7 个子行业研发阶段技术创新效率变化趋势折线图

从图 4-3 中可以看出，在 2011—2017 年装备制造业的 7 个子行业中，多数行业的技术创新效率均在 1 之上，表明中国装备制造业的技术创新效率整体呈上升趋势，但行业的技术创新效率具有一定的波动发展趋势。其中计算机、通信和其他电子设备制造业技术创新效率值较高，表现也较为平稳，年均增长率在全行业中最高，说明此行业创新资源的配置较为合理，技术发展水平较高；金属制品业在 7 个行业中波动最为明显，并且 2012—2014 年技术创新效率一直比 1 小，但随着技术水平和资源管理水平的提高，金属制品业的技术创新效率开始逐渐提升，呈现稳步增长的态势；仪器仪表制造业在 2014—2015 年技术创新效率达到最低，技术水平的下降导致了技术创新效率的降低，在提升对技术进步要求后，仪器仪表制造业的技术创新效率显著提高。

（2）转化阶段技术创新效率动态分析

本部分将对中国装备制造业转化阶段的技术创新效率进行动态评价分析。转化阶段的创新投入指标是有效发明专利数和新产品开发经费支出，创新产出指标是新产品销售收入和新产品开发项目数。采用 2011—2017 年中国装备制造业的面板数据，运用 DEA-Malmquist 对中国装备制造业创新投入及产出效率进行测算，运行 DEAP2.1 软件可得到中国装备制造业转化阶段技术创新动态效率结果，如表 4-10 所示。

表 4-10　转化阶段动态效率评价结果

时间段	2012—2013	2013—2014	2014—2015	2015—2016	2016—2017	平均值
综合技术效率	1.114	0.961	1.017	0.984	1.025	1.019
技术进步	0.784	0.986	0.789	1.123	0.985	0.924
纯技术效率	1.033	0.999	0.985	1.005	1.011	1.007
规模效率	1.078	0.962	1.033	0.979	1.014	1.012
技术创新效率	0.873	0.947	0.802	1.104	1.010	0.941

由表 4-10 可知，2011—2017 年中国装备制造业在成果转化阶段的技术创新效率动态变化平均值为 0.941，相较于研发阶段的平稳增长，技术创新效率在转化阶段出现了明显的下滑趋势，技术进步的平均值为 0.924，表明转化阶段的技术水平低下导致了技术创新效率不高。分阶段看，2012—2015 年的技术创新效率值均小于 1，尤其是 2014—2015 年，技术创新效率动态变化下降了 19.8%。这一阶段的技术进步都不高，装备制造业生产工艺技术的落后，无法切实适应市场需求，导致了技术创新效率呈现下降趋势。在 2015—2017 年，随着技术进步值的提高，装备制造业的技术水平得到了提升，这一阶段技术创新效率开始出现小幅度增长趋势，表明技术创新效率的提高可以通过技术水平的进步带动，增加对新技术的投入力度可以提升创新技术水平，可以显著性提升装备制造业在成果转化阶段的技术创新效率。为了更加直观反映 2011—2017 年中国装备制造业转化阶段的技术创新效率和其分项的变化情况，绘制了中国装备制造业技术创新效率变化趋势折线图，以便对 2011—2017 年中国装备制造业转化阶段的综合技术效率、技术进步、纯技术效率、规模效率和技术创新效率进行理性分析和客观评价，为中国装备制造业技术创新转化阶段效

率的提升提供决策参考和基础，具体变化趋势图如图 4-4 所示。

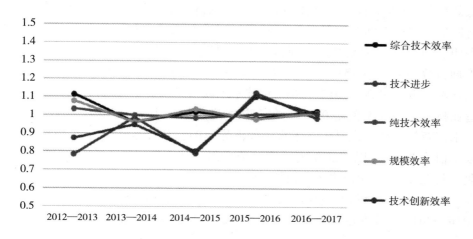

图 4-4　2011—2017 年中国装备制造业转化阶段技术创新效率变化趋势折线图

由图 4-4 可知，总体而言，在 2011—2017 年中国装备制造业成果转化阶段技术创新效率及其分项的变化指数呈现出一定的波动趋势。综合技术效率、纯技术效率和规模效率在 2011—2017 年表现较为平稳，没有很大的波动变化，表明在转化阶段创新投入分配较为合理，规模经济达成较为改善。此外，转化阶段的技术进步指数和技术创新效率指数仍然存在较大波动，并且技术创新效率指数总是跟随技术进步的改变而变化，表明在装备制造业技术创新效率的变化中，技术进步起到了重要作用。提高装备制造企业的技术创新水平，多引进和吸收创新技术，并且鼓励企业多投入资源到创新技术中，研发新产品，形成自身的产业优势和核心竞争力，就能够有效提高技术创新效率，促进装备制造业的发展。

通过表 4-11 和表 4-12 分析可知，2011—2017 年中国装备制造业 7 个子行业在成果转化阶段的技术创新效率存在差异，并且与研发阶段相比，转化阶段的技术创新效率值偏低，呈现出下降的趋势。7 个子行业中仅有计算机、通信和其他电子设备制造业的技术创新效率指数大于 1，其余均小于 1，而且 7 个子行业中只有技术进步指数均小于 1，平均值为 0.924，以 7.6% 的下降趋势发展，表明在成果转化阶段技术进步拉低了技术创新效率，导致效率值偏低。金属制品业的技术创新效率指数为 0.896，技术进步指数小于 1，表明在金属制品业中由于工艺技术水平较低致使行业技术创新效率偏低。其在 2012—2015

全球价值网络下中国装备制造业技术创新提升路径研究

年和 2016—2017 年技术创新效率指数均小于 1，并且在 2012—2013 年达到最低效率值 0.680，说明在此阶段技术能力的落后造成行业生产效率低。通用设备制造业的技术创新效率指数为 0.890，综合技术效率和技术进步指数小于 1，表明这两个分项拉低了技术创新效率，导致效率不高。其在 2012—2015 年技术创新效率值均小于 1，是综合技术效率和技术进步共同作用的结果。随着工艺技术水平的提高，2015—2017 年技术创新效率值有了显著改善。专用设备制造业技术创新效率值是 0.991，只有技术进步指数小于 1，其在 2012—2015 年技术创新效率值低也是由技术水平偏低导致的。交通运输设备制造业技术创新效率值为 0.874，以 12.6% 的下降趋势发展，属于 7 个行业中效率值最低的行业，其在 2012—2015 年技术创新效率指数小于 1，是技术进步指数作用的结果。电气机械及器材制造业的技术创新效率指数 0.989，其在 2013—2015 年和 2016—2017 年技术创新效率值低于 1，这是由于技术进步指数的影响，之后提高了工艺技术水平，技术创新效率值得到提升。计算机、通信和其他电子设备制造业的技术创新效率指数为 1.006，年平均增长率为 0.6%，在 2013—2015 年和 2016—2017 年技术创新效率值小于 1，也是由技术水平落后导致的。仪器仪表制造业在 2011—2017 年技术创新效率指数为 0.954，其在 2012—2015 年技术创新效率值均小于 1，工艺技术水平低造成了技术创新效率的偏低。为了更加直观反映 2011—2017 年中国装备制造业 7 个子行业成果转化阶段技术创新效率指数的动态变化，在技术创新效率的基础上绘制了中国装备制造业 7 个子行业在研发阶段的技术创新效率变化趋势折线图，以便对 2011—2017 年中国装备制造业 7 个子行业在转化阶段的技术创新效率进行对比分析，具体的变化趋势图如图 4-5 所示。

表 4-11　7 个子行业转化阶段动态效率评价结果

行　业	C34	C35	C36	C37	C40	C41	C42	平均值
综合技术效率	1.000	0.994	1.067	1.000	1.042	1.011	1.020	1.019
技术进步	0.896	0.895	0.930	0.874	0.949	0.995	0.936	0.924
纯技术效率	1.000	1.000	1.031	1.000	1.000	1.000	1.015	1.007
规模效率	1.000	0.994	1.035	1.000	1.042	1.011	1.005	1.012

续　表

行　业	C34	C35	C36	C37	C40	C41	C42	平均值
技术创新效率	0.896	0.890	0.991	0.874	0.989	1.006	0.954	0.941

表 4-12　7 个子行业转化阶段技术创新效率指数的动态变化

行　业	C34	C35	C36	C37	C40	C41	C42
2012—2013	0.680	0.698	0.979	0.780	1.017	1.109	0.944
2013—2014	0.949	0.968	0.898	0.954	0.927	0.959	0.977
2014—2015	0.824	0.743	0.759	0.773	0.855	0.971	0.717
2015—2016	1.121	1.080	1.205	1.012	1.188	1.022	1.119
2016—2017	0.970	1.027	1.192	0.875	0.988	0.975	1.072

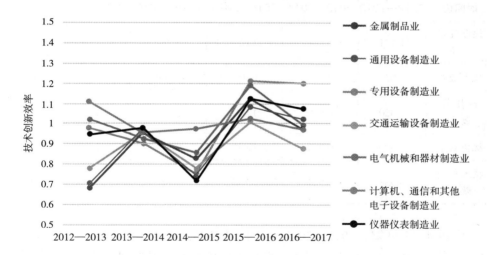

图 4-5　2011—2017 年 7 个子行业在转化阶段技术创新效率变化趋势折线图

由图 4-5 可知，在 2011—2017 年装备制造业的 7 个子行业中，计算机、通信和其他电子设备制造业的技术创新效率指数相对较为平稳，其余 6 个产业的技术创新效率值都有一定波动。专用设备制造业在 7 大行业中波动最大，并且在 2012—2015 年效率值一直在 1 以下，随后通过技术水平的提高拉动了技术创新效率的增长，实现了技术创新效率的稳步升高。交通运输设备制造业几乎全部折线都在 1 之下，说明此子行业的技术创新效率指数偏低，行业发展在转化阶段呈现下降趋势。

（3）综合技术创新效率动态分析

本部分将对中国装备制造业技术创新效率进行综合评价分析，综合评价分析将不再把技术创新过程分为研发阶段和成果转化阶段，而是将技术创新作为一个整体，将技术创新活动看成一个持续性的活动。在这个活动过程中，所投入的创新资源最终转化为装备制造业的新产品，且仍然存在一定的滞后性，因此选取 2011—2016 年的投入指标数据，2012—2017 年的产出指标数据，创新投入指标包括 R&D 人员折合全时当量、R&D 经费内部支出和新产品开发经费支出；创新产出指标包括新产品销售收入和新产品开发项目数。运用 DEA–Malmquist 对中国装备制造业创新投入及产出效率进行测算，运行 DEAP2.1 软件可得到中国装备制造业综合技术创新动态效率结果，如表 4-13 所示。

表 4-13　综合技术效率创新动态评价结果

时间段	2012—2013	2013—2014	2014—2015	2015—2016	2016—2017	平均值
综合技术效率	1.121	0.988	1.020	0.984	1.010	1.023
技术进步	0.837	0.972	0.856	1.160	1.080	0.973
纯技术效率	1.020	0.999	1.001	1.000	1.000	1.004
规模效率	1.099	0.989	1.019	0.984	1.010	1.019
技术创新效率	0.938	0.961	0.873	1.141	1.091	0.996

由表 4-13 可知，2011—2017 年中国装备制造业综合技术创新效率动态变化均值是 0.996，小于 1，以 0.4% 的下降趋势发展。观察分项效率发现综合技术效率对技术创新效率贡献最大，为 1.023，年平均增长 2.3%。技术进步指数小于 1，为 0.973，可知技术创新效率低是技术进步影响所致。分阶段考虑，2012—2015 年的技术创新效率值都小于 1，在此阶段装备制造业技术创新效率表现持续下行。其中 2012—2013 年和 2014—2015 年技术创新效率偏低均是由技术水平落到导致的，2013—2014 年的综合技术效率、技术进步、纯技术效

率和规模效率值均小于1，表明此阶段创新资源配置不合理，工艺技术水平偏低，创新知识成果产出也不足，无法支撑起装备制造业的发展。2016—2017 年期间装备制造业技术创新效率指数均大于 1，且开始出现稳步增长的局面，其中2015—2016 年的技术创新效率值是 1.141，年平均增长 14.1%，是面板数据年份中效率值最高的阶段。这一阶段中技术进步指数为 1.160，是拉动技术创新效率增长最关键的一个分项。2016—2017 年装备制造业技术创新效率指数为1.091，年均增长 9.1%，此阶段的技术创新效率增长是综合技术效率和技术进步共同作用的结果。为了更加直观地反映 2011—2017 年中国装备制造业综合技术创新效率和其分项的变化情况，绘制了中国装备制造业技术创新效率变化趋势折线图，以便对 2011—2017 年中国装备制造业的综合技术效率、技术进步、纯技术效率、规模效率和技术创新效率进行理性分析和客观评价，具体变化趋势图如图 4-6 所示。

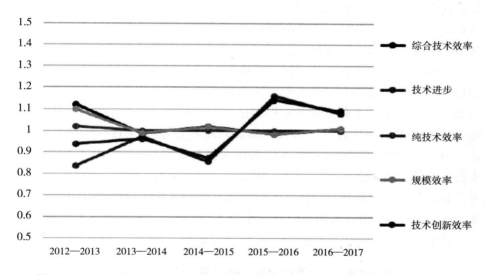

图 4-6　2011—2017 年中国装备制造业综合技术创新效率变化趋势折线图

图 4-6 中可以看出，在 2011—2017 年，中国装备制造业综合技术创新效率及其分项变化指数呈现出稳中有变的趋势。对比可以看出，综合技术创新效率趋势图和成果转化阶段的技术创新效率趋势图十分类似，表明转化阶段装备制造业的技术创新效率表现更接近于整体趋势。其中综合技术效率、纯技术效率和规模效率在 2011—2017 年技术创新效率值的走势较为平稳，并且基本接近于 1，表明创新资源的投入规模趋于稳定，研发产品基本能够满足市场需求。此外，技术进步和技术创新效率作为波动性较大的两项指数，保持了一定的一

致性，可以看出，技术创新效率随着技术进步的变化而变化，技术进步作为影响技术创新效率的关键因素能够使效率值增加或减少。因此，改变技术水平能够显著影响装备制造业的技术创新效率。

对 7 个子行业综合技术创新效率的动态评价结果及其指数的动态变化分析可知，2011—2017 年中国装备制造业子行业在综合技术创新效率方面存在不均衡现象（表 4-14、表 4-15）。金属制品业、通用设备制造业和仪器仪表制造业的技术创新效率指数均小于 1，而这 3 个行业有一个共同点，那就是技术创新效率偏低均是技术进步指数作用导致的，也就是说，这 3 个行业中工艺技术水平的落后导致了技术创新效率低，阻碍了装备制造业的发展；并且这 3 个行业在 2012—2015 年的技术创新效率指数也均小于 1，表明在这个时间段装备制造企业的技术水平逐渐衰退，已经无法适应市场的需求，企业需要提高技术水平，研发制造新产品来提升自身的核心竞争力，以此提高技术创新效率，进而获取利润。专用设备制造业 2011—2017 年的技术创新效率指数为 1.035，以 3.5% 的年均增长率稳步发展，属于装备制造业子行业中技术创新效率最高的行业。其 2013—2015 年的技术创新效率指数小于 1，这是由技术进步指数所导致的。交通运输设备制造业的技术创新效率值是 1.007，以 0.7% 的增速小幅增长；其 2012—2013 年和 2014—2015 年的技术创新效率值均小于 1，前者纯技术效率偏低是由企业在技术和人员方面投入过多而导致的，后者是因为技术水平的下降无法满足需求而导致的。电气机械及器材制造业在 2011—2017 年技术创新效率值为 1.007，其 2013—2015 年的技术创新效率值小于 1，这个阶段技术进步指数偏低，技术水平落后导致了技术创新效率偏低。2011—2017 年计算机、通信和其他电子设备制造业的技术创新效率值是 1.009，年平均增长率为 0.9%，其 2013—2015 年的技术创新效率值小于 1，在这个阶段技术进步指数小于 1，造成技术水平的低下，从而影响了技术创新效率。

表 4-14　7 个子行业综合技术创新效率动态评价结果

行　业	C34	C35	C36	C37	C40	C41	C42	平均值
综合技术效率	1.000	1.038	1.064	1.000	1.037	1.021	1.006	1.023
技术进步	0.948	0.945	0.973	1.007	0.971	0.989	0.981	0.973
纯技术效率	1.000	1.000	1.026	1.000	1.000	1.000	1.003	1.004
规模效率	1.000	1.038	1.037	1.000	1.037	1.021	1.003	1.019

续 表

行 业	C34	C35	C36	C37	C40	C41	C42	平均值
技术创新效率	0.948	0.980	1.035	1.007	1.007	1.009	0.987	0.996

表 4-15 7 个子行业综合技术创新效率指数的动态变化

行 业	C34	C35	C36	C37	C40	C41	C42
2012—2013	0.683	0.909	1.044	0.897	1.029	1.074	0.996
2013—2014	0.961	0.951	0.918	1.033	0.955	0.945	0.965
2014—2015	0.909	0.824	0.849	0.939	0.848	0.979	0.778
2015—2016	1.176	1.169	1.208	1.160	1.153	1.002	1.132
2016—2017	1.090	1.087	1.028	1.026	1.076	1.050	1.108

为了更加直观地反映 2011—2017 年中国装备制造业 7 个子行业综合技术创新效率指数的动态变化，绘制了中国装备制造业子行业技术创新效率变化趋势折线图，以便对 2011—2017 年中国装备制造业 7 个子行业的综合技术创新效率进行对比分析，具体变化趋势如图 4-7 所示。

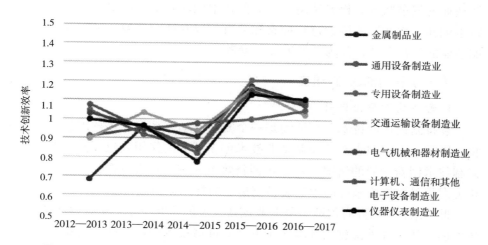

图 4-7 2012—2017 年 7 个子行业综合技术创新效率变化趋势折线图

由图 4-7 可以看出，在 2012—2017 年装备制造业的 7 个子行业中，虽然技术创新效率呈现出一定的波动，但装备制造业整体的技术创新效率值是逐步提升的。其中计算机、通信和其他电子设备制造业的技术创新效率值表现相对较为平稳。专用设备制造业前期由于技术水平落后而效率下降，在提高工艺技术水平之后，技术创新效率开始快速提升。金属制品业前期技术创新效率值在全行业中最低，技术进步指数提高后，其技术创新效率也出现了增长趋势。从图中可以明显看出，2014—2015 年可以作为一个临界点，之前多数装备制造业子行业的技术创新效率值均低于 1，之后由于技术水平低下逐渐受到重视，技术水平慢慢提高，装备制造业全行业的技术创新效率值开始攀升，2015 年之后技术创新效率值基本均大于 1，表明技术水平的提高能够促进装备制造业技术创新效率的增长。

二、中国装备制造业技术创新效率的影响因素

中国经济目前已由高速增长阶段转变成高质量发展阶段，装备制造业正处于优化经济结构、转变发展方式、产业转型升级的关键时期，加快发展装备制造业和建设制造强国成为我国推动经济持续健康发展的迫切要求和重要目标。对中国装备制造业技术创新效率的测度分析可知，中国装备制造业目前的技术创新效率虽然呈现上升趋势，但整体技术创新效率偏低，并且装备制造业子行业之间技术创新效率存在差异，导致产业发展不均衡。为了深入厘清中国装备制造业的发展状况，提升装备制造业的技术创新效率，需要对中国装备制造业技术创新效率的影响因素进行探索和分析，以有针对性地促进和改善中国装备制造业的科技创新，并为其发展提供参考。

（一）指标体系的建立

1. 影响因素理论分析

装备制造业的技术创新活动是一个复杂的动态系统，多种因素相互作用，相互影响，不同因素对装备制造业技术创新效率的作用效果不同，存在促进和抑制技术创新发展的情况。对技术创新效率影响因素进行探索和分析，有利于相关人员采取措施来提高中国装备制造业的技术创新效率。

近年来，学术界有关装备制造业创新发展的研究主要集中在自主创新能力、技术创新效率和外部创新环境 3 个方面。针对技术创新效率，黄振文[①]构建了

① 黄振文.福建高端装备制造业技术创新效率的影响因素研究 [D].福州：福州大学，2014.

福建高端装备制造业技术创新效率影响因素的指标体系，分别是研发资本投入强度、产学研研发氛围、人力资本素质、企业规模、行业产品更新能力、产业成长能力，并通过计量模型对高端装备制造业各子行业的影响因素进行了实证分析。綦良群等[①]在进行装备制造业 R&D 效率影响因素分析时，将各因素分为内生决定因素和外在影响因素。其中内生决定因素包括 R&D 人员折合全时当量、行业内工程师数量、R&D 经费内部支出、行业内拥有研发机构的企业数量、新产品销售收入；外在影响因素包括企业规模、行业集中度、企业所有制、政府支持、科学技术支持。在此基础上，他们依据 SFA 方法和 Cobb-Douglas 生产函数构建了分析装备制造业 R&D 效率影响因素的模型。张璐[②]利用 Tobit 模型对装备制造业上市公司的 R&D 效率影响因素进行了分析，以研发效率（RD）为因变量，以企业规模（SIZE）、资产管理水平（TAT）、资本结构（RDA）、公司治理（CG）、研发及技术人员比例（RDL）为自变量对影响装备制造业上市公司 R&D 效率的因素进行了实证分析。李杰[③]在探索陕西省装备制造业技术创新效率的影响因素时，建立了包括研发资本的投入强度（RD）、产权结构（ST）、行业规模（SC）、市场结构（MS）、政府投入力度（GV）、人力资本（HR）、对外开放程度（FDI）的指标体系，并利用双对数多元线性回归模型进行影响效率分析。牛泽东和王文[④]整理了中国装备制造业创新生产的地区面板数据，采用 Battese 和 Celli 的单产出随机前沿分析（SFA）模型对中国地区装备制造业技术创新效率影响因素进行了分析，其包含的各变量指标为产权结构（OS）、政府投入力度（GII）、企业规模（FS）、市场化程度（MD）、对外开放程度（DO）、劳动力素质（QL）、地区基础设施水平（INFR）。王江和陶磊[⑤]整理了 2008—2016 年的面板数据，通过构建 Tobit 模型对中国装备制造业技术创新效率的影响因素进行了分析。其因变量为装备制造业技术创新

① 綦良群，王成东，蔡渊渊. 中国装备制造业 R&D 效率评价及其影响因素研究 [J]. 研究与发展管理，2014, 26(01):111-118.

② 张璐. 我国装备制造业上市公司 R&D 效率及影响因素研究 [D]. 西安：西安科技大学，2015.

③ 李杰. 陕西省装备制造业技术创新效率评价及影响因素研究 [D]. 西安：西安科技大学，2016.

④ 牛泽东，王文. 中国地区装备制造业的技术创新效率及影响因素分析 [J]. 科技和产业，2016, 16(6): 76-82.

⑤ 王江，陶磊. 中国装备制造业技术创新效率及影响因素研究——基于研发与成果转化两个阶段的分析 [J]. 商业研究，2017, 59(12): 175-180.

效率值（EFF），自变量为 R&D 人员专业化程度（PDS）、装备制造业发展程度（EMD）、外贸依存度（FTD）、研发经费投入强度（RDI）、政府投资力度（GI）、外资引进（FDI），依此从宏观环境方面提出了相关见解。简晓彬等[1]通过建立面板数据模型剖析影响装备制造业集群式创新效率的主要因素。他们选取装备制造业集群式创新效率为被解释变量，装备制造业企业规模、产业集群发展水平、网络化联结水平、科技创新投入和生产性服务业发展水平为解释变量，对影响因素进行了分析。范德成和杜明月[2]以产业组织为视角，利用 Tobit 模型分析了高端装备制造业技术创新资源配置效率的影响效率，从产业组织视角建立了指标体系，其指标为企业规模（ES）、所有制结构（OS）、市场集中度（MC）、政府支持（GS）。冯正强和白利利[3]对中国装备制造业技术水平进行测算后，基于国际贸易、国际直接投资、研发投入、企业规模、人力资本、产业结构、地区经济发展水平这一指标体系对地区装备制造业技术水平的影响因素进行了分析，并采用柯布-道格拉斯生产函数做出了实证研究。

目前学术界对装备制造业技术创新效率影响因素的研究已经取得了较为丰硕的成果，在研究方法和指标选取方面也进行了大量富有成效的研究。通过学者既有的研究可知，在装备制造业技术创新效率的影响因素中，表征研发投入的因素、企业规模的因素和政府扶持的因素出现频率较高，学者通过实证明确了这些因素对技术创新效率的影响。此外，人力资本因素和行业发展程度是不容忽视的要点，这些因素从内在和外在两个方面影响着装备制造业技术创新效率。因此，上述学者针对装备制造业技术创新效率影响因素所做的相关研究可以为本节的影响因素研究提供一些理论上的借鉴和参考。

2. 选取影响因素指标

装备制造业技术创新效率影响因素包括内部和外部两方面因素，装备制造企业内部能够决定和改变的有关因素被称为内部影响因素，由外部环境作用而导致技术创新效率变化的因素被称为外部影响因素。上文中提到，众多学者针对装备制造业技术创新效率影响因素进行了分析，综合学者的研究可以发现，

① 简晓彬，车冰清，仇方道. 装备制造业集群式创新效率及影响因素——以江苏为例 [J]. 经济地理,2018,38(07):100-109.

② 范德成，杜明月. 高端装备制造业技术创新资源配置效率及影响因素研究——基于两阶段 Sto-NED 和 Tobit 模型的实证分析 [J]. 中国管理科学，2018(1): 14-24.

③ 冯正强，白利利. 我国装备制造业技术水平测算及其影响因素研究——基于省际面板数据的比较分析 [J]. 经济与管理评论，2018(02): 69-81.

他们大多是从 5 个方面对技术创新效率影响因素进行探索和分析的，分别是技术创新基础因素、技术创新投入因素、技术创新引进吸收因素、技术创新产出因素、技术创新环境支持因素。图 4-8 为构建的中国装备制造业技术创新效率影响因素的理论模型。

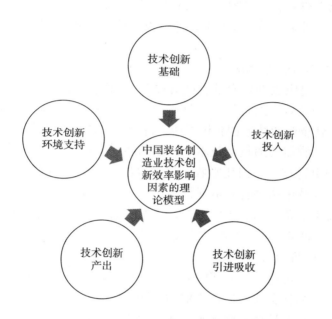

图 4-8　中国装备制造业技术创新效率影响因素的理论模型

（1）技术创新基础

技术创新基础作为装备制造业进行技术创新活动的开端和基石，为装备制造业的创新发展提供便利条件。良好的技术创新基础能够促进装备制造业的技术升级和成果转化，是装备制造业技术创新持续良好发展的先决条件。设置坚固的技术创新基础已成为促进装备制造业技术创新效率稳固提升的发展方向。通过 3 个二级指标来反映中国装备制造业技术创新基础，分别是产学研研发规模，用研发机构企业数占装备制造业总企业数比重表示（X_1）；企业规模，用 R&D 活动企业数占装备制造业总企业数比重表示（X_2）；人力资本素质，用 R&D 研究人员占装备制造业从业总人员比重表示（X_3）。

（2）技术创新投入

技术创新投入是指在人、财、物等方面对装备制造业进行创新资源投入，通过技术创新将创新资源转化为创新成果。一般来说，创新资源投入力度越大，装备制造业创新成果产出就会越多，但由于资源的有限性和技术创新效率的存在，创新资源的投入需要配置合理方能收获最大利益。由于技术创新活动是一个多投入和多产出的复杂系统工程，因此在技术研发阶段和成果转化阶段均存在技术创新的投入。通过 3 个二级指标来反映中国装备制造业技术创新投入，分别是人力资本投入，用 R&D 人员折合全时当量表示（X_4）；财力资本投入，用 R&D 经费内部支出表示（X_5）；产业发展投入，用新产品开发经费支出表示（X_6）。

（3）技术创新引进吸收

技术创新引进吸收是指通过引进新技术、新设备来快速提升工艺技术水平，达到提升技术创新效率的目的，并且通过企业自身的学习能力能够将新技术消化吸收，内化到企业的技术创新体系中，进而带来持续的技术进步。总体而言，技术创新引进吸收需要通过从技术到产品的转化渠道来实现，因此可以用中国装备制造业的引进技术、消化吸收、技术改造等经费支出来表示。这里通过 3 个二级指标来反映中国装备制造业技术创新引进吸收能力，分别是科学技术支持，用引进技术经费支出表示（X_7）；学习能力支持，用消化吸收经费支出表示（X_8）；技术创新支持，用技术改造经费支出表示（X_9）。

（4）技术创新产出

技术创新产出是指通过前期的创新资源投入，经由技术创新转化后得到的技术研发新产品和具有技术创新价值的事物。技术创新产出因素代表了科技水平的产物价值，是衡量技术创新水平的重要因素。目前中国装备制造业发展日新月异，产业的发展程度可以通过技术创新产出中的指标来观测，新旧技术的更替也可以通过新产品的生产来考察，这些都属于技术创新水平在装备制造业产出中的综合体现。这里选取 3 个二级指标反映中国装备制造业技术创新产出因素，分别包含产业发展程度，用新产品销售收入表示（X_{10}）；产品更新能力，用新产品开发项目数表示（X_{11}）；产业创新能力，用专利申请数表示（X_{12}）。

（5）技术创新环境支持

技术创新环境支持因素主要是指装备制造业创新发展下的市场导向，包括外部环境影响因素和内部环境影响因素，如政府对装备制造业的扶持力度、装备制造业自身市场环境、外资引进、对外开放程度等。良好的技术创新环境对技术创新的发展能够起到很好的促进作用，对新技术、新产品的开发也能起到激励作用。鉴于数据的有效性和可得性，这里选取了 3 个二级指标反映中国装备制造业技术创新环境支持因素，分别包括政府扶持力度，用政府资金占 R&D 经费内部支出比重表示（X_{13}）；对外开放程度，用装备制造业对外出口额占新产品销售收入总额比重表示（X_{14}）；设施水平环境，用R&D经费内部支出中仪器和设备支出占资产性支出的比重表示（X_{15}）。

3．指标体系的确立

根据上述有关影响因素指标的理论分析和选取，本节基于中国装备制造业技术创新效率影响因素的理论模型，加入选取的影响因素指标，构建了中国装备制造业技术创新效率影响因素的指标体系，具体如表4-16所示。

表4-16　中国装备制造业技术创新效率影响因素指标体系

一级指标	编　号	二级指标	运算指标
技术创新基础	X_1	产学研研发规模	研发机构企业数（个）/装备制造业总企业数（个）
	X_2	企业规模	R&D活动企业数（个）/装备制造业总企业数（个）
	X_3	人力资本素质	R&D研究人员（人）/装备制造业从业总人员（人）
技术创新投入	X_4	人力资本投入	R&D人员折合全时当量（人年）
	X_5	财力资本投入	R&D经费内部支出（万元）
	X_6	产业发展投入	新产品开发经费支出（万元）
技术创新引进吸收	X_7	科学技术支持	引进技术经费支出（万元）
	X_8	学习能力支持	消化吸收经费支出（万元）
	X_9	技术创新支持	技术改造经费支出（万元）
技术创新产出	X_{10}	产业发展程度	新产品销售收入（万元）
	X_{11}	产品更新能力	新产品开发项目数（个）
	X_{12}	产业创新能力	专利申请数（件）

一级指标	编　号	二级指标	运算指标
技术创新环境支持	X_{13}	政府扶持力度	政府资金（万元）/R&D 经费内部支出（万元）
	X_{14}	对外开放程度	装备制造业对外出口额（万元）/新产品销售收入总额（万元）
	X_{15}	设施水平环境	R&D 经费内部支出中仪器和设备支出（万元）/R&D 经费内部支出中资产性支出（万元）

（二）研究方法与数据来源

1. 因子分析法

因子分析法最早是由英国心理学家 C.E.Spearman 提出的，早期用于解释人类的行为和能力。随着科学技术的发展，目前因子分析法已经应用到经济学、社会学、医学等领域。因子分析法作为一种研究变量相关系数的多元统计方法，其根据相关性的大小将变量进行分组，同组的变量之间相关性较高，而不同组的变量之间几乎没有什么相关性。如此一来，每一组的变量就成了一个综合因子，这样做不仅能减少信息量的丢失，还能在众多指标中提取出公因子。通过抓住主要矛盾，观测提取出来的公因子进行评价分析，具有全面性、简洁性、有效性等特点。

$$\begin{cases} F_1 = a_{11}X_1 + a_{12}X_2 + \cdots a_{1n}X_n + e_2 \\ F_2 = a_{21}X_1 + a_{22}X_2 + \cdots a_{2n}X_n + e_2 \\ \qquad\qquad \cdots\cdots \\ F_m = a_{m1}X_1 + a_{m2}X_2 + \cdots a_{mn}X_n + e_m \end{cases} \qquad (4.12)$$

用矩阵表示，则为

$$\begin{pmatrix} F_1 \\ F_2 \\ \vdots \\ F_m \end{pmatrix} = \begin{pmatrix} \alpha_1 \\ X_2 \\ \vdots \\ X_n \end{pmatrix} + \begin{pmatrix} e_1 \\ e_2 \\ \vdots \\ e_m \end{pmatrix} \qquad (4.13)$$

上式因子分析的模型，可用矩阵形式表示为：$F=AX+E$。其中 F 为公因子变量，A 为因子负荷矩阵，X 为原始数据的向量，E 为残差向量。在通常情况下，若 X_n 和 F_m 的相关性显示较强，那么残差向量 E 对公因子的影响即可忽略不计，因此一般情况下的数学模型也可以表示为 $F=AX$。

2. 数据来源与处理

基于 2011—2016 年有关装备制造业影响因素指标体系中的原始数据，采用因子分析法提取公因子来分析中国装备制造业技术创新效率的影响因素。所获取的原始研究数据主要来源于《中国统计年鉴》《中国工业经济统计年鉴》《中国科技统计年鉴》和国民经济与社会发展统计公报等公开数据资料。有关装备制造业的分类方面仍然延续上一节技术创新效率采用的分类法。在进行实证研究之前，需要对原始数据进行一些预处理，以便保证研究的科学性和可行性。

第一，数据的标准化处理。将装备制造业的原始数据输入 SPSS 24.0 统计分析系统，对数据进行标准化处理，使数据无量纲化，以消除因单位、量纲、数量级不同而产生的分析误差。标准化处理后的指标变量均值为 0，方差为 1。

第二，数据的统一设置。在影响因素指标体系中数据存在比重指标，为保证运算的合理性和便捷性，统一保留两位小数位，而指标运算结果保留三位小数位。

（三）实证分析与结果讨论

本节的内容主要是基于构建的中国装备制造业技术创新效率影响因素指标体系，在适应性检验后，用因子分析法提取公因子，根据因子的荷载分析，最终确定中国装备制造业技术创新效率的关键影响因素。

1. 适用性分析

（1）相关性检验

相关性检验是指在因子分析中通过变量之间的相互分析来判断是否存在相关程度，也就是说是否具有线性关系。如果变量之间相关性系数足够高，则说明可以用因子分析法进行影响因素分析；如果变量之间相关性系数过低甚至为 0，则不能进行因子分析。使用 SPSS 24.0 软件对标准化后的影响因素指标数据进行相关性检验，可以得出相应的检验结果。相关性矩阵如表 4-17 所示，显著性矩阵如表 4-18 所示。

表 4-17 相关性矩阵

相关性	X_1	X_2	X_3	X_4	X_5	X_6	X_7	X_8	X_9	X_{10}	X_{11}	X_{12}	X_{13}	X_{14}	X_{15}
X_1	1.000	0.979	0.262	0.247	0.364	0.278	-0.049	-0.226	-0.203	0.228	0.187	0.367	-0.087	0.249	0.447
X_2	0.979	1.000	0.295	0.162	0.307	0.196	-0.067	-0.236	-0.251	0.174	0.100	0.281	-0.095	0.177	0.406
X_3	0.262	0.295	1.000	0.353	0.231	0.351	0.258	0.056	0.031	0.367	0.080	0.178	0.285	0.285	0.195
X_4	0.247	0.162	0.353	1.000	0.841	0.976	0.589	0.430	0.565	0.913	0.874	0.915	0.181	0.629	0.286
X_5	0.364	0.307	0.231	0.841	1.000	0.872	0.600	0.425	0.501	0.833	0.689	0.784	0.069	0.478	0.292
X_6	0.278	0.196	0.351	0.976	0.872	1.000	0.648	0.472	0.593	0.957	0.815	0.903	0.209	0.587	0.274
X_7	-0.049	-0.067	0.258	0.589	0.600	0.648	1.000	0.906	0.840	0.726	0.461	0.365	0.694	-0.026	-0.177
X_8	-0.226	-0.236	0.056	0.430	0.425	0.472	0.906	1.000	0.908	0.571	0.447	0.241	0.661	-0.236	-0.363
X_9	-0.203	-0.251	0.031	0.565	0.501	0.593	0.840	0.908	1.000	0.642	0.615	0.423	0.588	-0.135	-0.396
X_{10}	0.228	0.174	0.367	0.913	0.833	0.957	0.726	0.571	0.642	1.000	0.718	0.803	0.309	0.488	0.118
X_{11}	0.187	0.100	0.080	0.874	0.689	0.815	0.461	0.447	0.615	0.718	1.000	0.900	0.079	0.362	0.192
X_{12}	0.367	0.281	0.178	0.915	0.784	0.903	0.365	0.241	0.423	0.803	0.900	1.000	-0.100	0.576	0.367

续 表

相关性	X_1	X_2	X_3	X_4	X_5	X_6	X_7	X_8	X_9	X_{10}	X_{11}	X_{12}	X_{13}	X_{14}	X_{15}
X_{13}	-0.087	-0.095	0.285	0.181	0.069	0.209	0.694	0.661	0.588	0.309	0.079	-0.100	1.000	-0.272	-0.336
X_{14}	0.249	0.177	0.482	0.629	0.478	0.587	-0.026	-0.236	-0.135	0.488	0.362	0.576	-0.272	1.000	0.582
X_{15}	0.447	0.406	0.195	0.86	0.292	0.274	-0.177	-0.363	-0.396	0.118	0.192	0.367	-0.336	0.582	1.000

表 4-18 显著性矩阵

显著（单尾）	X_1	X_2	X_3	X_4	X_5	X_6	X_7	X_8	X_9	X_{10}	X_{11}	X_{12}	X_{13}	X_{14}	X_{15}
X_1		0.000	0.047	0.057	0.009	0.037	0.379	0.075	0.099	0.074	0.118	0.008	0.291	0.056	0.002
X_2	0.000		0.029	0.152	0.024	0.106	0.336	0.067	0.055	0.135	0.263	0.036	0.274	0.131	0.004
X_3	0.047	0.029		0.011	0.070	0.011	0.050	0.362	0.423	0.008	0.307	0.130	0.034	0.001	0.108
X_4	0.057	0.152	0.011		0.000	0.000	0.000	0.002	0.000	0.000	0.000	0.000	0.126	0.000	0.033
X_5	0.009	0.024	0.070	0.000		0.000	0.000	0.003	0.000	0.000	0.000	0.000	0.332	0.001	0.030

续 表

显著(单尾)	X_1	X_2	X_3	X_4	X_5	X_6	X_7	X_8	X_9	X_{10}	X_{11}	X_{12}	X_{13}	X_{14}	X_{15}
X_6	0.037	0.106	0.011	0.000	0.000		0.000	0.001	0.000	0.000	0.000	0.000	0.092	0.000	0.040
X_7	0.379	0.336	0.050	0.000	0.000	0.000		0.000	0.000	0.000	0.001	0.009	0.000	0.435	0.131
X_8	0.075	0.067	0.362	0.002	0.003	0.001	0.000		0.000	0.000	0.002	0.062	0.000	0.066	0.009
X_9	0.099	0.055	0.423	0.000	0.000	0.000	0.000	0.000		0.000	0.000	0.003	0.000	0.197	0.005
X_{10}	0.074	0.135	0.008	0.000	0.000	0.000	0.000	0.000	0.000		0.000	0.000	0.026	0.001	0.228
X_{11}	0.118	0.263	0.307	0.000	0.000	0.000	0.001	0.002	0.000	0.000		0.000	0.309	0.009	0.112
X_{12}	0.008	0.036	0.130	0.000	0.000	0.000	0.009	0.062	0.003	0.000	0.000		0.265	0.000	0.008
X_{13}	0.291	0.274	0.034	0.126	0.332	0.092	0.000	0.000	0.000	0.023	0.309	0.265		0.041	0.015
X_{14}	0.056	0.131	0.001	0.000	0.001	0.000	0.435	0.066	0.197	0.001	0.009	0.000	0.041		0.000
X_{15}	0.002	0.004	0.108	0.033	0.030	0.040	0.131	0.009	0.005	0.228	0.112	0.008	0.015	0.000	

通过表 4-17 可知，各变量之间的相关系数均不等于 0，并且多数变量之间的相关系数绝对值大于 0.3，表明这 15 个指标之间存在相关关系，可以通过因子分析法进行影响因素分析。通过表 4-18 可以看出，多数变量之间的显著性水平都小于 0.05，可知具有较好的相关性，能够通过因子分析来探索影响因素。

　　（2）KMO 和 Bartlett 球形度检验

　　当指标数据通过相关性检验后，则可继续通过 SPSS 24.0 软件进行 KMO 和 Bartlett 球形度检验，主要检测 KMO、近似卡方和显著性概率这 3 个指标是否符合因子分析法的适用要求。KMO 的值越大，表明越适合做因子分析，Bartlett 球形度检验的显著性概率值需要小于用户中心的显著水平。假如 KMO 值大于 0.6 且 Bartlett 球形度检验显著性概率值小于 0.05，则表明通过了显著性检验，可以使用因子分析法进行影响因素分析。变量的 KMO 和 Bartlett 球形度检验结果如表 4-19 所示。

表 4-19　变量的 KMO 和 Bartlett 球形度检验结果

KMO（Kaiser-Meyer-Olkin）测量取样适切性		0.725
Bartlett 的球形度检验	近似卡方	1010.207
	df	105
	Sig	0.000

　　由表 4-19 可知，取样足够度的 KMO 度量值为 0.725，大于 0.6，并且 Bartlett 球度检验的近似卡方值为 1 010.207，自由度为 105，显著性概率值是 0.000，小于 0.05，达到了显著性水平，表明通过了显著性检验，本节的指标选取较为合理，能够使用因子分析法分析中国装备制造业的技术创新效率。

　　2. 提取公因子

　　将影响因素指标数据运用 SPSS 24.0 软件进行因子分析，通过最大方差法可提取出有效的因子。根据得出的公因子方差和解释的总方差对公因子进行观测，其中公因子方差和解释的总方差分别描述的是初试特征值的情况和因子解的情况，因此，可通过累计的贡献率得出公因子的个数。公因子方差如表 4-20 所示，解释的总方差如表 4-21 所示。

表 4-20　公因子方差

变量	初始	提取
X_1	1	0.982
X_2	1	0.986
X_3	1	0.882
X_4	1	0.977
X_5	1	0.821
X_6	1	0.979
X_7	1	0.913
X_8	1	0.916
X_9	1	0.945
X_{10}	1	0.915
X_{11}	1	0.852
X_{12}	1	0.951
X_{13}	1	0.832
X_{14}	1	0.923
X_{15}	1	0.624

提取方法：主成分分析。

表 4-21　解释的总方差

成分	初始特征值			提取平方和载入			旋转平方和载入		
	合计	方差/%	累积/%	合计	方差/%	累积/%	合计	方差/%	累积/%
1	7.044	46.958	46.958	7.044	46.958	46.958	6.104	40.697	40.697

成分	初始特征值			提取平方和载入			旋转平方和载入		
	合 计	方差/%	累积/%	合 计	方差/%	累积/%	合 计	方差/%	累积/%
2	3.707	24.710	71.669	3.707	24.710	71.669	3.594	23.960	64.656
3	1.585	10.569	82.237	1.585	10.569	82.237	2.190	14.598	79.254
4	1.163	7.752	89.990	1.163	7.752	89.990	1.610	10.736	89.990
5	0.514	3.429	93.418						
6	0.384	2.557	95.975						
7	0.248	1.650	97.626						
8	0.117	0.777	98.403						
9	0.105	0.698	99.101						
10	0.055	0.369	99.470						
11	0.041	0.271	99.741						
12	0.017	0.112	99.853						
13	0.010	0.067	99.920						
14	0.008	0.055	99.975						
15	0.004	0.025	100.000						

提取方法：主成分分析。

　　根据表4-20可知，在公因子方差中，15个变量的共同度绝大多数在70%以上，最高的共同度甚至达到了98.6%，说明所提取的主因子基本包括影响因素指标大部分的内容。而在表4-21中，"合计"表示的是特征值，方差的百分比表示每个特征值相应的方差贡献率，因此该表展示了因子分析中的特征值和累计的方差贡献率。结合表4-21中的成分特征值，可得到特征值的碎石图，能够更加清晰地表达出特征值的走势，如图4-9所示。

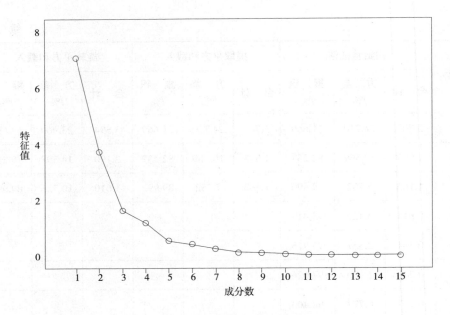

图 4-9　特征值碎石图

在选取公因子时，只有特征值大于 1 的成分才能被选取，表 4-21 中显示有 4 个成分的特征值大于 1，因此可以提取 4 个主成分。这 4 个主成分的特征值分别是 7.044、3.707、1.585 和 1.163，方差贡献率分别为 46.958%、24.710%、10.569% 和 7.752%，前 4 个主成分的累计方差贡献率是 89.989%，大于 80%，表明提取的 4 个主成分能够较好地反映中国装备制造业技术创新效率的影响因素。4 个主成分因子用 F_1、F_2、F_3、F_4 表示。

3. 因子荷载的旋转

在得到提取出的公因子后，需要对主成分荷载矩阵进行正交旋转，之后得到旋转后的成分矩阵，见表 4-22。

表 4-22　旋转后的成分矩阵

变　量	成　分			
	1	2	3	4
X_{12}	0.957	−0.075	0.171	0.015
X_4	0.945	0.149	0.056	0.244

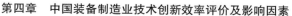

变　量	成　分			
	1	2	3	4
X_6	0.931	0.208	0.104	0.241
X_{11}	0.905	0.127	0.034	−0.123
X_5	0.853	0.164	0.24	0.097
X_{10}	0.847	0.352	0.092	0.254
X_{13}	−0.05	0.872	0.011	0.265
X_8	0.378	0.858	−0.17	−0.088
X_7	0.481	0.813	−0.028	0.143
X_9	0.534	0.771	−0.207	−0.15
X_{15}	0.322	−0.568	0.325	0.303
X_2	0.104	−0.119	0.974	0.11
X_{14}	0.197	−0.14	0.599	0.093
X_1	0.109	0.15	0.191	0.957
X_3	0.582	−0.475	−0.014	0.901

提取方法：主成分分析。旋转法：具有 Kaiser 标准化的正交旋转法，旋转在 6 次迭代后收敛。

　　通常来说，指标中占有较大荷载的成分为主成分的包含因子。由表 4-22 可知，第一主成分 F_1 在因子 X_{12}、X_4、X_6、X_{11}、X_5、X_{10} 中占据荷载较大，则由这 6 项指标组成；第二主成分 F_2 在因子 X_{13}、X_8、X_7、X_9 中占据荷载较大，则由这 4 项指标组成；第三主成分 F_3 在因子 X_{15}、X_2、X_{14} 中占据荷载较大，则由这 3 项指标组成；第四主成分 F_4 在因子 X_1 和 X_3 中占据荷载较大，则由这两项指标组成。

4. 确定关键影响因素

在表 4-22 的基础上，可根据荷载占有大小得到主成分的包含因子，保留每个主成分所包含的成分，去除荷载占有量较少的成分，则可以更加清晰地看出每个主成分所包含的变量指标。中国装备制造业技术创新效率影响因素主成分矩阵如表 4-23 所示。

表 4-23　中国装备制造业技术创新效率影响因素主成分矩阵

变 量	成 分			
	1	2	3	4
X_{12}（产业创新能力）	0.957			
X_4（人力资本投入）	0.945			
X_6（产业发展投入）	0.931			
X_{11}（产品更新能力）	0.905			
X_5（财力资本投入）	0.853			
X_{10}（产业发展程度）	0.847			
X_{13}（政府扶持力度）		0.872		
X_8（学习能力支持）		0.858		
X_7（科学技术支持）		0.813		
X_9（技术创新支持）		0.771		
X_{15}（设施水平环境）			0.325	
X_2（企业规模）			0.974	

续　表

变　量	成　分			
	1	2	3	4
X_{14}（对外开放程度）			0.599	
X_1（产学研研发规模）				0.957
X_3（人力资本素质）				0.901

　　中国装备制造业技术创新效率影响因素主要提取了 4 个主成分，第一主成分 F_1 在产业创新能力（X_{12}）、人力资本投入（X_4）、产业发展投入（X_6）、产品更新能力（X_{11}）、财力资本投入（X_5）、产业发展程度（X_{10}）中占有较大荷载，其成分赋值分别为 0.957、0.945、0.931、0.905、0.853、0.847。这 6个指标包含了技术创新的研发投入和成果产出，涉及装备制造业的产业发展、产业更新和产业创新，通过技术创新的投入和产出衡量装备制造业的成长能力，因此命名为技术创新成长能力因子。

　　第二主成分 F_2 在政府扶持力度（X_{13}）、学习能力支持（X_8）、科学技术支持（X_7）、技术创新支持（X_9）中占有较大荷载，其成分赋值分别为 0.872、0.858、0.813、0.771。这 4 个指标囊括了政府补助的资金流、技术引进的资金流、技术消化吸收的资金流及技术改造的资金流，代表了技术创新内部和外部创新资源在不同方向下的资金配置流向，即通过政府资金和引进新技术并消化吸收所需资金的分配衡量装备制造业的创新资源配置能力，因此将之命名为技术创新资源配置因子。

　　第三主成分 F_3 在设施水平环境（X_{15}）、企业规模（X_2）、对外开放程度（X_{14}）中占有较大荷载，其成分赋值分别是 0.325、0.974、0.599。这 3 个指标包含基础水准、行业内规模和对外开放，是从基于装备制造业的外部环境来表征技术创新发展的，即通过行业设施和开放规模衡量装备制造业的发展环境，因此将之命名为技术创新发展环境因子。

　　第四主成分 F_4 在产学研研发规模（X_1）、人力资本素质（X_3）中占有较大荷载，其成分赋值分别是 0.957、0.901。这两个指标通过产学研的研发规模和人力资本衡量技术创新的发展，表示装备制造业技术创新研发阶段的技术水平，因此可将之命名为技术创新研发水平因子。

依据所得到的 4 个主成分的分析及命名结果，可知中国装备制造业技术创新效率的影响因素主要包括 4 个方面，分别为技术创新成长能力、技术创新资源配置、技术创新发展环境和技术创新研发水平。根据实证结果可以得到中国装备制造业技术创新效率影响因素的模型，如图 4-10 所示。

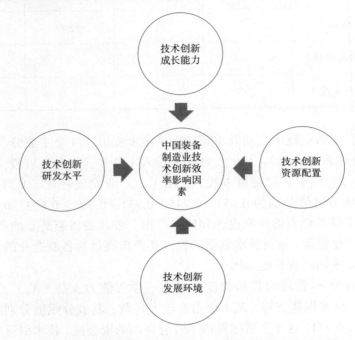

图 4-10　中国装备制造业技术创新效率影响因素的模型

第五章　全球价值网络下装备制造业技术创新的理论分析

一、装备制造业技术创新相关理论分析

（一）技术创新的内涵及分类

1.技术创新的内涵

创新作为经济学中的一个概念，已经成为国内外广泛关注的热点，其最早由经济学家 Schumpeter 于 1912 年在《经济发展理论》一书中提出。Schumpeter 将创新定义为"生产要素和生产条件的新组合"。随着越来越多的研究学者对进行了定义，经济学家根据其理论发展将创新分成了技术创新和制度创新。

本专著使用的技术创新概念，涵盖所有与新技术的研究、开发和生产，以及进行商业化转变相关的经济活动。从创新模式上看，可以分为原始创新、模仿创新、集成创新。

原始创新来源于创新系统内部，是指具有突破性的新概念、新技术、新工艺，其结果是具有绝对领先性的，能够带来基础研究领域、高技术领域或重大工程项目的根本性突破。原始创新成果通常能够给创新主体带来较大的收益，但同时也具有高风险、高投入、周期长的特征。

模仿创新来源于创新主体系统外部，是指跟随率先创新者，引进、购买核心技术，并在此基础上进行深度消化吸收、再创新。尽管这种创新模式的获利空间通常小于原始创新，但风险、成本比较低，对于技术相对落后的创新主体

来说是一种常见的选择。

集成创新是指创新行为体综合各种要素，充分考虑内外各种条件，即研发、生产、销售各个层面的情况，选择适宜的要素进行合理搭配，形成一个要素优化配置、优势互补的有机整体。这一有机整体通过各种要素间的相互作用进行创新活动。

2. 技术创新的分类

关于技术创新的分类，国内外学者根据不同的划分维度展开了研究。苏塞克斯大学的科学政策研究所（SPRU）在熊彼特创新发展理论的基础上，根据创新的重要性将技术创新划分为了4种类型：渐进性创新、根本性创新、技术系统的变革和技术经济范式的变更。渐进性创新主要是指渐进性的、较为持续的创新；根本性创新旨在在创新的基础上，突破发展创新领域；技术系统的变革是指某种能够为创新发展带来巨大影响的创新群体的变革；技术经济范式的变更意为创新群体中多项技术系统的更新。Vannevar Bush 在其著作《科学：没有止境的前沿》一书中强调了基础研究对技术创新的重要作用，他认为技术创新的过程是一种线性的创新模式，从科学的发展到基础研究，再通过技术创新上下游到达创新应用研究。Stokes 在其著作《基础科学与技术创新：巴斯德象限》中首次提出了巴斯德象限，根据象限将技术创新进行了重新划分。其划分结果是，第一象限为纯基础理论研究，第二象限为理论与应用结合研究，第三象限是不考虑理论也不考虑应用的研究，第四象限为纯应用研究。苏竣（2014）在前人的研究基础上，根据中国科技实际情况将技术创新划分成5类，分别是自主创新、合作创新、协同创新、模仿创新和开放创新。这种划分模式不仅包含了前人有关技术创新的思路，还在此基础上进一步加以完善和拓展，使技术创新的发展与时俱进。Dodgson（2018）基于工业技术创新的发展状况，考虑了技术创新的战略、政策及创新国际化等现实因素，认为技术创新可以分为独立技术创新、合作技术创新和引进改造技术创新三大类。笔者依据国内外学者对技术创新的分类，将其观点汇总，如表 5-1 所示。

表 5-1　国内外关于技术创新分类的相关研究

学　者	技术创新分类观点
苏塞克斯大学科学政策研究所（SPRU）	根据创新的重要性将技术创新划分为 4 类：渐进性创新、根本性创新、技术系统的变革和技术经济范式的变更

学　者	技术创新分类观点
Stokes	第一象限为纯基础理论研究，第二象限为理论与应用结合研究，第三象限是既不考虑理论也不考虑应用的研究，第四象限为纯应用研究
BVannevar ush	技术创新的过程是一种线性的创新模式，从科学的发展到基础研究，再通过技术创新上下游到达创新应用研究
苏竣	根据中国科技实际情况将技术创新划分为 5 类：自主创新、合作创新、协同创新、模仿创新和开放创新
Dodgson	根据技术创新的战略、政策以及创新国际化等现实因素将技术创新划分为 3 类：独立技术创新、合作技术创新和引进改造技术创新

综合国内外学者的观点，技术创新是创新与技术相互作用驱动的持续性过程，是一个包含多要素的广泛范畴。技术创新包括技术自主创新、技术合作创新、技术引进创新和技术开放创新 4 类。

（二）装备制造业技术创新内涵及特征

1. 装备制造业技术创新的内涵

关于装备制造业技术创新的内涵，国内外学者的相关研究主要是在研究技术创新内涵的基础上将其与装备制造业的生产实践与发展状况进行有机结合，进而外延出新的内涵。在目前的研究文献中，装备制造业技术创新的内涵研究主要集中在纯技术上的创新和管理技术上的创新两个方面。这两者具有区别但也是相互依存、相互促进的。纯技术上的创新能够带来管理技术上的创新，而管理技术上的创新又能够促进纯技术上的创新。Hsu 等（2016）在深入分析装备制造业相关产业政策的基础上，提出产业技术创新转型升级才是装备制造业技术创新发展的核心。Stock 和 Setiger（2016）在工业 4.0 背景下对装备制造业的可持续发展进行了研究，提出装备制造业技术创新实际上是产业中技术水平和创新能力不断累积提高的过程，本质上是推动行业向高技术知识水平迈进的过程。牟绍波等（2013）基于装备制造业的产业背景，认为装备制造业是技术知识密集型产业，其技术创新的内涵是一种基于技术和知识的积累，从行业低水平向高水平提升的过程，具体来说，就是装备制造业技术创新能力的提高的过程。司林波（2016）认为装备制造业的技术创新具体可以通过 3 个方面来体现，即技术创新效率、技术创新绩效和技术创新水平，其中技术创新效率是表现技术创新的重要衡量指标。韩增林等（2018）以东北地区为研究对象，提出东北地区装备制造业的技术创新发展其实就是完善建立官产学研的创新合作网络，通过提高自身的自主创新能力，加上地方政府的扶持，进而实现装备制造业"走出去"的战略目标。何地和白晰（2018）则是将技术创新和管理创新放在一起进行研究，认为两者相互协作能够降低成本、促进发展，并且可以将创新资源进行合理配置，从而共同推动装备制造业的技术创新发展。

综合国内外学者的观点，技术创新在装备制造业生产实践中又有了新的内涵。本书认为，装备制造业技术创新的内涵实质上是一种技术水平和知识成果的不断积累过程，是一种带动装备制造业从中低端产能过剩到高端产品生产的跃迁过程，是一种影响技术创新效率和能力的提高过程。

2. 装备制造业技术创新的特征

目前，国内外学者们关于装备制造业技术创新特征的相关研究主要聚焦在装备制造业技术创新效率、技术创新模式和协同技术创新体系等方面。Wu 等（2012）基于技术管理与技术能力的双螺旋耦合模式对 81 家装备制造企业的调查数据进行了实证分析，认为装备制造业技术创新具有技术管理与技术能力互为基础，并且能够以螺旋形式对装备制造企业的绩效发生作用等特征。Salvador 等（2016）在工业设备制造业的研究背景下，就产品的资源配置、行业的灵活性等方面对装备制造业技术创新的特征进行了阐述，指出行业资源的流通性、行业之间的竞争性、行业之间的互惠性等基本特征。卜琳华和孟庆伟（2000）通过相关研究发现，中国装备制造企业普遍存在难以形成有效的技术创新运行机制等问题，因此在相关创新理论的基础上从技术创新的角度出发，对装备制造业技术创新的特征进行了阐述，包含涉及因素复杂、投入难以估算、预期回报难以确定、管理控制较为灵活等，并依据特征表现提出了促进发展的相关政策建议。张赤东（2013）提出，在装备制造业技术创新研究中，了解和明确技术创新的特征是做好下一步工作的前提。他通过对一些创新型企业的技术创新项目进行全样本调查，发现装备制造企业呈现出一些技术创新特征，主要有以市场需求驱动为主，技术创新以产品创新为导向、以开发新产品为目的、以提高创新能力为目标等。穆荣平等（2017）通过总结梳理世界主要科技强国的历史发展，分析了装备制造业技术创新发展的主要特征，即技术创新是提高社会生产力和综合国力的战略支撑，但缺乏提出新科学思想和开创新科学领域的能力，装备制造业发展过度依靠资源及能源消耗和规模扩张，迫切需要依靠技术创新实现转型升级。惠利（2018）在中国新时代的背景下，提出了中国装备制造业技术创新的特征：运行总体稳中有进；部分高端装备制造细分行业迅速赶超，接近国际前沿；装备制造初步形成了 5 大产业集群；装备制造业与其他产业的发展相辅相成；装备制造业对外开放程度不断提高。简晓彬等（2018）通过对装备制造业的集群式创新效率的研究，提出了集群式创新的主要特征，包括地方结网性、资源共享性、互利共生性、协同竞争性、动态创新性及虚拟化等，并据此为产业规模化、集群化和创新化发展提出了相关政策建议。

上述学者通过不同视角和不同维度对装备制造业技术创新的特征进行了阐述，综合国内外学者的观点，认为装备制造业技术创新的特征可以概括为技术创新为主要驱动力，其余创新形式如自主创新、开放创新等共同作用，一同运行，促进装备制造业的发展。

（三）关于技术创新的影响因素

自技术进步被引入经济增长模型，技术创新就被认为是促进经济发展的重要因素，并得到了国内外学者的广泛关注，现有研究主要集中在以下 5 个方面。

1. 开放式创新对技术创新的影响

大多数学者认为开放式创新对技术创新有正向促进作用。在开放式创新模式下，企业可以根据自身情况及条件合理利用创新资源，通过研发外包和技术联合等创新方式优化创新环境，通过行业协会及创新平台等组织为企业提供创新资源交互渠道，企业对创新资源的需求是动力基础[①]。此外，还有一些学者研究了开放式创新对企业创新绩效的影响。陈艳（2013）等把中小企业作为研究样本，认为开放式创新包括获取、吸收、分解及创新等能力，研究发现这些能力大多促进了企业创新绩效[②]。吕一博（2017）等利用 2000—2014 年智能手机行业数据研究开放式创新对企业渐进性创新的影响，在产业技术发展的初期和平稳期，开放式创新对企业渐进性创新产生了积极影响，然而在产业技术的快速发展期则没有发现开放性创新对渐进性创新的积极影响[③]。也有学者对此有不同的看法，Chen 和 Miao 认为开放性创新对技术创新有一定的抑制作用。可见，关于开放式创新是否能促进技术创新，当前研究还存在一定争议。

①　王海花，彭正龙，蒋旭灿.开放式创新模式下创新资源共享的影响因素 [J]. 科研管理，2012(3): 49−55.

②　陈艳，范炳全.中小企业开放式创新能力与创新绩效的关系研究 [J]. 研究与发展管理，2013(1): 24−35.

③　吕一博，施萧萧，冀若楠.开放式创新对企业渐进性创新能力的影响研究 [J]. 科学学研究，2017(2)289−301.

2. 组织结构对技术创新的影响

Adrian（2012）等认为，企业通过变更组织结构使其专注于研发领域而不是完整的创新过程，获得特定单元的效率的企业组织流程并没有帮助企业获得最优创新效率，实用知识可以通过更有效的流程增强企业创新能力，企业内部创新结构仍然有很大空间可以挖掘从而促进企业创新。国内研究基本上达成了统一意见，即认为组织结构对技术创新产生了重要影响。陈建勋（2011）等发现，机械组织结构对渐进创新有积极的影响，组织学习在促进企业创新方面也发挥了重要作用[1]。杨晶照（2012）等从员工创新的角度研究了组织结构对技术创新的影响，组织结构在员工创新认同和技术创新之间起着桥梁作用，组织结构越复杂，其对员工创新影响越小，而员工创新认同感越强则员工创新动力越强。也有学者研究了组织结构在企业创新过程中的梳理作用，研究发现组织结构是企业技术能力与技术创新、社会资本与技术创新之间的关键环节[2]。

3. 技术并购对企业技术创新的影响

技术并购可以帮助企业整合资源、降低研发投入、获取先进技术，进而促进企业技术创新。Bena 和 Li（2014）利用 1984—2006 年上市公司并购数据进行研究并发现，技术驱动的并购促进了双方技术创新。Phillip（2013）研究发现，由于技术并购的存在，小公司倾向于增强自身技术创新能力，而大公司更倾向于通过技术并购以提高自身创新能力。Kuusela（2017）的研究进一步验证了大企业在创新绩效不足时倾向于技术并购来提高技术创新能力。国内研究得出了相似的结论，任曙明等（2017）通过研究 2004—2012 年制造业上市公司数据发现并购能促进企业技术创新，对于不同规模的企业，并购对企业技术创新驱动力度相当，并购可能性越大，企业研发欲望越强[3]。王艳（2016）通过分析"瀚蓝环境"3 次并购实例得出，企业技术并购是企业吸收能力和制度变迁的共同驱动，企业自主创新能力的提高可以通过开放式创新的整合过程来实现[4]。

① 陈建勋，凌媛媛，王涛. 组织结构对技术创新影响作用的实证研究 [J]. 管理评论，2011(7): 62–71.

② 张光磊，刘善仕. 企业能力与组织结构对自主创新的影响——基于中国国有企业的实证研究 [J]. 管理学报，2012(3): 408–414.

③ 任曙明，徐梦洁，王倩，等. 并购与企业研发：对中国制造业上市公司的研究 [J]. 中国工业经济，2017(7): 137–155.

④ 王艳. 混合所有制并购与创新驱动发展——广东省地方国企"瀚蓝环境"2001—2015 年纵向案例研究 [J]. 管理世界，2016(8): 150–163.

4. 技术创新对经济的影响

较多学者研究了技术创新对经济的影响，他们主要从技术创新对经济的直接影响出发。也有学者通过技术创新对生产技术进步、新产品等方面的作用研究技术创新对经济的间接效应。

第一，关于技术创新对经济的直接影响。丁任重等（2018）认为技术创新与我国经济周期的繁荣阶段关联度更高，新一轮技术创新对我国经济周期具有明显的促进作用[①]。陶长琪和彭永樟（2018）通过双重变量门槛模型考察了创新驱动对经济增长的作用，研究发现创新驱动对东中西地区经济增长分别表现为加速、收敛和分化三种效应[②]。徐彬等（2019）以固定效应模型和两步差分法得出创新驱动对经济增长影响存在滞后性，地方自主创新能有效促进经济增长[③]。

第二，关于技术创新对经济的间接效应。唐未兵（2014）通过 1996—2011年省域数据实证研究发现，技术创新或者技术引进促进了经济增长[④]。Bravo Ortega（2011）则认为技术创新经由全要素生产率对经济发展产生作用，并且 R&D 每增加 10%，全要素生产率增加 1.6%。Martine（2012）认为技术创新通过新产品促进经济增长。

5. 技术溢出与企业创新

国内有大量学者就技术溢出对企业创新的影响展开了研究，研究内容主要包括以下几个方面。

第一，外资企业技术溢出研究。许罗丹等（2004）通过对比中国、欧美及日本 4 组外资企业发现，外商投资企业通过产品、培训、人才流动及企业合作等方式促进了我国企业技术创新。利用专利生产函数，张倩肖和冯根福（2007）发现，外商投资企业的技术溢出是中国企业技术创新的主要外部驱动[⑤]。亓朋等（2008）实证研究表明：在产业内，外资企业对我国企业技术

① 丁任重，徐志向. 新时期技术创新与我国经济周期性波动的再思考 [J]. 南京大学学报（社会科学），2018(1)：26–40，157–158.

② 陶长琪，彭永樟. 从要素驱动到创新驱动：制度质量视角下的经济增长动力转换与路径选择 [J]. 数量经济技术经济研，2018(7)：3–21.

③ 徐彬，吴茜. 人才集聚、创新驱动与经济增长 [J]. 软科学，2019(1)：19–23.

④ 唐未兵. 技术创新、技术引进与经济增长方式转变 [J]. 经济研究，2014(7)：31–43.

⑤ 张倩肖，冯根福. 三种 R&D 溢出与本地企业技术创新——基于我国高技术产业的经验分析 [J]. 中国工业经济，2007(11)：64–72.

创新没有明显的促进作用，但是其在产业间及地区间对我国企业技术创新有明显的促进作用①。

第二，工业技术溢出研究。潘文卿等（2011）通过构建产业间技术溢出指标发现，随着时间的推移，产业部门间技术创新能力慢慢提高，并且相似度高的产业之间技术创新正向效应更强②。朱平芳（2016）立足于垂直及水平两个方向考察了工业行业间的溢出效应，研发物质投入在水平维度可以有效促进企业技术创新，研发人力投入在两个维度对企业技术创新均有明显激励③。尹静和平新乔（2006）通过 Spence 模型证实了制造业行业间技术溢出对制造业行业技术创新能力有明显的正向作用④。

也有一些学者对地区间技术溢出进行了研究，上海对江苏、浙江的技术溢出可以提高两地技术创新能力，上海和江苏的技术溢出对浙江技术创新活动有明显的正向效应⑤。朱平芳等（2016）实证发现，东部地区创新活动的空间溢出效应优于中西部创新活动的溢出⑥。

二、全球价值网络下装备制造业技术创新的基本认知

（一）从网络视角分析技术创新活动的理论发展

对创新活动的研究从线性视角转向网络视角，是创新理论的重要发展。通过网络视角能够将微观与宏观结合起来，更加系统、全面地研究影响创新的因素。对影响新网络形成的动力机制的研究可以为政策制定者提供借鉴。

20 世纪 70 年代，相对现实中科学、技术和市场在技术创新产生过程中复

---

① 亓朋，许和连，艾洪山. 外商直接投资企业对内资企业的溢出效应：对中国制造业企业的实证研究 [J]. 管理世界，2008(4): 58-68.

② 潘文卿，李子奈，刘强. 中国产业间的技术溢出效应：基于 35 个工业部门的经验研究 [J]. 经济研究，2011(7): 18-29.

③ 朱平芳，项歌德，王永水. 中国工业行业间 R & D 溢出效应研究 [J]. 经济研究，2016 (11)：44-55.

④ 尹静，平新乔. 中国地区（制造业行业）间的技术溢出分析 [J]. 产业经济研究，2006(1): 1-10.

⑤ 姜宁，吴贵生，魏守华. 内生创新努力、本土技术溢出与长三角高技术产业创新绩效 [J]. 中国工业经济，2009(2): 25-34.

⑥ 朱平芳，罗翔，项歌德. 中国中小企业创新绩效空间溢出效应实证研究——基于马克思分工协作理论 [J]. 数量经济技术经济研究，2016(5): 3-16.

杂的交互作用而言，线性模型显得过于简单，其局限性逐渐显现，交互型技术创新动力机制应运而生，这被看作线性模型与网络模型之间的过渡。20 世纪80 年代，一些学者又提出了交互式环链模式。交互型技术创新机制试图把传统的技术创新模型改进为一个更加全面的模型，但它仍然无法说明环境在企业技术创新动力产生过程中起到的作用，由此网络研究视角逐步兴起。经济地理领域的学者首先表现出对创新网络研究的兴趣。安纳利·萨克森宁（1999）认为，硅谷成功的关键在于分散性网络这种新的产业组织形式的引入。创新网络最著名的研究成果就是国家创新系统，它涉及不同国家之间技术创新动力的多样性，强调从社会经济的宏观角度解释各国技术创新实绩的差异。自国家创新系统理论提出后，创新系统理论开始兴起。英国创新理论专家 Freeman（1991）在考察日本时首次系统阐释了国家创新体系的内涵。他继承和发展了瑟夫·熊彼特的创新理论，并融合了李斯特的国家体系思想，将国家创新系统定义为在私人或公共部门通过相互配合或采取行动完成技术创造、技术引进、技术改造及技术扩散的一种制度网络。Nelson 和 Rosenberg（1993）强调由于科学和技术发展中的不确定性，无法提前确定哪种战略更优，因此政府的主要任务是保证技术的多元性和制度的多样性，推动技术知识分享机制和不同机构合作机制的构建。此后，众多国内外学者给出了自己对国家创新系统的理解。由国家创新体系开始，人们对于创新的理解开始向更多的维度扩展，从单纯的企业经济行为扩展至企业、学校、科研机构、金融机构、中介服务机构、政府等多个主体。

（二）产业创新系统内涵

进一步将网络视角向企业和产业层面扩展，形成了企业创新网络系统和产业创新系统理论。企业创新网络系统是指将网络的思路聚焦于企业，企业内部各种要素及其关系、企业外部环境因素及其关系，相互作用于新知识与技术的创造、扩散和使用之中，从而形成的一个有机整体。产业创新系统则将这种网络的分析思路应用于中观产业层面。

国际上首次对产业创新系统做出专门研究的是意大利学者 Malerba。Malerba（2009）认为，产业创新系统是由一系列参与者在产品的设计、生产、销售过程中，通过市场或非市场的相互作用实现的。他指出，产业创新系统通过两种方式形成产业内、企业间的联系，一是以产业内企业群为主导，在企业间和企业内部实现特定产业技术研究和新产品开发；二是将市场发展结构要素纳入体系内观测产业创新活动中。关于产业创新系统的内涵，近年来，国内学者也给出了自己的理解。柳卸林（2000）认为产业创新系统本质上是一种网络关系，网络的结点主要是处于生产链不同环节的企业、大学、科研机构、中介机构和客户等，结点之间的联结方式主要有开展贸易活动和进行知识流动等。

（三）网络视角下产业创新活动分析

从产业技术创新活动的发生发展过程及其相关的支撑元素考察，必然涉及多种类型的创新主体和资源相互交叉的网络关系问题，而这种网络关系对分析和说明产业技术创新体系又具有重要意义。

从网络视角看，产业技术创新活动通常由一系列组织和个体组成。产业技术创新体系中的参与者可以是某个组织，也可以是个人（如企业家、科学家等）；可以是生产者，也可以是消费者；可以是营利性企业，也可以是大学、公共研究机构、政府性组织等非营利性组织。这些参与者涉及新知识和新技术供给、传播、扩散和商品化转化的整个过程。

产业创新系统构成的主体包括以下几种：

一是企业。企业是创新行为的核心主体，处于产业创新系统的中心位置。企业既是创新活动的直接实施者，是产业关键技术的主要供给者；又是新知识和新技术创新的需求者，是创新成果商品化、产业化以及完成产业技术创新全过程的主要承担者。在推动产业技术创新方面，企业既有内在动力，也受到外部竞争的倒逼压力。

二是大学和科研机构。大学和科研机构通常被视为知识创新主体，同时随着产学研结合日益密切，大学和科研机构也是新技术的直接供给主体。此外，大学等教育机构为产业技术创新及应用培养了大量人才。

三是各类产业创新服务主体。这类主体重点为创新技术供给、创新技术产业化提供咨询服务、技术交易服务、投融资服务、知识产权服务等各类服务支持，是联结产业创新技术供给和产业化的重要桥梁。

四是行业协会组织。这类组织通过推动企业间知识和技术外溢，提供前沿知识和技术等准公共服务，以及制定标准等形式促进产业创新的实现。

五是政府。政府在创新网络中主要是提供产权保护等各类制度，解决基础性研究等外部性问题，营造有利于创新的制度和社会环境。

需要说明的是，构成产业创新系统的主体包括以上5种但不局限于这5种，并且由于不同产业的特性，各主体在不同产业创新系统中的作用也不同。

在网络分析视角下，政府干预对产业技术创新有着重要影响。Hemmer（2004）针对德国和日本的制药企业及半导体企业进行了研究，分析了劳动资源政策、科技政策、法律及行政环境等制度因素对企业技术获取的影响，发现不同国家存在显著不同。Carlsson 和 Stankiewicz（1991）将技术创新活动分为技术发展自身的规律性因素和政府政策因素，认为政府政策的多样化和针对性政策是实现产业技术创新的重要方面。在不同的产业、不同的国家，政府政策对产业技术创新的作用可能产生正面或负面的效应。特别是对发展中国家而言，需要更加重视政府政策的调节作用。

综上，对装备制造业技术创新水平的研究，将采用网络视角在产业层面对技术创新水平进行研究。在探讨装备制造业技术创新系统时，需要考虑不同主体在创新网络中的角色和作用。特别是企业作为创新网络中的核心主体，应在以网络视角评估产业创新水平的过程中重点加以考量。

政策分析是网络视角下探讨产业技术创新问题必须考虑的因素。在研究我国装备制造业技术创新过程中，一方面要将产业技术创新自身的规律性因素和政策性因素区分开，另一方面要重视政府政策在有效支持产业创新方面的作用。因此，在分析产业自身创新要素之外，还要专门研究政策干预手段和措施，这对处于赶超阶段的我国装备制造业具有重要的现实意义。

三、全球价值网络下装备制造业技术创新方式选择与结构

（一）装备制造业技术创新的动态性

产业技术创新是一个逐渐演变、向前发展、开放变化的动态过程。在研究产业技术创新系统时，要以动态发展的视角观察这一体系。例如，熊彼特 I 模式与熊彼特 II 模式之间的交替转变就是产业动态发展的结果。认识产业技术创新的动态性发展特点是研究产业技术创新的重要基础。

装备制造业技术创新系统的动态性，是指装备制造业创新网络中企业、大学、科研机构、科研院所、创新服务组织等创新行为主体，在社会文化环境、政策环境中相互作用，决定自己在创新网络中的创新行为，推动整个装备制造业技术创新系统发展的变化过程。这种动态变化的最终结果表现为装备制造业技术创新系统的创新水平。

推动产业技术创新系统发生动态变化的动力可以分为内部动力和外部动力。具体到装备制造业技术创新系统，其动态变化的内部动力主要有两种：一是装备制造企业之间的相互竞争压力，促使企业通过创新获得竞争优势；二是在创新网络中不同主体之间的相互催化、学习机制与知识溢出效应的共同推动。推动装备制造业技术创新的外部动力主要包括以下两种：一是市场需求拉动。

Mower 和 Rosenberg（1991）、Mumro 和 Noori（1988）等提出了技术和市场双重推动模式，认为技术机会构成了技术创新的内在动因，市场需求构成了技术创新的外在经济动因。二是社会资源推动。日本学者斋藤优（1985）提出了 N-R[①]关系模型。他认为，社会需求和社会资源之间的矛盾推动了技术创新。但要指出的是，资源是一把双刃剑，一方面可以促进创新，另一方面也可能限制创新的展开。以上内、外部动力因素为几项主要因素，但并不局限于此。另外，不同因素并不是严格独立发挥作用的，大多数情况下，不同因素是综合发生作用的，但由于产业特征、所处发展阶段、资源禀赋等条件的不同，发挥主导作用的因素有所不同。

（二）装备制造业技术创新的积累性和过程性二元特征

进一步从事物的二元性特征理解产业技术创新系统，这种二元性体现为产业创新系统动态变化过程中的积累性和过程性兼具的二元特征。

所谓产业技术创新的积累性，是指在产业技术创新系统动态变化过程中，通过内外因素的不断相互作用，实现产业创新系统一个阶段内创新效果的变化。Malerba（2009）在对产业创新系统的研究中，就特别注重用"历史友好"模型对行业动态发展进行分析，也就是十分注重产业技术创新的积累性特点。就装备制造业来看，其在一定时间内动态变化的积累性结果可以被看作一个阶段的状态，这种阶段性状态水平体现为产业技术创新的能力。也就是说，装备制造业的技术创新能力是装备制造业技术创新系统的阶段性状态的表征，是对装备制造业技术创新系统动态变化相对静态的描述。

所谓产业技术创新的过程性，是指产业技术创新系统从一个阶段水平到另一个阶段水平是一个过程，这一过程的有效性和优劣性用技术创新效率判断。就装备制造业来看，其创新的变化是一种过程性作用的结果，装备制造业技术创新效率就是装备制造业技术创新过程优劣的表征。

---

① 当社会提出某种技术要求或某种产品需求，而现有的社会资源又不能完全满足这种需求时就产生了需求（need）与资源（resources）之间不适应的"瓶颈"现象。N-R 关系作用模式所概括的技术创新动力机制是以技术创新主体为主导，以发现和认识 N-R 关系"瓶颈"为起因，在政策战略的推拉作用影响下，以解决 N-R 矛盾、缩小 N-R 差距、协调 N-R 关系为内容，最终满足社会需要目标的动态过程。

（三）能力评估与效率评估的关系

能力评估和效率评估这两个视角反映了装备制造业技术创新的两种特征，既相对独立又相互贯通，既相互制约又相互影响，是对装备制造业技术创新系统动态变化情况的两种解读视角，但同时又统一于一个整体系统之中。

能力评估作为状态水平的评估，其高低是对最终创新结果优劣的评定，因此能力评估是判断现阶段不同主体行业创新水平的核心标准，追求高能力也是创新主体的最终目标。

效率评估作为过程标准，其高低是对过程优劣的评定，采用不同的方式方法实现同样结果的成本是不同的，高效率地达到高能力结果是创新过程最理性的状态。

（四）装备制造业技术创新动态

装备制造业技术创新具有动态性特征，对产业技术创新水平的研究本质上是对产业技术创新系统动态变化结果的评价。

这一动态系统兼具积累性和过程性，这两种特性是装备制造业技术创新系统所具有的相对独立又相互贯通、相互制约又相互影响的二元特征。人们可以将装备制造业在一定时间内的积累性结果看作一个阶段的状态，这种阶段性状态水平体现为产业技术创新的能力。同时，装备制造业产业创新的变化是一种过程性作用的结果，装备制造业技术创新效率就是对这一过程优劣的判断。基于以上分析，可将装备制造业技术创新水平解构为技术创新能力和技术创新效率两个角度进行分析，具体思路如图 5-1 所示。

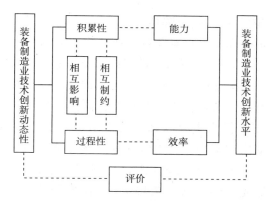

图 5-1　装备制造业技术创新水平解构

四、全球价值网络下装备制造业技术创新分析

（一）中国装备制造业技术创新现状

1. 自主研发的突破

在《中国制造 2025》战略引导下，装备制造业发展持续推进，高端设备自主研发不断取得突破。一是突破了一批关键技术，打破了国外垄断。光电显示用高均匀超净面玻璃基板关键技术与设备达到国际先进水平；首台拥有完全自主知识产权的 200 毫米 CMP 商用机填补了国产设备产线验证的空白；全面掌握了 ±1100 千伏直流纯 SF6 气体绝缘穿墙套管制造核心技术，实现了 3 个"首次"突破，解决了我国 ±1100 千伏直流工程发展中核心装备受制于人的瓶颈问题。二是研制了一批重大技术装备，成为中国制造"新名片"。我国自主研制的 C919 大型客机、AG600 大型水陆两栖飞机实现首飞；全球最先进的超深水双钻塔半潜式钻井平台"蓝鲸 1 号"在南海成功试采可燃冰；"蛟龙号"最大下潜深度超过 7 000 米，打破世界纪录；中国标准动车组"复兴号"正式上线运营，轨道交通装备系列产品成功出口土耳其、委内瑞拉、巴西等国家。三是打造了一批大国重器，有力支撑了国防建设需求。自主研制的首艘航母出坞下水，填补了我国在航空母舰建造领域的空白；世界首颗量子卫星"墨子号"成功发射，为我国构建覆盖全球的量子保密通信网络奠定了可靠的技术基础。

如今，"创新驱动、创新引领"这项"双创"的公共服务平台已成为越来越多企业的选择，对创新能力建设的实际投入也在持续提升；新产品研发的基础试验检测平台相继建成，具备世界先进水平的试验检测平台陆续开始建设。

2. 研发投入稳步增长

（1）研发经费内部投入整体趋增

首选，研发经费内部支出总额及各行业数额普遍增长。2016 年，装备制造业规模以上企业研究与开发（R&D）经费内部支出总额为 4 057.15 亿元，同比增长 8.33%。其中，支出最高的行业为汽车制造业，支出额达 1 102.38 亿元；增速最快的为金属制品、机械和设备修理业，同比增长了 51.84%。

其次，日常性支出仍为主要内部经费支出。从支出方向看，R&D 经费内部支出包括日常性支出和资产性支出两部分。2016 年，我国装备制造业日常性支出为 3 673.55 亿元，同比增长 8.42%，占研发经费内部支出的 90.54%；资产性支出为 383.6 亿元，同比增长 7.49%，占研发经费内部支出的 9.46%。分行业看，在支出额度方面，电气机械和器材制造业的日常性支出和资产性支出额度均为最高，分别为 999.91 亿元和 102.47 亿元；金属制品、机械和设备修

理业的日常性支出和资产性支出额度均为最低，分别为 16.35 亿元和 1.49 亿元。在支出增速方面，主要行业日常性支出均有提升，而大部分行业资产性支出大幅上升。其中，金属制品、机械和设备修理业日常性支出和资产性支出增幅均最大，同比分别增长 55.71% 和 19.34%；仪器仪表制造业资产性支出降幅最大，同比减少 5.94%（表 5–2）。

表 5–2　2016 年装备制造业 R&D 经费内部支出

行　　业	日常性支出		资产性支出		经费内部支出	
	支出额 / 亿元	同比增长 /%	支出额 / 亿元	同比增长 /%	总额 / 亿元	同比增长 /%
通用设备制造业	592.22	6.35	73.50	−3.00	665.73	5.23
专用设备制造业	520.63	1.24	56.50	6.87	577.13	1.76
汽车制造业	951.32	16.11	97.42	14.88	1 048.74	15.99
铁路、船舶、航空航天和其他运输设备制造业	422.98	4.62	36.65	16.04	459.63	5.45
电气机械和器材制造业	999.91	8.84	102.47	8.98	1 102.38	8.85
仪器仪表制造业	170.14	3.50	15.57	−5.94	185.70	2.64
金属制品、机械和设备修理业	16.35	55.71	1.49	19.34	17.84	51.84

数据来源：《中国科技统计年鉴 2016》《中国科技统计年鉴 2015》。

最后，企业内部支出研发强度略有提升。2016 年规模以上行业研发强度最大的是铁路、船舶、航空航天和其他运输设备制造业，研发强度达到 2.38；研发强度最小的是汽车制造业，研发强度为 1.29。与 2015 年相比，仅专用设备制造业和仪器仪表制造业同比增长为负（分别为 –2.43% 和 –5.91%），其他 5 个行业研发强度较 2015 年均有所提升，其中金属制品、机械和设备修理业同比增长幅度最大，达到 23.61%，如图 5–2 所示。

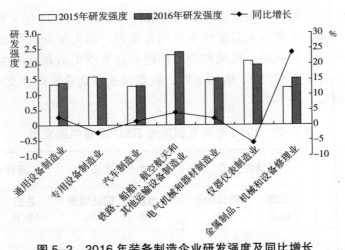

图 5-2 2016 年装备制造企业研发强度及同比增长

（2）研发经费内部支出资金来源以企业为主

企业资金为主要资金来源。从支出来源看，R&D 经费内部支出资金来源（以下简称"资金来源"）包括政府资金、企业资金、国外资金和其他资金 4 部分。2016 年，企业资金来源为 3 799.97 亿元，同比增长 9.84%，占研发经费内部支出资金来源的 93.66%；政府资金来源为 198.52 亿元，同比减少 13.08%，占研发经费内部支出资金来源的 4.89%；国外资金来源为 20.26 亿元，同比增长 1.95%，占研发经费内部支出资金来源的 0.50%；其他资金来源为 38.39 亿元，同比增长 2.66%，占研发经费内部支出资金来源的 0.95%，如图 5-3 所示。

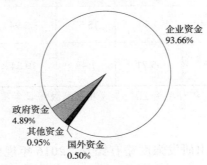

图 5-3 2016 年装备制造企业研发经费内部资金来源分布

企业资金来源增幅最大。2016 年，我国装备制造业 R&D 经费内部支出资金来源中企业资金来源增幅最大，同比提高 9.84%；政府资金来源降幅最大，同比减少 13.08%。

大部分行业企业资金来源增长趋势显著。2016 年，金属制品、机械和设备修理业企业 R&D 经费内部资金来源中企业资金来源总额为 16.06 亿元，增幅最大，相较于 2015 年增长 48.29%；电气机械和器材制造业企业资金来源总额为 1 066.69 亿元，支出金额最高，占企业资金来源总额的 28.07%。

　　政府资金来源受政策环境影响明显。2016 年，政府资金来源数额最高的行业为铁路、船舶、航空航天和其他运输设备制造业，金额达到 92.35 亿元，占政府资金来源总额的 46.52%；除金属制品、机械和设备修理业同比增长为正（69.72%）外，其他 6 个行业的政府资金来源增速较 2015 年均有所下降，其中铁路、船舶、航空航天和其他运输设备制造业同比下降幅度最大，达到 18.14%。

　　国外资金来源增幅较小。2016 年，国外资金来源最高的是汽车制造业，金额达到 8.25 亿元，占国外资金总额的 40.72%；增幅最大的行业是通用设备制造业，同比增长 77.09%；降幅最大的行业是仪器仪表制造业，达 31.91%。

　　其他资金来源增幅较小。2016 年，金属制品、机械和设备修理业获得其他资金最少（0.23 亿元）但其增幅最大，比 2015 年增长 30.74 倍（表 5-3）。

表 5-3　2016 年装备制造业 R&D 经费内部支出资金来源

行　　业	企业资金		政府资金		国外资金		其他资金	
	支出额/亿元	同比增长/%	支出额/亿元	同比增长/%	总　额/亿元	同比增长/%	支出额/亿元	同比增长/%
通用设备制造业	627.34	5.79	27.75	−4.93	3.20	77.09	7.44	−14.03
专用设备制造业	547.75	2.74	23.26	−9.93	1.68	−19.94	4.43	−26.76
汽车制造业	1 014.54	16.87	19.04	−16.98	8.25	−6.46	6.91	58.94
铁路、船舶、航空航天和其他运输设备制造业	355.50	13.88	92.35	−18.14	2.05	−20.88	9.73	16.94

续　表

行　业	企业资金		政府资金		国外资金		其他资金	
	支出额/亿元	同比增长/%	支出额/亿元	同比增长/%	总　额/亿元	同比增长/%	支出额/亿元	同比增长/%
电气机械和器材制造业	1 066.69	9.25	23.94	−2.81	4.41	23.45	7.35	−9.75
仪器仪表制造业	172.08	3.69	10.64	−12.09	0.67	−31.91	2.31	22.41
金属制品、机械和设备修理业	16.06	48.29	1.55	69.72			0.23	3 173.66

数据来源：《中国科技统计年鉴2016》《中国科技统计年鉴2015》。

（3）研发经费外部支出波动趋增

大部分行业研发经费外部支出总额稳定增长。2016年装备制造业规模以上企业R&D经费外部支出总额为258.96亿元，同比增长12.53%。其中，经费外部支出总额最高的行业为汽车制造业，支出额为101.28亿元；增速最快的为金属制品、机械和设备修理业，较2015年增长90.08%；而仪器仪表制造业，铁路、船舶、航空航天和其他运输设备制造业与专用设备制造业增速均有所下降，比2015年分别减少11.85%、6.62%和0.83%。

对国内研究机构和高校的支出仍为最主要的外部支出。从支出方向来看，R&D经费外部支出包括对国内研究机构和高校的支出、对境外的支出和其他支出3个部分。2016年，对国内研究机构和高校的支出为105.76亿元，同比增长6.98%，占研发经费外部支出的41.99%，比2015年减少2.18个百分点。

不同行业对国内研究机构和高校支出根据自身产品开发需求不同而有所不同。从主要支出方向看，2016年装备制造业规模以上企业对国内研究机构和高校支出占比与2015年相比，呈现增减不一的情况。其中，汽车制造业在2016年对国内研究机构和高校支出占比最高，达到33.92%；同比增长最快的为通用设备制造业，达到35.17%；同比下降最快的为仪器仪表制造业，较2015年下降53.15%（表5-4）。

表 5-4　2016 年装备制造业 R&D 经费外部支出

行　业	总　额	同比增长 /%	对国内研究机构和高校支出 / 亿元	同比增长 /%
通用设备制造业	30.56	20.31	13.25	35.17
专用设备制造业	10.73	−0.83	6.15	−6.28
汽车制造业	101.28	33.92	33.91	29.41
铁路、船舶、航空航天和其他运输设备制造业	69.66	−6.62	32.30	−4.23
电气机械和器材制造业	37.08	11.05	17.10	2.08
仪器仪表制造业	8.55	−11.85	2.69	−53.15
金属制品、机械和设备维修理制造业	1.09	90.08	0.36	−34.72

数据来源：《中国科技统计年鉴 2016》。

（4）项目经费支出增加

2016 年，装备制造业规模以上企业项目总数为 15.04 万项，同比增加 15.93%；项目人员折合全时当量为 97.09 万人，同比增加 2.58%；项目经费支出 3 716.88 亿元，同比增长 8.46%。

项目投入规模与行业规模紧密相关。从数额来看，2016 年电气机械和器材制造业项目数量最多，为 4.19 万项；大部分行业 R&D 项目人员折合全时当量呈现上升趋势，其中电气机械和器材制造业 R&D 项目人员折合全时当量人数最多，为 25.51 万人；R&D 项目经费支出最高的 3 个行业为电气机械和器材制造业、汽车制造业和通用设备制造业，分别为 1 013.97 亿元、970.58 亿元和 622.79 亿元。从增速来看，金属制品、机械和设备修理业在项目经费支出上同比增长较快，为 41.57%；铁路、船舶、航空航天和其他运输设备制造业项目人员折合全时当量增速为 7 大行业最低，同比下降 9.08%（表 5-5）。

表 5-5 2016 年装备制造业 R&D 项目情况

行 业	项 目		项目人员折合全时当量		项目经费支出	
	数量/万项	同比增长/%	数量/万人	同比增长/%	数额/亿元	同比增长/%
通用设备制造业	3.35	13.48	19.20	3.38	622.79	7.19
专用设备制造业	2.86	18.15	16.02	3.84	537.03	3.94
汽车制造业	2.54	19.42	20.39	3.92	970.58	14.14
铁路、船舶、航空航天和其他运输设备制造业	0.97	9.78	9.07	−9.08	384.38	7.27
电气机械和器材制造业	4.19	17.34	25.51	4.58	1 013.97	7.68
仪器仪表制造业	1.08	10.56	6.36	3.79	172.86	2.78
金属制品、机械和设备修理业	0.05	18.78	0.54	−1.12	15.27	41.57

数据来源：《中国科技统计年鉴 2016》《中国科技统计年鉴 2015》。

多数行业项目人均经费支出增幅较小。从项目效率的角度分析，2016 年装备制造业行业规模以上企业 R&D 项目平均每个项目每人经费支出最高和最低的分别为汽车制造业与仪器仪表制造业，分别为 47.59 万元和 27.19 万元。大部分行业增速为正值，增长最快的为金属制品、机械和设备修理业，增速达到43.18%；呈现负增长的为仪器仪表制造业，增速为 −1.14%，如图 5-4 所示。

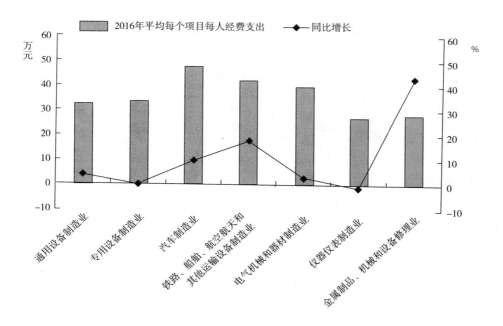

图 5-4　2016 年装备制造企业 R&D 项目人均经费支出及同比增长

（5）新产品开发数量大幅增加

2016 年装备制造业规模以上企业新产品开发项目总数达 17.06 万项，同比增加 17.70%；新产品开发经费总支出为 4 648.04 亿元，同比增长 12.15%；新产品销售总收入为 69 119.76 亿元，同比增长 18.86%；出口总额达 8 355.52 亿元，同比增长 16.67%。

新产品开发和生产与行业基础规模及产品需求关联度大。其中，电气机械和器材制造业在新产品开发项目、新产品开发经费和新产品出口收入方面均为最多，分别为 4.80 万项、1 300.05 亿元和 3 503.69 亿元；汽车制造业的新产品销售收入最高，为 25 477.55 亿元。从增速来看，各分行业新产品开发项目同比均呈现上升趋势且增幅均为两位数，增幅最大的是金属制品、机械和设备修理业，同比增加 32.55%；同时，金属制品、机械和设备修理业在新产品开发经费、新产品销售收入和新产品出口收入方面的增速均最高，分别为 78.40%、85.63% 和 282.00%（表 5-6）。

表 5-6　2016 年装备制造企业新产品开发与生产情况

行　业	新产品开发项目		新产品开发经费		新产品销售		新产品出口	
	数量/万项	同比增长/%	支出/亿元	同比增长/%	收入/亿元）	同比增长/%	收入/亿元	同比增长/%
通用设备制造业	3.73	15.47	728.71	8.92	8 948.55	11.25	1 221.23	21.42
专用设备制造业	3.18	19.28	626.26	2.52	6 430.05	6.68	829.04	−3.04
汽车制造业	2.94	18.30	1 266.21	20.73	25 477.55	33.51	896.09	18.66
铁路、船舶、航空航天和其他运输设备制造业	1.06	10.41	487.45	3.24	6 444.34	−0.53	1 488.42	10.91
电气机械和器材制造业	4.80	21.13	1 300.05	15.15	19 409.08	17.61	3 503.69	19.14
仪器仪表制造业	1.30	12.67	220.93	8.17	2 142.61	14.37	267.00	23.36
金属制品、机械和设备修理业	0.06	32.55	18.42	78.40	267.57	85.63	139.05	282.00

数据来源：《中国科技统计年鉴 2016》《中国科技统计年鉴 2015》。

3. 组织化程度提升

（1）研发机构建设进程加快

2016 年，我国装备制造业企业办研发机构总数为 27 034 个，同比增长 13.09%；机构经费总支出为 2 854.36 亿元，同比增长 14.04%；仪器和设备原价总额为 3 158.65 亿元，同比增长 38.43%。2016 年，装备制造业企业办研发机构人员为 116.33 万人，同比增长 7.87%。其中博士和硕士为 14.12 万人，同比增长 16.67%，占研发机构总人数的 12.13%。

研发机构建设与行业性质及行业规模联系紧密。从 2016 年装备制造业规模以上企业的研发机构建设情况来看，电气机械和器材制造业研究机构数量最多、研究机构经费支出最高、仪器和设备原价最高，分别为 8 238 个、854.59亿元和 1 126.88 亿元。从增速来看，电气机械和器材制造业在研究机构数量与仪器和设备原价上增长最快，分别为 18.58% 和 63.67%；金属制品、机械和设备修理制造业的机构经费支出同比增幅最大，为 67.15%（见表 5-7）。

表 5-7　2016 年装备制造业企业办研发机构情况

行　业	机构		机构经费支出		仪器和设备原价	
	数量 / 个	同比 /%	数额 / 亿元	同比 /%	数额 / 亿元	同比 /%
通用设备制造业	6 557	9.92	427.19	0.88	470.43	5.39
专用设备制造业	5 526	14.98	347.84	3.26	359.54	19.70
汽车制造业	3 381	8.82	827.08	20.00	813.61	61.36
铁路、船舶、航空航天和其他运输设备制造业	1 339	4.86	237.48	6.06	252.28	4.92
电气机械和器材制造业	8 238	18.58	854.59	24.95	1 126.88	63.37
仪器仪表制造业	1 928	10.49	151.13	7.88	129.36	34.69
金属制品、机械和设备修理业	65	12.07	9.05	67.15	6.55	13.80

数据来源：《中国科技统计年鉴 2016》《中国科技统计年鉴 2015》。

研发机构人员学历与行业技术需求程度关联明显。从 2016 年装备制造业规模以上企业的研发机构人员学历来看，博士和硕士占研发机构人员比重最高的行业是铁路、船舶、航空航天和其他运输设备制造业，达到 15.89%；占比最低的行业为金属制品、机械和设备修理业，比重为 7.95%。从增速来看，仅有专用设备制造业同比增速小于 10%（4.84%），其他行业均以两位数增速增加，金属制品、机械和设备修理业与汽车制造业位列前两位，增速分别为 28.97% 和 25.88%，如图 5-5 所示。

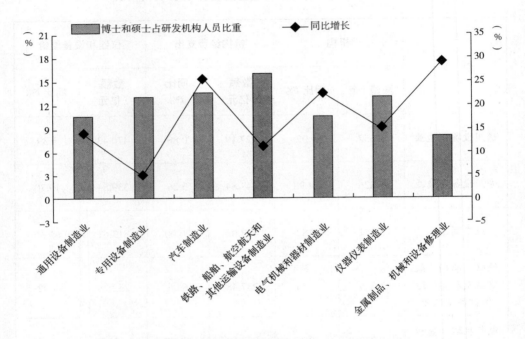

图 5-5　2016 年装备制造业企业高学历占研发机构人员比重及同比增长

（2）人员部署渐趋合理

2016 年装备制造业规模以上企业 R&D 人员总数为 150.66 万人，同比增加 4.55%；R&D 人员全时当量总额为 106.97 万人，同比增长 2.08%；研究人员总数为 36.86 万人，同比增长 4.94%。

R&D 人员数量小幅下降，研究人员占比大幅上升。2016 年，除铁路、船舶、航空航天和其他运输设备制造业 R&D 人员数量有所下降（-0.23%）外，其他 6 大行业均呈上升趋势；金属制品、机械和设备修理业 R&D 人员数量最少，为 8366 人，但同比人数增幅最大，为 10.01%。从 R&D 人员全时当量来看，人员数量最多的行业为电气机械和器材制造业，达到 27.94 万人；增速最快的行业为金属制品、机械和设备修理业，为 8.82%。

从研究人员数量来看，人员最多的行业为电气机械和器材制造业，达到 8.75 万人；研究人员增速最快的为金属制品、机械和设备修理业，为 21.68%，仅铁路、船舶、航空航天和其他运输设备制造业研究人员数量呈下降趋势，同比减少 3.39%（见表 5-8）。

表 5-8　2016 年装备制造业 R&D 人员情况

行　业	R&D 人员		R&D 人员全时当量		研究人员	
	人数 /万人	同比增长 /%	人数 /万人	同比增长 /%	人数 /万人	同比增长 /%
通用设备制造业	29.45	3.52	20.86	1.44	6.80	2.61
专用设备制造业	25.11	3.51	17.43	2.47	6.02	2.71
汽车制造业	31.40	8.19	22.94	5.37	8.48	14.78
铁路、船舶、航空航天和其他运输设备制造业	14.38	−0.23	10.21	−7.56	3.95	−3.39
电气机械和器材制造业	40.08	5.20	27.94	3.33	8.75	3.37
仪器仪表制造业	9.40	3.26	6.95	2.68	2.62	4.86
金属制品、机械和设备修理业	0.84	10.01	0.64	8.82	0.24	21.68

数据来源：《中国科技统计年鉴 2016》《中国科技统计年鉴 2015》。

2016 年，装备制造业行业研究人员数量占 R&D 人员比重呈现不同趋势，其中，占比最高的为金属制品、机械和设备修理业（29.12%），且占比上升幅度最大，达 14.78%；铁路、船舶、航空航天和其他运输设备制造业占比下降幅度最大，下降了 3.39%，如图 5-6 所示。

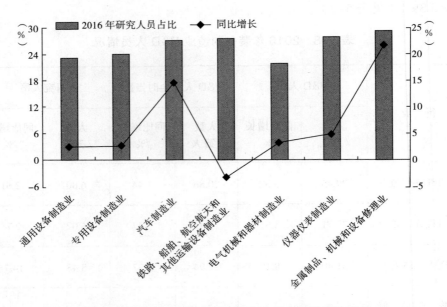

图 5-6　2016 年装备制造业研究人员占比及同比增长

4. 国内技术逐步成为重要来源

（1）企业专利质量进一步提升

2016 年，我国装备制造业专利申请总数达 32.98 万件，较 2015 年增长 15.48%；发明专利数量为 11.53 万件，较 2015 年增长 21.99%；有效发明专利数为 28.52 万件，较 2015 年增长 34.20%，增幅明显。

企业有效发明专利数大幅增加，专利质量进一步提升。专利研发主要通过专利申请、发明专利和有效发明专利 3 个尺度来衡量。电气机械和器材制造业在专利申请、发明专利和有效发明专利 3 个方面的数量均为最高，分别为 11.31 万件、4.14 万件和 8.50 万件。与 2015 年相比，7 个主要行业在专利申请和发明专利数量方面均以两位数的增速增长，金属制品、机械和设备修理业在这两方面的涨幅均最大，同比增长率分别为 36.84% 和 65.02%。在有效发明专利数量方面，装备制造业各行业增速均大于 20%，增长幅度最大的是汽车制造业，同比增长了 48.66%（见表 5-9）。

表 5-9 2016 年装备制造企业专利情况

行 业	专利申请		发明专利		有效发明专利	
	数量/万件	同比增长/%	数量/万件	同比增长/%	数量/万件	同比增长/%
通用设备制造业	6.02	13.80	1.98	18.53	5.55	37.35
专用设备制造业	5.79	10.74	2.10	15.27	6.72	35.05
汽车制造业	5.31	13.48	1.54	19.68	3.45	48.66
铁路、船舶、航空航天和其他运输设备制造业	2.44	10.24	1.00	11.63	2.20	22.43
电气机械和器材制造业	11.31	21.83	4.14	33.86	8.50	33.20
仪器仪表制造业	2.02	12.35	0.73	10.62	2.01	20.41
金属制品、机械和设备修理业	0.09	36.84	0.04	65.02	0.09	35.22

数据来源:《中国科技统计年鉴 2016》《中国科技统计年鉴 2015》。

（2）企业技术获取和技术改造势头增强

2016 年,我国装备制造业技术获取和技术改造的总支出为 1320.52 亿元,同比增加 13.01%,表明企业技术获取和技术改造势头进一步增强。

企业技术获取和技术改造"重引进、轻消化"。我国企业技术获取和技术改造支出具体可以分为引进技术经费支出、消化吸收经费支出、购买国内技术经费支出和技术改造经费支出。2016 年,我国企业技术改造经费支出为 896.04 亿元,同比增加 7.44%,占技术获取和技术改造支出的 67.85%;引进技术经费支出为 315.61 亿元,同比增长 33.71%,占技术获取和技术改造支出的 23.90%;购买国内技术经费支出为 40.79 亿元,同比减少 24.79%,占技术获取和技术改造支出的 3.09%;消化吸收经费支出为 68.08 亿元,同比增加 53.97%,增幅最大,占技术获取和技术改造支出的 5.16%(见图 5-7)。

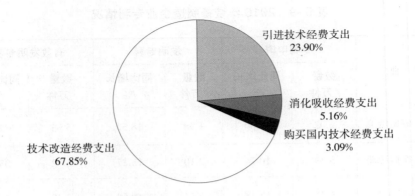

图 5-7 2016 年装备制造企业技术获取和技术改造资金分配

分行业来看，汽车制造业的引进技术经费支出、消化吸收经费支出、购买国内技术经费支出和技术改造经费支出均为最高，分别为 241.71 亿元、51.93 亿元、18.38 亿元和 367.43 亿元。从增速来看，仅金属制品、机械和设备修理业，汽车制造业与电气机械和器材制造业技术改造经费支出呈增加趋势，分别增长 406.01%、29.50% 和 14.66%，其余行业均呈下降态势，降幅最大的是专用设备制造业，下降了 34.53%；除仪器仪表制造业购买国内技术经费支出有所上升（11.62%）外，其他行业均呈下降趋势；消化吸收经费支出方面汽车制造业增长幅度最高，达到 99.81%，而专用设备制造业下降幅度最大，降幅为62.92%；金属制品、机械和设备修理业在引进技术经费支出中涨幅最大，同比增长 200.30 倍，而专用设备制造业跌幅最大，下跌了 16.22%（见表 5-10）。

表 5-10 2016 年装备制造企业技术获取和技术改造情况

行 业	引进技术经费支出		消化吸收经费支出		购买国内技术经费支出		技术改造经费支出	
	数额/亿元	同比/%	数额/亿元	同比/%	数额/亿元	同比/%	数额/亿元	同比/%
通用设备制造业	34.41	51.00	5.39	9.74	5.01	−0.04	108.12	−0.71
专用设备制造业	6.72	−16.22	1.00	−62.92	2.25	−26.00	66.41	−34.53

续　表

行　业	引进技术经费支出		消化吸收经费支出		购买国内技术经费支出		技术改造经费支出	
	数额/亿元	同比/%	数额/亿元	同比/%	数额/亿元	同比/%	数额/亿元	同比/%
汽车制造业	241.71	38.46	51.93	99.81	18.38	−31.26	367.43	29.50
铁路、船舶、航空航天和其他运输设备制造业	9.38	−9.85	2.10	−14.21	6.18	−32.39	109.08	−12.99
电气机械和器材制造业	19.77	11.63	6.85	−11.16	7.12	−16.43	219.71	14.66
仪器仪表制造业	2.99	17.03	0.52	16.79	1.64	11.62	21.03	−4.82
金属制品、机械和设备修理业	0.64	200.30	0	0	0.21	−34.52	4.25	406.01

数据来源：《中国科技统计年鉴2016》《中国科技统计年鉴2015》。

（3）企业开发课题数量显著减少

2016年，我国装备制造业规模以上企业课题开发状况总体趋好，R&D课题数总数为4 574项，同比减少26.43%；投入人员总计70 134人/年，同比减少37.33%；投入经费总计447.81亿元，同比减少38.28%。

分行业来看，铁路、船舶、航空航天和其他运输设备制造业在R&D课题数、投入人员和投入经费方面数量均最高，分别为1 883项、549 41人/年和391.57亿元，但与2015年相比呈现较大降幅，分别下降了53.79%、48.11%和44.53%。其他近半数行业在R&D课题数、投入人员和投入经费方面呈不同程度增加趋势（见表5-11）。

表 5-11　2016 年装备制造企业开发课题情况

行 业	R&D 课题		投入人员		投入经费	
	数目 / 项	同比增长 /%	数目 /（人 / 年）	同比增长 （%）	数额 / 亿元	同比增长 /%
通用设备制造业	426	28.70	1 231	−4.23	3.84	2.57
专用设备制造业	799	−3.27	3307	59.00	9.59	88.86
汽车制造业	83	107.50	502	149.70	1.43	730.29
铁路、船舶、航空航天和其他运输设备制造业	1 883	−53.79	54 941	−48.11	391.57	−44.53
电气机械和器材制造业	609	244.07	2 483	532.10	8.54	825.71
仪器仪表制造业	771	0.92	7 668	270.90	32.84	238.59
金属制品、机械和设备修理业	3	−25.00	2	−16.67	0.002 5	−85.76

数据来源：《中国科技统计年鉴 2016》《中国科技统计年鉴 2015》。

（二）从产业层面分析我国装备制造业国际竞争力

本节选取我国铁路运输设备制造业、航空航天器设备制造业、医疗仪器设备制造业、仪器仪表制造业 2006—2016 年的数据与 UN Comrade 数据和世界贸易组织数据进行国际竞争力比较。虽然国际贸易数据统计过程与我国国民经济行业分类并不完全一致，但总体来看，就产业层面而言，我国装备制造业国际竞争力开始提升，但依然不强。

1. 国际市场占有率分析

国际市场占有率（*MS*）是指一个国家某种产品出口总额相对于世界该产品出口总额的占比，表达式如下：

$$MS_{ij} = \frac{X_{ij}}{X_{iw}} \tag{5.1}$$

其中，MS_{ij} 是指 *j* 家 *i* 产业或产品的世界市场占有率，X_{ij} 是 *j* 国家 *i* 产业的出口总额，X_{iw}是世界i产业的出口总额。该指标的比重提高意味着该产业出口竞争力增强，反之则意味着该产业的出口竞争力减弱。

2006—2016 年我国装备制造业国际市场占有率情况计算结果见表 5-12 所示。整体来看，仪器仪表制造业国际市场增长率的绝对水平较高，其他行业绝对水平不高。从趋势上来看，整体呈现增长趋势，但 2016 年均出现不同程度的下降。其中，铁路运输设备制造业降幅高达 33.69%。4 个行业的增长态势不同：航空航天器设备制造业、医疗仪器设备制造业总体增幅不大，并且国际市场占有率的绝对值较小；铁路运输设备制造业呈现波动状，但总体呈明显增长态势，特别是 2009—2011 年，出现猛增；仪器仪表制造业绝对值较大，并呈现较为明显的增长态势。总体而言，从国际市场占有率来看，所选 4 个重点行业国际市场占有率普遍提升，但绝对值较低且 2016 年普遍下降（如图 5-8）。

表 5-12 2006—2016 年 4 个典型设备制造业的国际市场占有率

年 份	铁路运输设备 /%	增幅 /%	航空航天器设备 /%	增 幅 /%	医疗仪器设备 /%	增 幅 /%	仪器仪表 /%	增 幅 /%
2006	3.637	—	0.798	—	3.498	—	9.725	—
2007	3.542	−2.61	0.770	−3.51	4.102	17.27	11.911	22.48
2008	4.556	28.63	0.836	8.57	4.529	10.41	12.574	5.57
2009	4.269	6.300	0.740	−11.48	4.750	4.88	12.977	3.21
2010	6.878	61.12	0.922	24.59	5.239	10.29	13.788	6.25
2011	10.036	45.91	1.054	14.32	5.619	7.25	14.077	2.10
2012	13.366	33.18	0.903	−14.33	5.663	0.78	16.260	15.51
2013	10.478	−21.61	1.039	15.06	6.406	13.12	16.515	1.57
2014	11.891	13.39	1.270	22.23	6.601	3.04	16.001	−3.11

续　表

年　份	铁路运输设备 /%	增　幅 /%	航空航天器设备 /%	增　幅 /%	医疗仪器设备 /%	增　幅 /%	仪器仪表 /%	增　幅 /%
2015	16.754	40.90	1.642	29.29	7.285	10.36	17.038	6.48
2016	11.109	−33.69	1.628	−0.85	7.038	−3.39	16.212	−4.85

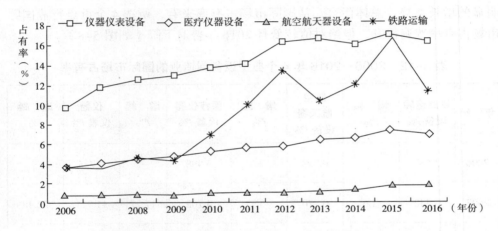

图 5-8　2006—2016 年所选 4 个重点行业国际市场占有率

2. 显示性比较优势分析

美国经济学家贝拉·巴拉萨（Bela Balasa）于 1965 年提出了显示性比较优势指数（RCA 指数，Revealed Comparative Advantage Index）。该指数显示了一个国家的产品在国际贸易中的比较优势，表达式为

$$RCA = \left(X_{ij} / X_{jt} \right) / \left(X_{iw} / X_{wt} \right) \tag{5.2}$$

其中，X_{ij}是j国家i产品或产业的出口额，X_{jt}是j国家在t时期所有产品或产业的出口总额；X_{iw}是i产品或产业的世界出口额，X_{wt}是t时期的世界出口总额。

RCA 指数是指一国某产品或产业的出口额占其出口总额的比重，与世界该类产品或产业出口额占世界出口额比重的比例。该指数自 20 世纪 80 年代以来被广泛采用。RCA < 0.8 表示缺乏国际竞争力，0.8 < RCA < 1.25 表示国际竞争力一般，1.25 < RCA < 2.5 表示国际竞争力较强，RCA > 2.5 表示国际竞争力极强。总体来看，我国装备制造重点行业的国际竞争力有所提升，出现了铁路运输设备等较有竞争力的行业，但产业国际竞争力提升空间仍然很大。

（1）铁路运输设备制造业

铁路运输设备制造业国际贸易数据使用 UN Comrade SITC REV.3 分类的 791 数据。我国铁路运输设备制造业 RCA 指数情况见表 5-13、图 5-9。2011 年之前，我国铁路运输设备制造业 RCA 指数在小于 0.8 的区间内，意味着处于缺乏国际竞争力的状态。2011 年，我国铁路运输设备制造业国际竞争力显著提高，迅速提升到 0.8 以上，从明显缺乏国际竞争力的状态迅速冲上了具有较强竞争力状态。自 2011 年冲上 0.8 以上区间后，2011—2016 年，RCA 指数维持在一个较为稳定的水平，始终在 0.8 ～ 1.25 区间，在国际上具有较强的竞争力。

表 5-13　2006—2016 年中国铁路运输设备 RCA 指数

年　份	中国出口总额 / 亿美元	占中国总出口额的比重 /%	世界出口总额 / 亿美元	占世界总出口额的比重 /%	RCA 指数
2006	6.675 7	0.068 9	183.565	0.149 1	0.462
2007	7.65	0.062 7	215.99	0.154 0	0.407
2008	11.92	0.083 3	261.64	0.161 9	0.515
2009	9.32	0.077 6	218.30	0.173 9	0.446
2010	16.83	0.106 7	244.69	0.159 9	0.667
2011	29.12	0.153 4	290.16	0.158 2	0.970
2012	44.64	0.217 9	333.98	0.180 6	1.206
2013	31.14	0.141 0	297.20	0.156 8	0.899
2014	37.36	0.159 5	314.20	0.165 4	0.964
2015	46.56	0.204 8	278.045	0.168 6	1.215
2016	26.26	0.125 2	236.38	0.147 9	0.846

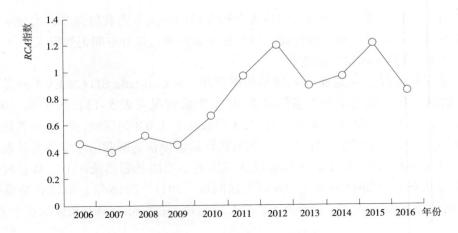

图 5-9　2006—2016 年我国铁路运输设备制造业 RCA 指数

（2）航空航天器设备制造业

航空航天器设备制造业国际贸易数据使用 UN comrade SITC REV.3 分类的 792 数据。2006—2016 年，我国航空航天器设备制造业的 RCA 指数一直在远小于 0.8 的区间，说明我国航空航天器设备制造业一直极度缺乏国际竞争力。但从指数走势来看，我国航空航天器设备制造业整体国际竞争力呈现上升趋势（见表 5-14、图 5-10）。

表 5-14　2006—2016 年我国航空航天器设备制造业 RCA 指数

年　份	中国出口总额 / 亿美元	占中国总出口额的比重 /%	世界出口总额 / 亿美元	占世界总出口额的比重 /%	RCA 指数
2006	12.89	0.133 0	1 615.23	1.312 1	0.101 4
2007	14.09	0.115 4	1 829.07	1.304 3	0.088 5
2008	16.6	0.114 4	1 957.50	1.211 3	0.094 4
2009	9.38	0.078 1	1 267.80	1.009 8	0.077 3
2010	12.60	0.079 9	1 366.63	0.893 2	0.089 5
2011	16.25	0.085 6	1 541.58	0.840 6	0.101 8

续　表

年　份	中国出口 总额 / 亿美元	占中国总出口 额的比重 /%	世界出口 总额 / 亿美元	占世界总出口 额的比重 /%	*RCA* 指数
2012	15.51	0.075 7	1 717.67	0.928 7	0.081 5
2013	19.32	0.087 5	1 860.34	0.981 6	0.089 1
2014	26.41	0.112 8	2 078.93	1.094 1	0.103 1
2015	34.66	0.152 5	2 110.55	1.280 1	0.119 1
2016	33.60	0.160 2	2 063.84	1.291 1	0.124 1

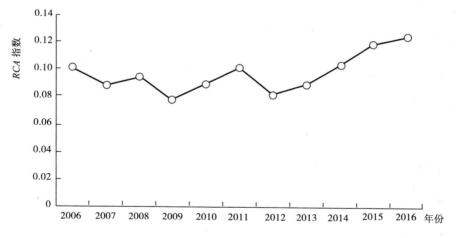

图 5-10　2006—2016 年我国航空航天器设备制造业 *RCA* 指数

（3）医疗仪器设备制造业

医疗仪器设备制造业国际贸易数据使用 UN Comrade SITC REV.3 分类的 774、872 数据。2006—2016 年，我国医疗仪器设备制造业 *RCA* 指数一直小于 0.8，表明该行业国际竞争力不强。从趋势上来看，我国医疗仪器设备制造业的国际竞争力并没有提升的趋势，总体处于比较稳定的状态（见表 5-15、图 5-11）。

全球价值网络下中国装备制造业技术创新提升路径研究

表 5-15　2006—2016 年我国医疗仪器设备制造业 *RCA* 指数

单位：亿美元，%

年　份	中国出口总额 / 亿美元	占中国总出口额的比重 /%	世界出口总额 / 亿美元	占世界总出口额的比重 /%	RCA 指数
2006	30.086	0.310 5	860.077	0.698 7	0.444 4
2007	39.937	0.327 2	973.625	0.694 3	0.471 3
2008	50.554	0.353 4	1 116.161	0.690 7	0.511 7
2009	50.684	0.421 8	1 067.085	0.849 9	0.496 3
2010	61.117	0.387 4	1 166.678	0.762 5	0.508 1
2011	73.072	0.384 9	1 300.548	0.709 2	0.542 7
2012	76.318	0.372 5	1 347.542	0.728 6	0.511 3
2013	90.343	0.409 0	1 410.182	0.744 0	0.549 7
2014	97.631	0.416 8	1 479.014	0.778 4	0.535 5
2015	104.652	0.460 3	1 436.557	0.871 3	0.528 3
2016	102.532	0.488 8	1 456.778	0.911 3	0.536 4

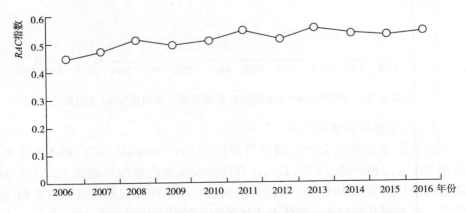

图 5-11　2006—2016 年我国医疗仪器设备制造业 *RCA* 指数

152

（4）仪器仪表制造业

仪器仪表制造业国际贸易数据使用 UN Comrade SITC REV.3 分类的 871、873、874、884、885 数据。

从绝对值上看，2006—2016 年，我国仪器仪表制造业 RCA 指数基本处于 1.25 ~ 2.5，并且靠近于 1.25；但在 2006 年、2015 年、2016 年降到 1.25 以下，说明我国仪器仪表制造业的国际竞争力处于有一定竞争力的边缘状态，即有一定竞争力但并不稳固；2015—2016 年，国际竞争力有所下降（见表 5-16、图 5-12）。

表 5-16　2006—2016 年我国仪器仪表制造业 RCA 指数

年　份	中国出口总额 / 亿美元	占中国总出口额的比重 /%	世界出口总额 / 亿美元	占世界总出口额的比重 /%	RCA 指数
2006	245.828	2.537	2 527.859	2.054	1.235
2007	348.376	2.854	2 924.752	2.086	1.368
2008	402.355	2.812	3 199.792	1.980	1.420
2009	354.989	2.954	2 735.449	2.179	1.356
2010	479.385	3.038	3 476.896	2.272	1.337
2011	559.106	2.945	3 971.658	2.166	1.360
2012	679.835	3.318	4 181.033	2.261	1.467
2013	695.523	3.149	4 211.531	2.222	1.417
2014	682.092	2.912	4 262.789	2.243	1.298
2015	375.615	2.972	3 965.265	2.405	1.236
2016	609.169	2.904	3 757.604	2.351	1.235

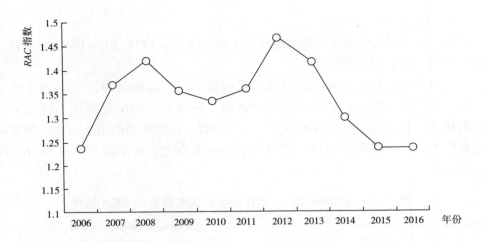

图 5-12　2006—2016 年我国仪器仪表制造业 *RCA* 指数

（三）从企业层面分析我国装备制造业国际竞争力

从 2015 年世界机械 500 强排名结果发现，全球处于领先地位的 500 家装备制造业企业，分布于 34 个国家和地区。按照所拥有的装备制造业领先企业的数量排序，美国、日本、中国内地、德国、法国、瑞士、韩国、英国居于前8 位。中国内地上榜企业数量已经居于第 3 位（见表 5-17）。近年来，我国装备制造高端化发展已初见成效，在一些行业，中国企业已经处于较为领先的地位，如高铁、核电、船舶。

表 5-17　2015 年世界机械 500 强前 8 位国家的上榜企业情况

国家 / 地区	上榜企业总数 / 家	占　比 /%
美国	140	28.0
日本	101	20.2
中国内地	92	18.4
德国	36	7.2
法国	17	3.4
瑞士	14	2.8

续　表

国家 / 地区	上榜企业总数 / 家	占　比 /%
韩国	13	2.6
英国	13	2.6

资料来源：杨斌等（2017）。

　　值得注意的是，从平均盈利能力、单个企业排名的先后等指标来看，我国装备制造企业的竞争力还不强，与美、日、韩等盈利性强、创新能力突出的大企业相比，仍有明显差距。例如，电工电器行业，中国内地上榜企业共有 10 家，居于第 3 位。韩国虽然只有 5 家企业上榜，但上榜企业的总营业收入最高，企业的平均营业收入最高，为 495.64 亿美元；而中国内地企业的平均营业收入仅有 37.71 亿美元，明显落后于韩国、德国、中国台湾等国家和地区。这就说明，我国装备制造业企业与全球领先企业相比，在经营水平上还存在巨大差距。

　　我国装备制造业企业总体处于价值链的中低端。在由跨国公司主导的第二次国际产业转移中，我国作为全球劳动密集型产业转移的最大承接地，很多工业品在我国组装后销往世界各地。然而跨国公司仅是把简单加工组装环节转移，研发设计、核心零部件和关键设备制造、营销服务等高技术含量、高附加值环节仍在这些公司手中，我国产业长期锁定在产业链低端、价值链低端和创新链外围。

　　综上分析，从企业层面看，我国装备制造业企业开始进入第一梯队，但企业竞争力仍有待提高。

（四）我国装备制造业通过技术创新提升国际竞争力的必要性

　　2006—2016 年，我国装备制造业发展规模不断扩大，国际影响力也有了明显提升。从产业层面看，出现了铁路运输设备制造业这样较有国际竞争力的行业；从企业层面看，已经形成了一批具有一定领先地位的企业。但同时必须看到的是，我国装备制造业大而不强的特征还十分明显。行业发展的下行压力依然很大，除少数行业外，大部分行业国际竞争力较差，企业在盈利能力、运营能力等方面还与国际领先企业存在较大差距。从国际形势及我国自身条件来看，一方面我国装备制造业低劳动力成本、低资源消耗成本等比较优势正在消失且不可持续；另一方面，发达国家及新兴经济体纷纷积极抢占制造业发展的先机。

155

生产条件的变化要求我国装备制造业必须审时度势，转变装备制造业发展方式。我国装备制造业要想在新一轮技术革命中获得一席之地，必须依靠技术创新提升自己的附加值。这既是产业发展的需要，更是维护国家安全、关系国计民生的必然之举。

1. 我国装备制造业发展质量仍然较低

产品质量基础薄弱、竞争力不强，产品缺少世界知名品牌，品牌建设和品牌维护缺失；产品质量堪忧，每年由于质量问题和技术性贸易措施，我国装备制造业面临大量损失，部分关键行业和关键零部件的核心技术受制于人，依靠设备进口、技术引进的发展模式极容易受到国家间政治关系、国际贸易环境等影响，特别是对于关系国计民生、国家安全的基础性装备制造，必须掌握核心技术才能避免在国际关系中处于被动。

先进业态尚处于初级阶段。从全球来看，装备制造业发展已经呈现出智能化、个性化、服务化、绿色化等特征；我国企业大多还处于被动跟随的状态，一些企业甚至并没有意识到向新业态转化的紧迫性。很多企业还停留在传统业态中，重生产、轻服务，重经营、轻个性化定制。

2. 传统装备制造业优势不可持续

长期以来，我国装备制造业发展所依赖的低劳动成本、低资源使用成本已经不可持续。我国人口老龄化迅速且严峻，截止2017年末中国大陆总人口为139 008万人，其中60岁及以上人口为24 090万人，占总人口的17.3%；65岁及以上人口为15 831万人，占总人口的11.4%（国家统计局，2018）。与越南、印度等国家相比，我国劳动力成本已经不具有优势。据调查，2006—2016年，我国制造业劳动力成本上升了2.7倍（张雷，2016）。同时，高速发展之后的资源环境问题也日益突出，靠牺牲资源环境获得生产优势的路径已难以持续。

从发展环境看，房地产和资本市场的繁荣颠覆了企业家精神，实体企业发展面临着资金脱实向虚的巨大压力。金融和实体经济失衡，房地产和实体经济失衡问题严重，制造业利润低，平均回报率不断下降，对资金没有吸引力，是当前我国装备制造业发展面临的重大挑战。TCL集团董事长李东生认为，我国制造业的平均利润率已经不足2%（张宏，2016）。吉利集团董事长李书福直言，制造业的利润已经"比刀片还薄了"（王力为、康淑，2016）。资本逐利本身并没有错，但我们的问题在于房地产和资本市场已经畸形，财富的积累迅速且轻松，对各种生产要素产生虹吸效应。相较之下，踏踏实实做实业显得"出力不讨好"，企业家普遍心态浮躁。与低回报率相对应的是制造业企业的高成本，民营企业融资成本、物流成本、人工社保成本都比较高①，再加上高额的税赋，实体企业生存压力大。

企业债务水平居高不下。在经过 2008 年的一轮加杠杆之后，企业的债务杠杆上升。据测算，我国企业整体杠杆率已高达 250%，非金融企业杠杆率为 160%。装备制造企业的财务成本高，很多企业面临较大的还本付息压力，有些企业的利息支付甚至超过了企业所获得的现金流，持续经营的压力很大。企业之间也出现了严重的三角债问题，一些企业存在较大的资金链断裂风险。

3. 国际装备制造业准入门槛不断提高

我国装备制造企业国际市场的运营能力不足，参与国际价值链分工网络程度较低。企业国际话语权薄弱，由我国主导制定的国际标准不足 0.5%，而标龄要比美、德、英、日等发达国家的装备制造业高出 1 倍以上。在对外投资建设过程中，产业链条覆盖程度不够，无法获取高端价值，无法形成产品研发、技术创新、管理技能和人力资源的协同效应。当前，全球制造业对于绿色化、柔性生产的要求越来越高，要想获得市场竞争力就必须提高产品的技术含量。特别是金融危机之后，新的贸易保护主义抬头，国际贸易中的隐性壁垒增多，我国装备制造业参与全球制造业分工面临的门槛也越来越高。由此可见，通过创新提高我国装备制造业的技术含量，是形成我国装备制造业企业参与全球竞争新优势的必然要求。

---

① 民营企业融资成本超过银行基准利率 2 倍以上，物流成本是发达国家的 2 倍，许多企业"五险一金"占工资总额的 40% 左右。

第六章　全球价值网络下中国装备制造业技术创新的实证研究

一、基于改进的 DEA 模型的实证研究

（一）基于改进的 DEA 模型在各行业的技术创新绩效分析

DEA 模型对 DMU 个数与指标数量的关系有严格的要求，指标选择要尽量精简，只有这样才能最大限度地提高分析的准确性。分行业数据共有 5 个实际决策单元，尽可能减少投入产出指标数量能够提高分析的有效性。针对各行业技术创新效率分析建立的投入产出指标如表 6-1 所示。

表 6-1　投入产出指标体系

类型	投入			产出	
指标	R&D 经费支出	开发新产品经费支出	R&D 人员折合全时当量	发明专利申请数	新产品销售收入
编号	X_1	X_2	X_3	Y_1	Y_2
单位	万元	万元	人年	项	万元
内涵	资金投入	资金投入	人力资本投入	原始创新成果	市场化成果

此处选用的最具有代表性的投入指标为 R&D 经费支出、开发新产品经费支出、R&D 人员折合全时当量。其中，R&D 经费支出（用 X_1 表示）包括 R&D 内部经费支出与 R&D 外部经费支出，代表了整个行业的研发资金投入水平。开发新产品经费支出（用 X_2 表示）代表了整个行业投入新产品开发的资金，产业技术创新链条只有完成了从知识到产品的转化才算真正完成了整个创新过程。因此，此处将应用于新产品开发的经费作为关键性投入指标。R&D 人员折合全时当量（用 X_3 表示）代表了人力资源的投入水平，人是技术创新的实际实施者，因此它是技术创新链条中最为关键的投入要素。

产出指标中，选择发明专利申请数、新产品销售收入作为关键性产出指标。专利体现的是原始创新成果，代表了投入的知识产出。相关指标包括专利申请数、发明专利申请数、有效发明专利数。专利的申请情况是新知识的集中体现，有效发明专利体现的是存量专利拥有情况，因此应将申请类指标作为产出指标。《中华人民共和国专利法》规定，可以获得专利保护的发明创造有发明、实用新型和外观设计 3 种，其中发明专利是最主要的一种，也是最具有含金量的。因此，此处选用发明专利申请数（用 Y_1 表示）作为核心创新产出指标之一。另一个关键性产出指标——新产品销售收入（用 Y_2 表示），衡量了技术创新最终的转化成果，即新产品的销售情况，也就是市场的接受度，是技术创新成果的最终产出情况。

（二）改进的 DEA 方法基本认知及优势

1. 选取改进的 DEA 模型的原因

在航空航天器设备制造业（H_1）、电子及通信设备制造业（H_2）、计算机及办公设备制造业（H_3）、医疗仪器设备制造业（H_4）、仪器仪表设备制造业（H_5）5 个重点行业中，投入指标共有 3 个，产出指标共有 2 个。由于决策单元的数量较少，采用改进的 DEA 模型进行分行业的技术创新效率分析。

若有效决策单元数量较少，利用传统的 DEA 模型，很可能会同时出现多个有效决策单元，对各决策单元之间的技术效率差异无法进行有效区分。以 2016 年的数据为例，使用传统 DEA 方法，结果如表 6-2 所示。可以看到，综合效率值为 1 的行业有 3 个，不同行业之间的综合技术效率值的差别非常小，效率分析也就失去了意义。

表 6-2　2016 年重点行业 CCR 分析结果

行 业	航空航天设备制造业	电子及通信设备制造业	计算机及办公设备制造业	医疗仪器设备制造业	仪器仪表设备制造业
综合技术效率	0.555 923	1	1	1	0.869 779
纯技术效率	0.596 951	1	1	1	0.876 837
规模效率	0.931 271	1	1	1	0.991 951
规模报酬	I	C	C	C	I

注：I 是 Increasing 的缩写，指规模报酬递增；C 是 Constant 的缩写，指规模报酬不变。

改进的 DEA 模型增加了最优决策单元和最劣决策单元两个虚拟决策单元。最优决策单元在效率分析中处于最佳效率水平，其总体效率值始终为 1；最劣决策单元处于最差效率水平。这样一来，除最优决策单元和最劣决策单元之外的实际决策单元效率值都是不同的，就能更加精确地区分不同决策单元之间的效率差异。

2. 改进的 DEA 方法模型构建

假设原有 n 个实际决策单元，首先构造最优决策单元 DMU_{n+1}，最劣决策单元 DMU_{n+2}。DMU_{n+1} 输入、输出变量表示如下：

$$X_{n+1} = \left(x_{1,n+1}, x_{2,n+1}, \cdots, x_{i,n+1}, x_{m,n+1}\right)^T$$
$$Y_{n+1} = \left(y_{1,n+1}, y_{2,n+1}, \cdots, y_{r,n+1}, y_{s,n+1}\right)^T \tag{6.1}$$

DMU_{n+2} 的输入、输出变量表示如下：

$$X_{n+2} = \left(x_{1,n+2}, x_{2,n+2}, \cdots, x_{i,n+2}, x_{m,n+2}\right)^T$$
$$Y_{n+2} = \left(y_{1,n+2}, y_{2,n+2}, \cdots, y_{r,n+2}, y_{s,n+2}\right)^T \tag{6.2}$$

其中，公式（6.1）中输入和输出指标分别取所有实际 DMU 相应指标值的最小值和最大值，公式（6.2）中输入和输出指标分别取所有实际 DMU 相应指标值的最大值和最小值。

以最优决策单元 DMU_{n+1} 的效率评价值 h_{n+1} 为目标函数，以 $n+2$ 个决策单元（包含两个虚拟决策单元）的效率评价值为约束，建立 DEA 模型：

$$
\begin{cases}
\max \mu^T Y_{n+1} \\
W^T X_j - \mu^T Y_j \geqslant 0, j = 1, 2, \cdots, n+2 \\
W^T X_{n+1} = 1, W \geqslant 0, \mu \geqslant 0
\end{cases}
\tag{6.3}
$$

最优决策单元DMU_{n+1}始终是 DEA 有效的，因此$h_{n+1}^* \equiv 1$。由$h_{n+1}^* \equiv 1$可知，最优决策单元DMU_{n+1}满足：

$$
W^T X_{n+1} - \mu^T Y_{n+1} = 0
\tag{6.4}
$$

模型（6.3）中最优解W^*、μ^*有无穷多组。这就需要进行筛选，找出对$n+2$个决策单元来说都"合理"的公共解。为此，以DMU_{n+2}的效率评价值最小，并且添加公式（6.4）的约束，建立如下模型：

$$
\begin{cases}
\min \mu^T Y_{n+2} \\
W^T X_j - \mu^T Y_j \geqslant 0, j = 1, 2, \cdots, n+2 \\
W^T X_{n+2} = 1 \\
W^T X_{n+1} - \mu^T Y_{n+1} = 0 \\
W \geqslant 0, \mu \geqslant 0
\end{cases}
\tag{6.5}
$$

在得到最优解的基础上，利用公式（6.6）求出各个 DMU 的效率评价值：

$$
h_j = \frac{uy_j^T}{vx_j^T} = \frac{\displaystyle\sum_{k=1}^{s} u_k y_{kj}}{\displaystyle\sum_{i=1}^{m} v_i x_{ij}}, j = 1, 2, \cdots, n
\tag{6.6}
$$

（三）基于改进的 DEA 模型对重点行业的实证分析

本小节数据来自 2012—2017 年的《中国高技术产业统计年鉴》，分别对应 2011—2016 年的航空航天器设备制造业、电子及通信设备制造业、计算机及办公设备制造业、医疗仪器设备制造业、仪器仪表设备制造业分年度数据。下面基于改进的 DEA 模型对比进行效率分析，并进行各年度间的综合比较。

考虑到技术创新活动具有时滞性，即从投入到产出的延迟时间通常为 1 年，因此衡量技术创新投入的指标选用 2011—2015 年的数据。相应地，衡量技术创新产出指标选用 2012—2016 年的数据。也就是说，2012 年的投入产出数据中，投入指标数据采用的是 2011 年的 R&D 经费支出、开发新产品经费支出、R&D 人员折合全时当量的数据，产出指标数据采用的是 2012 年的发明专利申请数、新产品销售收入数据。其他年度各行业的投入产出数据依此类推。5 年间包括两个虚拟决策单元在内的投入产出原始数据如表 6-3 所示。

表 6-3　2012—2016 年各行业投入产出年份

年　份	行　业	X_1 / 万元）	X_2 / 万元	X_3 / 人年	Y_1 / 项	Y_2 / 万元
2012 年	H_1	1 691 238	1 481 883	32 329	1 789	6 391 332
	H_2	8 223 857	10 253 240	272 062	42 458	13 6954 427
	H_3	1 614 325	2 203 755	49 248	7 345	67 173 270
	H_4	311 656	379 859	11 115	1 534	204 121
	H_5	1 072 737	1 259 944	52 953	4 694	13 401 222
	DMU_{n+1}	8 223 857	10 253 240	272 062	1 534	2 504 121
	DMU_{n+2}	311 656	379 859	11 115	42 458	136 954 427
2013 年	H_1	2 037 694	1 674 417	43 071	2 131	7 566 092
	H_2	9 985 828	1 2061 842	340 679	45 001	193 907 207
	H_3	1 717 810	2 405 466	62 783	8 404	57 374 228
	H_4	386 750	491 805	13 521	2 310	3 014 633
	H_5	1 250 755	1 566 070	56 508	5 738	14372266
	DMU_{n+1}	9 985 828	12 061 842	340 679	2 131	3014633
	DMU_{n+2}	386 750	491 805	13 521	45 001	193 907 207

续　表

年　份	行　业	X_1 / 万元）	X_2 / 万元	X_3 / 人年	Y_1 / 项	Y_2 / 万元
2014 年	H_1	1 976 599	1 856 287	47 875	3 092	11 185 051
	H_2	12 263 266	14 414 560	359 885	53 505	223 221 172
	H_3	1 505 133	2 041 757	59 940	8 165	57 159 199
	H_4	502 442	610 727	16 065	2 612	3 398 084
	H_5	1 507 333	1 711 210	66 257	7 626	16 959 886
	DMU_{n+1}	12 263 266	14 414 560	356 885	2 612	3 398 094
	DMU_{n+2}	502 442	610 727	16 065	53 505	223 221 172
2015 年	H_1	2 163 448	2 026 148	41 043	3 572	13 801 343
	H_2	13 781 136	16 853 109	380 683	56 951	267 002 580
	H_3	1 650 704	2 054 648	60 181	7 663	54 940 528
	H_4	491 604	678 544	16 044	2 811	3 799 666
	H_5	1 689 570	1 974 229	69 588	6 324	17 992 917
	DMU_{n+1}	1 3781 136	16 853 109	380 683	2 811	3 799 666
	DMU_{n+2}	491604	678 544	16 044	56 951	267 002 580

续 表

年 份	行 业	X_1 / 万元）	X_2 / 万元	X_3 / 人年	Y_1 / 项	Y_2 / 万元
2016 年	H_1	2 320 806	1 772 021	45 832	3 880	15 336 596
	H_2	26 393 619	19 138 167	402 513	68 143	318 206 468
	H_3	1 769 716	1 944 643	57 035	8 056	54 641 230
	H_4	684 866	8 116 196	19 172	3 106	4 628 268
	H_5	1 831 963	1 951 042	64 349	7 030	20 386 078
	DMU_{n+1}	16 393 619	19 138 167	402 513	3 106	4 628 268
	DMU_{n+2}	684 866	816 196	19 172	68 143	318 206 468

　　基于改进的 DEA 模型得出的效率分析结果如表 6-4 所示。表 6-4 不包括最优和最劣虚拟决策单元。

表 6-4　基于改进的 DEA 模型 2012—2016 年分行业创新效率分析结果

年 份	行 业	综合技术效率	纯技术效率	规模效率	规模报酬
2012 年	H_1	0.016 045	0.343 809	0.046 668	I
	H_2	0.040 855	0.040 855	1	C
	H_3	0.110 698	0.225 694	0.490 479	I
	H_4	0.036 130	1	0.036 130	I
	H_5	0.033 331	0.301 489	0.110 556	I

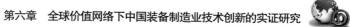

续　表

年　份	行　业	综合技术效率	纯技术效率	规模效率	规模报酬
2013 年	H_1	0.014 866	0.313 924	0.047 355	I
	H_2	0.040 774	0.040 777 4	1	C
	H_3	0.066 616	0.225 141	0.295 885	I
	H_4	0.051 332	1	0.051 332	I
	H_5	0.040 042	0.314 038	0.127 508	I
2014 年	H_1	0.019 392	0.335 561	0.057 789	I
	H_2	0.045 015	0.045 015	1	C
	H_3	0.085 478	0.338 12	0.256 065	I
	H_4	0.048 818	1	0.048 818	I
	H_5	0.050 868	0.356 898	0.142 529	I
2015 年	H_1	0.024 518	0.390 907	0.062 721	I
	H_2	0.042 145	0.042 145	1	C
	H_3	0.067 954	0.330 248	0.205 768	I
	H_4	0.049 358	1	0.049 358	I
	H_5	0.038 166	0.343 701	0.111 043	I

年　份	行　业	综合技术效率	纯技术效率	规模效率	规模报酬
2016 年	H_1	0.026 226	0.460 602	0.056 939	I
	H_2	0.047 631	0.047 631	1	C
	H_3	0.072 072	0.419 715	0.171 716	I
	H_4	0.045 581	1	0.045 581	I
	H_5	0.043 158	0.418 339	0.103 165	I

注：I 是 Increasing 的缩写，指规模报酬递增；C 是 Constant 的缩写，指规模报酬不变。

（四）实证结果分析

1.效率结果分析

（1）综合技术效率

综合技术效率是对决策单元的资源配置、资源使用效率等多方面能力的综合衡量与评价。一般认为，综合技术效率可以分解为纯技术效率和规模效率的乘积，即综合技术效率=纯技术效率 × 规模效率。综合技术效率值在 0～1 之间。当综合技术创新效率值为 1 时，表示该决策单元的投入产出是综合有效的，即纯技术效率和规模效率是同时有效的。当综合技术效率值小于 1 时，表示该决策单元的投入产出整体是无效的，但无效的主要原因需要进一步从纯技术效率和规模效率来分析。2012—2016 年我国装备制造业重点行业创新综合技术效率如表 6-5 所示。其中，鉴于 DEA 方法测度的效率为相对效率，因此对效率结果进行分析时应将重点放在各行业间、各年度间相对水平的变化，以及与前沿水平的差距上，而不应放在数据本身上。

表 6-5 2012—2016 年装备制造业重点行业创新综合技术效率

年 份		2012	2013	2014	2015	2016	平 均
航空航天器设备制造业	得分	0.016 0	0.014 9	0.019 4	0.024 5	0.026 2	—
	排名	5	5	5	5	5	5
电子及通信设备制造业	得分	0.040 9	0.040 8	0.045 0	0.042 1	0.047 6	—
	排名	2	3	3	3	3	2.8
计算机及办公设备制造业	得分	0.110 7	0.066 6	0.085 5	0.068 0	0.072 1	—
	排名	1	1	1	1	1	1
医疗仪器设备制造业	得分	0.036 1	0.051 3	0.048 8	0.049 4	0.045 6	—
	排名	3	2	2	2	2	2.2
仪器仪表设备制造业	得分	0.033 3	0.040 0	0.050 9	0.038 2	0.043 2	—
	排名	4	4	4	4	4	4

注：“平均”是指将各行业的排名作为得分进行平均，平均值越高代表排名越靠后，平均值越低代表排名越靠前。

2012—2016 年，5 个行业创新的综合技术效率距离前沿水平的差距很大。其中，效率最高的行业为计算机及办公设备制造业，该行业 5 年来的综合技术效率最高值出现在 2012 年，为 0.110 7，距离虚拟最优决策单元的效率水平 1 还有很大差距。总体来看，我国装备制造业的技术创新综合效率偏低。

关于 5 个行业创新综合技术效率的相对排名，按照 5 年的平均水平来看，综合技术效率排名中从前到后依次是计算机及办公设备制造业、医疗仪器设备制造业、电子及通信设备制造业、仪器仪表设备制造业、航空航天器设备制造业。

（2）纯技术效率

纯技术效率反映的是决策单元在投入要素为最优规模时的生产效率，纯技术效率是由企业或行业自身的管理和技术应用能力决定的。纯技术效率等于 1，表示在目前的技术水平上，企业或产业投入资源的使用是有效率的。当纯技术效率小于 1 时，表示该决策单元纯技术效率无效。若决策单元的综合技术效率无效，则其根本原因在于规模无效，因此提升技术综合效率的重点在于如何更好地发挥其规模效益。

2012—2016年我国装备制造业重点行业的技术创新纯技术效率如表6-6所示。按照5年的平均水平来看，5个行业的纯技术效率排名由前到后依次是医疗仪器设备制造业、航空航天器设备制造业、仪器仪表制造业、计算机及办公设备制造业、电子及通信设备制造业。

表6-6　2012—2016年装备制造业重点行业技术创新纯技术效率

年份		2012	2013	2014	2015	2016	平　均
航空航天器设备制造业	得分	0.343 8	0.313 9	0.335 6	0.390 9	0.460 6	—
	排名	2	3	3	2	2	2.4
电子及通信设备制造业	得分	0.040 9	0.040 8	0.045 0	0.042 1	0.047 6	—
	排名	5	5	5	5	5	5
计算机及办公设备制造业	得分	0.225 7	0.225 1	0.333 8	0.330 2	0.419 7	—
	排名	4	4	4	4	3	3.8
医疗仪器设备制造业	得分	1	1	1	1	1	—
	排名	1	1	1	1	1	1
仪器仪表设备制造业	得分	0.301 5	0.314	0.356 9	0.343 7	0.418 3	—
	排名	3	2	2	3	4	2.8

注："平均"是指将各行业的排名作为得分进行平均，平均值越高代表排名越靠后，平均值越低代表排名越靠前。

（3）规模效率

规模效率是由企业规模因素影响的生产效率，反映的是实际规模与最优生产规模的差距。当规模效率为1时，表明规模效率最佳，在该状态下扩大生产规模或缩小生产规模都会导致创新效率降低。当规模效率小于1时，表明现有生产规模存在优化的空间。2012—2016 年我国装备制造业重点行业的技术创新规模效率如表 6-7 所示。

表 6-7　2012—2016 年装备制造业重点行业技术创新规模效率

年　份		2012	2013	2014	2015	2016	平　均
航空航天器设备制造业	得分	0.046 7	0.047 4	0.057 8	0.062 7	0.056 9	—
	排名	4	5	4	4	4	4.2
电子及通信设备制造业	得分	1	1	1	1	1	—
	排名	1	1	1	1	1	1
计算机及办公设备制造业	得分	0.490 5	0.295 9	0.256 1	0.205 8	0.171 7	—
	排名	2	2	2	2	2	2
医疗仪器设备制造业	得分	0.036 1	0.051 3	0.048 8	0.049 4	0.045 6	—
	排名	5	4	5	5	5	4.8
仪器仪表设备制造业	得分	0.110 6	0.127 5	0.142 5	0.11 1	0.103 2	—
	排名	3	3	3	3	3	3

　　结合各个行业的规模报酬情况进行进一步分析。规模报酬是一个长期概念，指的是厂商在长期内可以变动生产规模使产量相对于要素投入的比例发生变化。规模报酬有递增、不变、递减 3 种情况：如果产量增加的比例大于生产要素增加的比例，则生产处于规模报酬递增阶段；如果产量增加的比例等于生产要素增加的比例，则生产处于规模报酬不变阶段；如果产量增加的比例小于生产要素增加的比例，则生产处于规模报酬递减阶段。2012—2016 年我国装备制造业重点行业技术创新规模报酬情况如表 6-8 所示。

表 6-8　2012—2016 年装备制造业重点行业技术创新规模报酬变化情况

年份	2012	2013	2014	2015	2016
航空航天器设备制造业	I	I	I	I	I
电子及通信设备制造业	C	C	C	C	C
计算机及办公设备制造业	I	I	I	I	I
医疗仪器设备制造业	I	I	I	I	I
仪器仪表设备制造业	I	I	I	I	I

注：I 是 Increasing 的缩写，指规模报酬递增；C 是 Constant 的缩写，指规模报酬不变。

按照 5 年的平均水平看，5 个行业的规模效率排名由高到低依次是电子及通信设备制造业、计算机及办公设备制造业、仪器仪表设备制造业、航空航天器设备制造业、医疗仪器设备制造业。5 个行业中只有电子及通信设备制造业规模报酬不变，其他行业规模报酬均递增，意味着在原有投入的基础上，适当增加创新投入，创新产出将有更大比例的增加。

总体上处于规模报酬递增状态的特征，说明我国装备制造业重点行业的投入处于不足状态，提高投入还能进一步提高产出，也意味着规模效率无效单元要提升其规模效率应该增加投入，使生产规模扩大。

（4）结果分析

综合 3 种效率的分析结果来看（见表 6-9），航空航天器设备制造业 H_1 创新的综合技术效率最低，其纯技术效率排名较为靠前，规模效率排名靠后，提升该行业创新的综合技术效率可以重点从提升其生产规模入手。

表 6-9　分行业 3 种效率排名

行　业	综合技术效率	纯技术效率	规模效率
H_1	5	2	4
H_2	3	5	1
H_3	1	4	2

续　表

行　业	综合技术效率	纯技术效率	规模效率
H_4	2	1	5
H_5	4	3	3

电子及通信设备制造业（H_2）创新的综合技术效率排在第 3 位，其规模效率排在第 1 位，并且规模报酬不变，说明我国电子及通信设备制造业已处于最优规模水平；但其纯技术效率排在最后，表明提高该行业创新的综合技术效率要从提升纯技术效率入手。

计算机及办公设备制造业（H_3）技术创新的综合技术效率排在首位，规模效率排名相对较高，但纯技术效率排名靠后，表明该行业在通过提升其纯技术效率以提升创新的综合技术效率上还有一定空间。

医疗仪器设备制造业（H_4）创新的综合技术效率排在第 2 位，其纯技术效率排在首位，但规模效率处于最低排名，表明该行业在通过进一步扩大产业规模来提升整个行业创新的综合技术效率上还有很大空间。

仪器仪表设备制造业（H_5）创新的综合技术效率排在第 4 位，表明该行业在通过进一步优化生产规模、提升全行业纯技术效率以提升全行业创新综合技术效率上还有一定的空间。

2. 敏感性分析

敏感性分析是通过去掉某个投入或产出指标来观察各决策单元效率值的变化，从而辨别哪些指标对效率变化的影响较为关键的一种分析方法。决策单元值变化越多的投入或产出指标可以认为其对效率的影响越大。通过这个方法也可以辨别影响不同行业技术创新效率的主要因素。

此处依次去掉 X_1、X_2、X_3、Y_1、Y_2，基于改进的 DEA 模型对 5 种情况下 2012—2016 年各行业的创新效率进行测算，找出发生改变的要素。例如，2016 年去掉 X_1，则技术创新的投入要素数据为 2015 年的 X_2、X_3，产出要素数据为 2016 年的 Y_1、Y_2，使用改进的 DEA 模型进行技术创新效率测算。其他年度的各行业敏感性分析依此进行。对 2012—2016 年我国装备制造业重点行业创新的综合技术效率敏感性分析结果如表 6-10 所示。

表 6-10　2012—2016 年装备制造业重点行业创新的综合技术效率敏感性分析

年　份	行　业	原　值	去掉投入或产出指标之后的新值				
			X_1	X_2	X_3	Y_1	Y_2
2012 年	H_1	0.016 045	0.016 045	0.016 045	0.011 963	0.016 045	0.014 487
	H_2	0.040 855	0.040 855	0.040 855	0.037 897	0.040 855	0.040 855
	H_3	0.110 698	0.110 698	0.110 698	0.094 690	0.110 698	0.039 044
	H_4	0.036 130	0.036 130	0.036 130	0.036 130	0.018 284	0.036 130
	H_5	0.033 331	0.033 331	0.032 119	0.033 331	0.029 501	0.033 331
2013 年	H_1	0.014 866	0.014 866	0.014 866	0.013 909	0.012 249	0.014 866
	H_2	0.040 774	0.040 774	0.039 688	0.040 774	0.014 866	0.040 774
	H_3	0.066 616	0.066 616	0.066 616	0.066 616	0.014 866	0.042 045
	H_4	0.051 332	0.051 332	0.051 332	0.051 332	0.015 547	0.051 332
	H_5	0.040 042	0.040 042	0.039 427	0.040 042	0.023 276	0.040 042
2014 年	H_1	0.019 392	0.019 392	0.019 392	0.019 392	0.016 814	0.019 392
	H_2	0.045 015	0.045 015	0.045 015	0.042 369	0.045 015	0.045 015
	H_3	0.085 478	0.085 478	0.085 478	0.085 478	0.085 478	0.050 941
	H_4	0.048 818	0.048 818	0.048 818	0.048 818	0.015 223	0.048 818
	H_5	0.050 868	0.050 868	0.047 509	0.050 868	0.027 116	0.050 868

续　表

年　份	行　业	原　值	去掉投入或产出指标之后的新值				
			X_1	X_2	X_3	Y_1	Y_2
2015 年	H_1	0.024 518	0.024 518	0.024 518	<u>0.021 005</u>	0.020 206	0.024 518
	H_2	0.042 145	0.042 145	0.042 145	<u>0.040 262</u>	0.042 145	0.042 145
	H_3	0.037 954	0.037 954	<u>0.061 281</u>	0.037 954	0.037 954	<u>0.044 436</u>
	H_4	0.049 358	0.049 358	0.049 358	0.049 358	<u>0.014 231</u>	0.049 358
	H_5	0.038 166	0.038 166	<u>0.032 309</u>	0.038 166	<u>0.023 161</u>	0.038 166
2016 年	H_1	0.026 226	0.026 226	<u>0.023 818</u>	0.026 226	<u>0.02 220</u>	0.026 226
	H_2	0.047 631	0.047 631	0.047 631	<u>0.042 648</u>	0.047 631	0.047 631
	H_3	0.072 072	0.072 072	<u>0.066 453</u>	0.072 072	0.072 072	<u>0.049 620</u>
	H_4	0.045 581	0.045 581	0.045 581	0.045 581	<u>0.014 545</u>	0.045 581
	H_5	0.043 158	0.043 158	<u>0.038 568</u>	0.043 158	<u>0.026 801</u>	0.043 158

注：添加下划线的数据为发生变化的数据。

5 年来的敏感性分析结果如表 6-11 所示。

表 6-11　2012—2016 年敏感性分析结果

年　份	投入或产出指标				
	X_1	X_2	X_3	Y_1	Y_2
2012	0	1	3	2	2

续　表

年　份	投入或产出指标				
	X_1	X_2	X_3	Y_1	Y_2
2013	0	2	1	3	1
2014	0	1	1	3	1
2015	0	2	2	3	1
2016	0	3	1	3	1
总计	0	9	8	14	6

各年度重点行业敏感性居第一位的指标是产出指标Y_1，即发明专利申请数，共有 14 个结果值发生变化。发明专利反映了原始创新能力，说明原始创新成果对行业技术创新效率有很大影响。

第二敏感的指标是投入指标X_2，即开发新产品经费支出，共有 9 个结果值发生变化。开发新产品经费支出体现了创新从研发到产品转化的投入，这一变化表明新产品转化投入对最终的技术创新效率具有较为显著的影响。

敏感性居第三位的指标是投入指标X_3，即 R&D 人员折合全时当量，共有 8 个结果值发生变化。该指标衡量了技术创新过程中的人力资源投入，表明人力资源投入对重点行业技术创新效率也具有比较重要影响。

居第四位的是产出指标Y_2，即新产品销售收入，这一指标体现的是技术创新成果最终的实现程度。

各决策单元最不敏感的是投入指标X_1，即 R&D 经费支出。该指标体现的是研发资金投入水平，表明重点行业的创新效率受研发资金投入影响很小。因此，提高我国装备制造业重点行业技术创新效率的重点已经不是简单的资金投入问题，而是在于原始创新能力的提升、新产品转化的投入力度及人员的投入。

以各个行业为维度，5 年来各个行业的敏感指标分析结果如表 6-12 所示。

表 6-12　2012—2016 年行业敏感性分析结果

行 业	投入或产出指标				
	X_1	X_2	X_3	Y_1	Y_2
H_1	0	1	3	4	1
H_2	0	1	4	0	0
H_3	0	2	1	0	5
H_4	0	0	0	5	0
H_5	0	5	0	5	0

从各行业的敏感性分析结果来看，航空航天器设备制造业最为敏感的指标为 Y_1^*，即发明专利申请数，说明航空航天器设备制造业创新的综合技术效率受原始创新能力影响最为显著；其次敏感的指标为 X_3，即 R&D 人员折合全时当量，说明航空航天器设备制造业创新的综合技术效率受研发人力资源投入量的影响也较为显著。

电子及通信设备制造业最为敏感的指标为投入指标 X_3，即 R&D 人员折合全时当量，说明电子及通信设备制造业创新的综合技术效率受研发人力资源投入量的影响最为显著。

计算机及办公设备制造业最为敏感的指标为产出指标 Y_2，即新产品销售收入，这一指标体现的是技术创新成果最终的实现程度；其次敏感的指标为投入指标 X_2，即开发新产品经费支出，这一指标体现了创新从研发到产品转化的投入。这两项指标的分析结果说明计算机及办公设备制造业创新综合技术效率受创新成果转化程度的影响最大。

医疗仪器设备制造业最为敏感也是唯一敏感的指标是产出指标，即发明专利申请数，说明该行业创新综合技术效率受原始创新成果水平的影响最大。

仪器仪表设备制造业受两个指标的影响最大，一是投入指标 X_2，即开发新产品经费支出；二是产出指标 Y_1，即发明专利申请数。这说明仪器仪表设备制造业创新综合技术效率受创新成果转化投入和原始创新成果水平影响较大。

3. 二元特征比对分析

我国装备制造业行业技术创新能力和创新效率评估情况如表 6-13 所示。不同行业的二元特征表现是不同的。

表 6-13 装备制造业重点行业技术创新水平综合评估结果

行　业	技术创新能力排名	技术创新效率排名
航空航天器设备制造业	1	5
电子及通信设备制造业	2	3
计算机及办公设备制造业	3	1
医疗仪器设备制造业	4	2
仪器仪表设备制造业	5	4

航空航天器设备制造业的技术创新效率排在最后一位，说明该行业存在技术创新效率低下的问题，并且近年来没有明显的提升。结合本节中技术创新能力评估和技术创新效率分析结果来看，航空航天器设备制造业技术创新能力远远领先于其他行业，但综合技术效率却始终处于最后一位，说明要提升航空航天器设备制造业的技术创新水平需要着力提升其技术创新效率。

电子及通信设备制造业的技术创新能力排在第 2 位，技术创新效率相对靠后，说明持续提升该行业的创新水平需要着眼于创新效率的提升。

计算机及办公设备制造业技术创新效率相对最高，排名一直处于领先位置，说明这是推动该行业持续进行产业创新的重要动力。

医疗仪器设备制造业虽然综合技术创新能力排在较为靠后的位置，但技术创新效率处于相对靠前的位置，说明该行业在创新投入产出效率上具有一定优势，产业创新的长期发展是有活力的。要提升该产业的技术创新水平，需要鼓励更多的投入性要素进入该行业。

仪器仪表设备制造业的技术创新效率排名处于第 4 位，技术创新能力排在最后一位，这表明仪器仪表设备制造业整体技术创新水平很低。要提升该行业的技术创新水平，还有很多工作需要做。

综上所述，2012—2016 年，5 个行业创新的综合技术效率距离前沿水平的差距还很大。总体来看，我国装备制造业技术创新综合效率偏低。技术创新效率反映了创新过程的优劣，技术创新效率偏低表明我国装备制造业产业创新过程还有很大的优化空间。

二、电子及通信设备制造业技术创新的实证研究

（一）中国电子及通信设备制造业的现状

1. 中国电子及通信设备制造业发展现状

进入 21 世纪以来，随着信息和网络技术的迅速普及和发展，人们对电子及通信产品的需求越来越强烈，中国的电子及通信设备制造业也进入了迅速发展的时期。2016 年，电子及通信设备制造业的主营业务收入为 87 305 亿元，占中国制造业总主营业务收入的 8.3%；从业人员 812 万，占制造业总人数的 10%；出口交货值为 36 296 亿元，占制造业出口交货值的 30.8%。技术和创新驱动型的电子及通信设备制造业已经成为中国经济增长的重要动力，也是实现"中国制造"向"中国智造"转型的排头兵，是中国实行"走出去"战略的重要保障。

表 6-14 为中国电子及通信设备制造业近年来的一些主要经济指标。

表 6-14　中国电子及通信设备制造业主要经济指标

年份	企业数（个）	从业人员平均数（万人）	主营业务收入（亿元）	利润总额（亿元）	出口交货值（亿元）	新增固定资产（亿元）
2000	3 996	174	5 875	426	2 158	240
2005	7 781	347	16 646	651	9 410	743
2012	12 215	731	52 799	2 680	27 049	4 272
2013	13 465	748	60 634	3 327	28 738	4 683
2014	13 973	773	67 584	3 744	31 487	5 632
2015	14 634	814	78 310	4 349	35 322	6 617
2016	15 383	812	87 305	4 822	36 296	6 132

数据来源：2001—2017 年《中国高技术产业统计年鉴》。

截止到 2016 年，中国电子及通信设备制造业的主营业务收入为 87 305 亿元，约为 2000 年的 15 倍，近年来一直保持着 10% 以上的增速；企业的数量为 15 383 个，是 2000 年企业数的近 4 倍；从业人员由 2000 年的 174 万人增加到了 2016 年的 812 万人，提供了大量就业机会；出口交货值近年来稳步增长，已经成为中国对外贸易的重要筹码，涌现出了一批民族品牌，在国际上颇具竞争力。

尽管中国的电子及通信设备制造业已经取得了显著进步，但我们还应清醒地认识到目前此行业国际竞争十分激烈，中国的整体技术创新水平和发达国家相比还有较大差距。随着世界产业结构的变化和转型，中国的电子及通信设备制造业面临机遇和挑战并存的局面，因此提高技术创新水平及效率至关重要。

2. 中国电子及通信设备制造业创新现状

电子及通信设备制造业是集资本密集型和技术密集型为一体的行业，创新就是企业生命的源泉，尤其是 2010 年后，电子信息通信技术得到了飞速发展，人们对电子及通信产品的需求上升到了一个新的高度。中国的电子及通信设备制造企业也在这次充满机遇和挑战的浪潮中实现了优胜劣汰，大量创新能力强的企业涌现出来，中国的电子及通信设备制造业进入了一个新的阶段，对于技术创新的投入更加重视，创新性成果的产出也显著增长。

表 6-15 所示为中国电子及通信设备制造业 2012—2016 年的一些技术创新投入和产出的数据。电子及通信设备制造业的技术创新投入最基本的就是资本的投入、人员的投入和研发机构的投入，由表可知 2012—2016 年间 R&D 人员、R&D 内部经费支出和研发机构数都呈现增长趋势。因此技术创新产出增长也十分显著，有效发明专利数 5 年间由 7 万多件增长到了 22 万多件，新产品销售收入更是翻了一番多。

表 6-15 2012—2016 中国电子及通信设备制造业创新投入和产出数据

年份	R&D 人员（人）	R&D 经费内部支出（亿元）	新产品销售收入（亿元）	有效发明专利数（件）	研发机构数（个）
2012	408 303	954	13 695	71 584	4 507
2013	436 524	1 170	19 391	88 636	4 079
2014	470 554	1 324	22 322	119 115	4 611

年份	R&D 人员（人）	R&D 经费内部支出（亿元）	新产品销售收入（亿元）	有效发明专利数（件）	研发机构数（个）
2015	496 393	1 545	26 700	167 800	5 351
2016	550 907	1 767	31 821	224 917	7 059

数据来源：2013—2017 年《中国高技术产业统计年鉴》。

为了更直观地展示 2012—2016 年技术创新投入和产出的变化情况，特针对这 5 个投入产出指标的数量和增长率变化情况制作了柱形图和折线图。

图 6-1 为 R&D 人员投入情况。

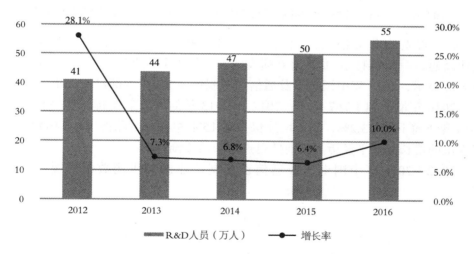

图 6-1　2012—2016 年中国电子及通信设备制造业 R&D 人员投入情况

创新的主体是人才，与其说电子及通信设备制造业是创新驱动，不如说是人才驱动，研发人员的质量和数量才是企业竞争的本质。图 6-1 显示，2012—2016 年间，中国电子及通信设备制造业的科技研发人员投入持续稳步增长，R&D 人员的数量由 2012 年的 41 万人增长到了 2016 年的 55 万人，5 年间增加了 14 万人；从增长率来看，2012 年为 28.1%，随后下降比较明显，2013—2015 年增长率都不足 10%，2016 年增长率重新回到了两位数。整体来看，5 年来对于 R&D 人员的投入虽有增长，但是增长率较低。

2012—2016 年中国电子及通信设备制造业 R&D 内部经费的投入情况如图 6-2 所示。

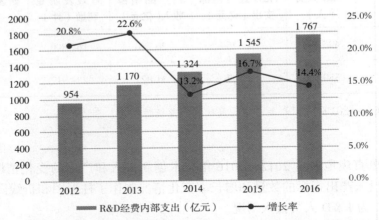

图 6-2　2012—2016 年中国电子及通信设备制造业 R&D 内部经费投入情况

　　研发经费的投入是进行技术创新活动的前提，世界知名的电子及通信设备企业高通、三星、英特尔、华为等在研发的资金投入上一直保持着相当大的规模。图 6-2 显示，2012 年中国电子及通信设备制造业 R&D 内部经费支出为 954 亿元，2016 年增长到 1 767 亿元；2012 与 2013 年的增长率较高，超过了 20%，2014 年下降到了 13.2%，之后增速保持在 15% 左右。由此得出，R&D 内部经费支出的增长率水平经历了之前的迅速增长后逐渐稳定。

　　2012—2016 年中国电子及通信设备制造业研发机构数量情况如图 6-3 所示。

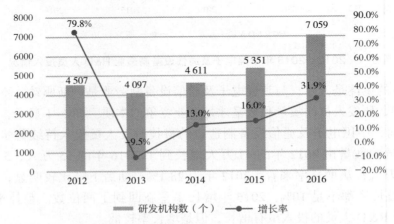

图 6-3　2012—2016 年中国电子及通信设备制造业研发机构数量情况

企业的研发机构是直接进行技术创新的平台，研发机构通过开发新产品、进行技术创新和改造、培养研发人才、技术交流合作等能够为企业提供重要的技术支持。由图6-3可知，中国的电子及通信设备制造业研发机构数量较少，还有大部分企业没有研发机构，2012年研发机构的数量为4507个，2013年减少到了4079个，之后3年逐步增长，到2016年研发机构已有7059个；从增长率来看，2012年增长率较高为79.8%，2013年由于机构数减少，呈现9.5%的负增长，之后增长率逐步提升，2016年增长率为31.9%。研发机构数虽然近年来保持着增长的趋势，但是增长不稳定而且基数小，仍然需要在科研机构上加大投入。

　　2012-2016年中国电子及通信设备制造业新产品的销售收入如图6-4所示。

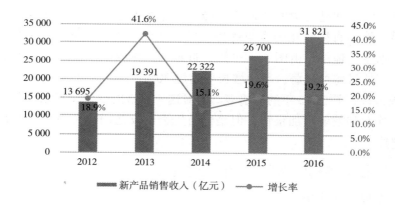

图6-4　2012—2016年中国电子及通信设备制造业新产品销售收入情况

　　新产品的销售收入能够直接体现技术创新投入带来的经济效益，也是衡量技术创新效率的重要指标。在2012—2016年间，中国电子及通信设备制造业新产品销售收入增长十分显著，仅仅5年就增加了1倍还多，整体上的新产品收入增长率保持在15%以上，2016年达到了31 821亿元。

　　2012—2016年中国电子及通信设备制造的有效发明专利情况如图6-5所示。

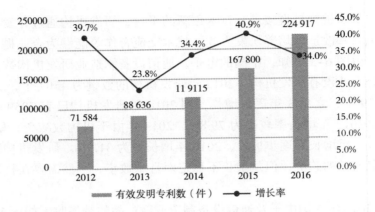

图 6-5　2012—2016 中国电子及通信设备制造业有效发明专利情况

有效发明专利是由国家知识产权局承认并保护的专利，是技术创新投入的直接成果，能够直接转化为竞争优势。只有把核心技术掌握在自己手中才能在竞争中占据主动地位。由图 6-5 可知，近年来，中国电子及通信设备制造业有效发明专利数量增加显著，平均增长率超过 30%，2016 年的有效发明专利数达到了 22.5 万件，是 2012 年的 3 倍多。面对这一可喜的变化，我们仍要清醒地意识到，尽管专利数量增加很快，但是仍与先进的发达国家有不小的差距，尤其是在关键技术上。

（二）模型的构建与评价指标的选取

1. 模型的构建方法

参照湖南省装备制造企业技术创新效率实证分析中的评价模型来构建。

2. 评价指标选取

（1）投入及产出指标选取

国外学者采用了不同的投入和产出指标对技术创新效率进行评价。Nasierowski、Wojciech 和 Arcelus（2003）、Hollanders 和 Asser（2007）、Sharma 和 Thomas（2008）、Ullman（2009）等人在研究技术创新效率时把研发费用和研发人员数量作为投入指标进行分析。Comanor 和 Scherer（1969）、Cohen 和 Levinthal（1989）通过研究发现，专利的数量与投入的研发人员数量具有高度的相关性。Bronzino 和 Piselli（2016）的研究结果表明政府对于企业研发活动的财政补助有利于提高企业的创新能力，尤其能促进专利申请量的提高。Mazzoleni 和 Nelson（2005）通过对美国研发型企业的调查研究发现研发机构能够极大地促进电子及通信设备制造业的发展。

部分国内学者关于区域或产业的技术创新效率的研究所采用的指标如表6-16所示，对投入和产出的指标选取大同小异。在这些文献中，投入指标大多包含研发人员和研发费用，在产出指标的选取上，学者们也倾向于选择专利数量和新产品销售收入。

表6-16　相关文献选取的投入及产出指标

学者	研究内容	投入指标	产出指标
李晓钟，王倩倩（2013）	中国电子及通信设备制造业内外资企业研发效率比较	R&D内部经费支出和R&D活动人员折合全时当量	专利申请数、新产品销售收入
杨青峰（2014）	中国各省高技术产业技术创新效率	从业人员数、固定资产投资额	高技术产业产值
王明亮，余芬（2018）	中国电子及通信设备制造业技术创新效率	R&D人员、R&D内部经费支出、新产品开发经费	专利申请量、新产品销售收入
刘伟（2015）	中国高技术产业的15个子行业研发效率	研发经费、研发人员、新产品开发经费	发明专利、新产品销售收入
曹勇等（2010）	中国电子及通信设备制造业技术创新投入产出关联性	R&D人员、R&D经费、引进及改造技术费用	主营业务收入、拥有的专利数、利润、新产品销售份额
刘满凤，李圣宏（2016）	中国高新技术开发区创新效率	科研活动人员、科技活动经费支出、年末固定资产	工业总产值、出口创汇、技术性收入
隆云滔等（2018）	电子及通信设备制造业区域创新绩效演化研究	新产品开发经费、研发人员、研发经费	有效发明专利数、新产品销售收入

投入和产出指标的选取关系着最终的效率值测算结果是否准确，因此要保证选取的指标全面合理。这里采用的是投入导向型的 DEA 模型。投入指标主要包括人力和资本两方面，包含了与研发活动直接相关的人员投入、资金投入和设备投入。本节选取了 R&D 人员折合全时当量、R&D 内部经费支出、研发机构的个数以及新增固定资产作为投入指标。人是创新活动的主体，R&D 人员折合全时当量反映一定时段内技术创新活动研发人员的投入强度；R&D 内部经费支出反映行业对技术创新活动的资金投入强度；新增固定资产反映行业对不动产和设备等资本的投入情况；研发机构是进行技术创新活动的主要场所，其数量代表行业对技术创新活动的重视程度。产出指标选取了新产品销售收入、有效发明专利数和出口交货值。新产品销售收入和出口交货值能够直接反映电子及通信设备制造企业所研发的新产品的市场竞争力，是创新能力水平最直观的体现；有效发明专利数是经国家知识产权局审批的已经授权的专利的数量，是衡量技术创新水平的一个通用指标，也是研发成果最直观的反映。表6-17 更直观地对以上内容进行了归纳。

表 6-17　中国电子及通信设备制造业创新投入及产出指标

一级指标	投入指标				产出指标		
	人员投入	资本投入		研发机构	专利	经济价值	
二级指标	R&D 人员折合全时当量	R&D 经费内部支出	新增固定资产	研发机构数量	有效发明专利数	新产品销售收入	出口交货值
指标说明	反映一定时段内技术创新活动研发人员投入强度	反映行业对技术创新活动的经费投入强度	反映行业对研发活动支持的不动产和设备等资本的投入情况	反映企业对技术创新活动的重视程度	经国家知识产权局审批的已经授权的专利的数量，研发成果最直观的反映	一年内企业自主研发、投产的产品的销售收入，反映新产品的市场价值	反映创新产品国际竞争力的指标

（2）环境变量选取

三阶段 DEA 模型中，第二阶段需要剔除的环境变量为能够影响电子及通信设备制造业技术创新效率的外生变量，Kumbhakar 和 Lovell（2003）定义了外生环境变量，认为外生环境变量不属于投入要素，也不属于产出要素，却对投入产出活动产生影响。根据影响技术创新效率外部因素的讨论结果，再结合电子及通信设备制造业的具体情况和地域特征，本节主要选择了以下环境变量。

①地区经济发展水平

各地区的人均 GDP 能够反映该地区的总体经济发展水平，经济发展水平更高的地区往往有更好的技术基础，更容易获取各种外部资源的支持。

②政府的经费支出

R&D 经费支出中，政府的经费支出能够体现出政府对该地区电子及通信设备制造业的支持程度。政府作为"看不见的手"，能够调动当地的社会资源支持行业的发展，从而促使技术创新产出提高。不同地区的经济发展水平和市场结构不同，政府的侧重点也会不同，对行业的支持程度也会有差异，因此在测算技术创新效率时应剔除政府的经费支持这一环境变量。

③企业的数量

该行业中企业的数量能够直接反映出地区的行业规模及市场结构状态，某地区该行业企业数量较多就说明此地区该行业竞争激型，行业规模较大，市场成熟，就更能催生新技术的产生。

④劳动者的素质

大专及以上学历的人口占总人口的比重能够代表当地劳动者的受教育程度及当地的教育水平，受教育程度越高说明投入技术研发的人员素质越高，更能创造出新的产品和技术，因此把地区的劳动者素质列为影响各地区技术创新效率的环境因素。

（3）数据来源及说明

本节所选用的投入和产出指标、环境变量等数据均来源于 2013—2017 年中国国家统计局发布的《中国高技术产业统计年鉴》及《中国统计年鉴》，数据真实合理。由于青海、西藏、新疆、宁夏、海南数据缺失严重，故选取的样本为剩余 26 个省市的面板数据。

（三）电子及通信设备制造业技术创新效率分析

1. 第一阶段 DEA 模型结果评价分析

第一阶段采用传统的 DEA-BCC 模型，不考虑外部环境的影响，利用软件 DEAP 2.1 将产出和投入数据导入文本文档中，设定决策单元格数、时期数、投入产出变量的个数，选择投入导向型的模型，最后运行 DEAP 2.1 软件即可求得 2012—2016 年中国的 26 个省市电子及通信设备制造业的纯技术效率、综合技术效率及规模效率（图 6-6）。

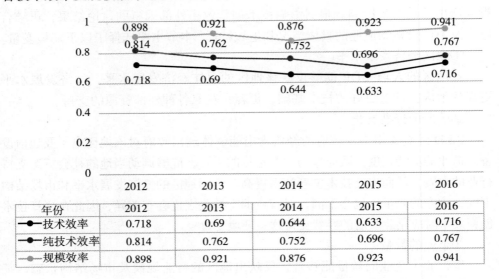

年份	2012	2013	2014	2015	2016
技术效率	0.718	0.69	0.644	0.633	0.716
纯技术效率	0.814	0.762	0.752	0.696	0.767
规模效率	0.898	0.921	0.876	0.923	0.941

图 6-6　2012—2016 年中国 26 个省市电子及通信设备制造业

第一阶段技术效率趋势图

通过图 6-6 可以看出，在不考虑外部环境因素和随机误差的情况下，2012—2016 年，中国电子及通信设备制造业的整体规模效率较高，在综合技术效率和纯技术效率的上方，虽然在 2014 年出现了下降，但是整体趋势还是稳步增长的，从 2012 年的 0.898 增长到了 2016 年的 0.941。而综合技术效率和纯技术效率从 2012 年至 2015 年一直处于下降的趋势，下降幅度分别达到了 14% 和 12%，直到 2016 年两种技术效率的均值才出现回转，各省市纯技术效率的平均值上升到了 0.767，综合技术效率的平均值上升到了 0.716。

从整体情况来看，中国电子及通信设备制造业的整体技术创新效率有待提高，其效率值受到纯技术效率和规模效率的共同影响。由此可以得知，由于管理水平和资源利用效率不足，较低的纯技术效率限制了中国电子及通信设备制造业整体技术效率的提高，而投入规模的扩大有利于行业技术创新效率的提高。

（1）第一阶段纯技术效率评价分析

通过表 6-18 可以进一步观察各省市的纯技术效率和规模效率的变动情况。

表 6-18　2012—2016 年中国电子及通信设备制造业第一阶段纯技术效率及规模效率值

省市	纯技术效率					规模效率				
	2012	2013	2014	2015	2016	2012	2013	2014	2015	2016
北京	1	1	1	1	1	1	1	1	1	1
天津	1	1	1	1	1	1	1	1	1	1
河北	0.309	0.267	0.309	0.193	0.248	0.97	0.999	0.956	0.984	0.955
山西	1	1	1	1	1	1	1	1	1	1
内蒙古	1	1	1		1	0.208	0.284	0.847	0.852	1
辽宁	0.608	0.705	0.608	0.494	0.782	0.988	0.983	0.966	0.98	0.983
吉林	1	1	1	1	1	0.95	0.984	0.357	1	0.757
黑龙江	1	1	1	0.559	0.872	0.874	1	0.977	0.709	0.415
上海	1	1	1	1	1	1	1	1	1	1
江苏	1	1	1	1	1	0.592	0.62	0.602	0.601	0.752
浙江	0.547	0.578	0.547	0.65	0.659	0.994	0.997	0.994	0.942	0.947
安徽	0.69	0.797	0.69	0.536	0.628	1	0.992	1	0.967	0.989
福建	0.587	0.837	0.587	0.59	0.636	0.971	0.934	0.84	0.99	1
江西	0.419	0.274	0.419	0.229	0.338	0.961	0.989	0.997	0.985	0.982
山东	0.455	0.33	0.455	0.442	0.472	1	0.992	0.903	0.93	0.986
河南	1	1	1	1	1	1	1	1	1	1
湖北	0.491	0.421	0.491	0.637	0.687	0.995	1	0.963	0.987	0.995
湖南	0.355	0.481	0.355	0.421	0.56	0.996	0.975	0.974	0.991	0.981
广东	1	1	1	1	1	1	1	1	1	1

省市	纯技术效率					规模效率				
	2012	2013	2014	2015	2016	2012	2013	2014	2015	2016
广西	0.524	0.666	0.524	0.551	1	0.88	0.997	0.982	0.993	1
重庆	0.307	0.539	0.307	0.318	0.425	0.991	0.997	0.856	0.957	1
四川	1	0.849	1	0.626	0.651	1	1	1	0.984	0.998
贵州	0.523	0.779	0.523	0.511	0.649	0.796	0.99	0.828	0.961	0.887
云南	1	1	1	1	1	0.616	0.489	0.197	0.702	1
陕西	0.759	0.695	0.759	0.351	0.324	0.981	0.999	0.968	0.916	0.985
甘肃	0.985	0.602	0.985	1	1	0.576	0.729	0.57	0.567	0.865

2012—2016年达到相对技术有效的省份数量在11个和12个之间变动，其中北京、天津、山西、内蒙古、吉林、上海、江苏、河南、广东、云南这10个省市的纯技术效率一直保持相对有效状态，效率值达到1说明这些省份的管理水平和资源利用效率较高。黑龙江、四川和陕西在2012—2014年纯技术效率较高，但是2015—2016年效率值却下降了很多。河北、江西、山东和重庆纯技术效率较低，在全国处于落后水平。整体上来看，26个省市纯技术效率"两极分化"严重，效率高的省市和效率较低的省市数量相差不大。

（2）第一阶段规模效率评价分析

在2012—2016年间，北京、天津、山西、上海、河南、广东等省市一直保持在规模效率的前沿状态，除内蒙古、江苏、云南和甘肃四省份的规模效率水平较低外，其余省份也都保持着较高的规模效率。值得注意的是，内蒙古、甘肃和云南的规模效率水平由低到高增长的势头很明显。整体来说，中国各省市电子及通信设备制造业的规模技术创新效率水平较高，未来增加投入的规模还能带来整体技术创新水平的提高。

（3）第一阶段综合技术效率评价分析

通过表6-19可以进一步观察各省市的综合技术效率及规模报酬变动趋势。

综合技术效率是由纯技术效率和规模效率相乘所得，是纯技术效率和规模效率的综合体现。在 2012—2016 年间，有 6 个省市综合技术效率值达到 1；有 7 个省市平均综合技术效率值在 0.6 ~ 0.9，说明存在 10% ~ 30% 的资源利用不足；13 个省市的平均综合技术效率值低于 0.6。北京、天津、山西、上海、河南和广东的综合技术效率在全国内达到了技术有效，这是由于这些省市在纯技术效率和规模效率上都能保持高水平。内蒙古、吉林、江苏、云南纯技术效率高但规模效率低，导致综合技术效率不高。河北、江西、山东、重庆等省市综合技术效率在全国处于落后水平，平均效率值不足 0.5。内蒙古、辽宁、湖北、广西、云南、甘肃的综合技术效率稳中有升，黑龙江、四川、陕西的综合技术效率有下降趋势。整体上来说，在第一阶段测算中，中国大多数省市的技术创新效率处于中上水平，投入的创新资源利用效果较好。

表 6-19 2012—2016 年中国电子及通信设备制造业第一阶段综合技术效率及规模报酬变动情况

省市	综合技术效率					规模报酬变动情况				
	2012	2013	2014	2015	2016	2012	2013	2014	2015	2016
北京	1	1	1	1	1	—	—	—	—	—
天津	1	1	1	1	1	—	—	—	—	—
河北	0.296	0.267	0.296	0.189	0.237	irs	—	irs	irs	irs
山西	1	1	1	1	1	—	—	—	—	—
内蒙古	0.847	0.284	0.847	0.852		irs	irs	irs	irs	—
辽宁	0.587	0.693	0.587	0.484	0.769	irs	irs	drs	irs	
吉林	0.357	0.984	0.357	1	0.757	irs	irs	irs	—	irs
黑龙江	0.977	1	0.977	0.396	0.362	irs	—	irs	irs	irs
上海	1	1	1	1	1	—	—	—	—	—
江苏	0.602	0.62	0.602	0.601	0.752	drs	drs	drs	drs	drs

续　表

省市	综合技术效率					规模报酬变动情况				
	2012	2013	2014	2015	2016	2012	2013	2014	2015	2016
浙江	0.544	0.577	0.544	0.612	0.625	irs	irs	irs	drs	drs
安徽	0.69	0.79	0.69	0.518	0.621	–	drs	–	drs	drs
福建	0.494	0.782	0.494	0.584	0.636	drs	drs	drs	drs	–
江西	0.417	0.271	0.417	0.226	0.331	irs	drs	irs	drs	irs
山东	0.411	0.327	0.411	0.411	0.465	–	irs	drs	drs	irs
河南	1	1	1	1	1	–	–	–	–	–
湖北	0.472	0.421	0.472	0.629	0.683	irs		irs	irs	irs
湖南	0.345	0.469	0.345	0.417	0.549	irs	irs	irs	irs	irs
广东	1	1	1	1	1	–	–	–	–	–
广西	0.515	0.664	0.515	0.547	1	irs	drs	irs	irs	–
重庆	0.263	0.538	0.263	0.304	0.425	irs	irs	irs	irs	–
四川	1	0.849	1	0.616	0.649	–	–	–	irs	irs
贵州	0.433	0.771	0.433	0.491	0.576	irs	irs	irs	irs	irs
云南	0.197	0.489	0.197	0.702	1	irs	irs	irs	irs	–
陕西	0.734	0.695	0.734	0.322	0.319	irs	drs	irs	irs	irs
甘肃	0.562	0.439	0.562	0.567	0.865	irs	irs	irs	irs	irs

注："irs"表示规模报酬递增；"drs"表示规模报酬递减；"–"表示规模报酬不变。

（4）第一阶段规模报酬变动评价分析

规模报酬变动情况能够直接体现出同等投入是否能产生同等产出。由表

6-19 可知，2012—2016 年间，2 个综合技术有效的省市规模报酬不变，9 个省市整体规模报酬递增，说明中国大部分省市电子及通信设备制造业若投入更多的资源和资本能产生更大的效益，有很好的发展前景，应当继续加大研发投入规模。浙江省近年来有规模报酬递减的趋势，江苏、安徽和福建 3 省整体上规模报酬递减，技术创新资源投入成比例的增加没有带来同等比例的效益，应提升管理水平及资源的利用效率。

2. 第二阶段 SFA 模型结果评价分析

第一阶段在未考虑外部环境影响和随机误差的条件下对中国电子及通信设备制造业 2012—2016 年的技术创新效率进行了初步测量分析。由于各省市的外部环境不同，第一阶段测算的效率值可能不完全准确。外部环境条件好的省市可能会被高估，从而得出技术创新效率较高的结果；而外部环境差的省市技术创新效率则可能比实际更低。因此在本阶段运用随机前沿模型，将各决策单元的每一项投入冗余和环境变量进行回归分析，根据外部环境调整决策单元的投入变量，使所有决策单元在相对平等的条件下进行对技术创新效率的测量和比较。将 4 个环境变量作为解释变量，将决策单元的 4 个投入变量的松弛变量作为被解释变量，带入 Frontier 4.1 软件进行回归。第二阶段 SFA 模型的回归结果如表 6-20 所示。

表 6-20　第二阶段 SFA 模型回归结果

参数名称	R&D 人员松弛变量	R&D 经费内部支出松弛变量	研发机构数松弛变量	新增固定资产松弛变量
常数项	−369 2.78*** （−250 7.64）	−769 82.47*** （−534.625）	−82.43*** （−31.586）	4.416 （4.207）
政府资金	0.014 6 （1.801 8）	0.116 6 （0.283）	−0.001 1** （−9.261）	0.000 3** （9.245）
行业内企业数	−0.584** （−10.728 2）	−8.467*** （−39.5）	0.006 4*** （23.799）	−0.020 2 （−5.072）
人均 GDP	0.11*** （35.46）	2.35* （8.02）	0.000 7*** （25.875）	0.000 1** （10.763）
劳动者素质	−379.75* （−7.271 1）	−825 6.23* （−8.678）	−0.117 （1.778）	−1.35 （−4.05）

续　表

参数名称	R&D 人员松弛变量	R&D 经费内部支出松弛变量	研发机构数松弛变量	新增固定资产松弛变量
sigma-squared	690 485 53*** （690 485 53）	299 680 080 00*** （299 680 080 00）	191 24.169*** （191 24.146）	135 93.063*** （135 93.063）
Gamma	0.973*** （133 950）	0.8733*** （162 707.91）	0.99*** （137 257 750）	0.99*** （906 75.9）
Log 函数值	−1264	−166 2	722.16	692.97
LR 值	65.58	59.97	85.54	99.54

*、**、***：分别表示在 10%、5%、1% 的水平上显著，其中括号内为 t 统计量检验值。

由表 6-20 可知，在 4 个投入松弛变量与环境变量的回归模型中，LR 值皆通过了 1% 显著性水平下的广义单边似然比检验，拒绝了原假设下的技术效率无差异，所以采用 SFA 模型进行分析是可行的。r 值通过了 1% 的显著性水平检验，说明存在管理无效率的情况；并且 r 值都接近于 1，表示对于松弛变量的影响主要是由管理无效率引起的，随机干扰项所占的比重比较小。

在 SFA 模型中，松弛变量的回归系数如果为正数，此时增加对应的环境变量会导致松弛变量的增加，与投入的实际值会进一步拉大，会造成投入资源的浪费；回归系数如果为负数，说明增加外部环境变量可以减少投入的冗余，说明决策单元所处的外部环境相对较好。根据表 6-20 的回归结果分别对每个环境变量对投入松弛变量的影响进行分析。

（1）政府资金对投入松弛变量的影响

政府对电子及通信设备制造业技术创新的资金支持，虽然对 R&D 人员和 R&D 内部经费支出冗余的增加不显著，但是会造成固定资产投资冗余的增加；同时与科研机构数的松弛变量呈负相关，可以促进科研机构投入效率的提高。总体来说，政府对技术创新的资金支持的效果并不是很好，说明企业在利用政府财政进行技术创新活动时对研发的直接投入未足够重视，没有注重对研发人员的培养和对经费的有效利用，新增固定资产能够直观体现对政府资金的利用，但是没有产生相应的技术成果。科研机构作为集中化和专业化较强的组织，本身拥有较好的基础，再加上政府的资金支持，更容易创造出新的成果。政府在对电子及通信设备制造业的技术创新进行资金支持时应该把握重点方向，同时科学评估各项投入是否能产生积极的效果，避免资源的浪费。

（2）行业内企业数对投入松弛变量的影响

电子及通信设备制造业行业内的企业数量与R&D人员松弛变量、R&D经费内部支出松弛变量和新增固定资产松弛变量均呈负相关，前两个投入松弛变量分别通过了5%和1%置信水平下的检验，效果比较显著；与研发机构数的松弛变量呈现正相关，同样通过了1%的显著性检验。这表明随着企业间的竞争会行业中企业数量的增加而加剧，此时企业为了占据更多的市场，保持竞争力，必然会注重技术研发人员、经费投入和固定资产投入的效率，追求以更少的成本投入来获得最大效益的产出，因此对R&D人员、R&D经费和固定资产的投入效率的提高有促进作用。当行业内企业数量增多时，相对较少的研发机构不能有效地为更多的企业提供技术支持，其技术成果的竞争会更加激烈，不利于技术的共享，此时增加对研发机构的投入会造成冗余的增加。

（3）人均GDP对投入松弛变量的影响

人均GDP体现的是一个地区的经济发展水平，经济发展水平好的地区往往能够为企业提供更好的外部支持条件。由测算结果可知，人均GDP水平在R&D人员松弛变量、R&D经费内部支出松弛变量、研发机构数的松弛变量和新增固定资产松弛变量4个环境变量方面的回归系数都为正，并且分别通过了1%、10%、1%、5%显著性检验，说明经济发展水平高的地区更容易造成技术研发人员、经费、科研机构数、新增固定资产投入冗余，在一定程度上会影响资源利用率的提高。造成这样结果的原因有两方面，一方面是企业拥有较好的外部条件时，其生存和竞争压力会下降，市场更容易使企业达到利润目标，相对落后的技术产品也能满足需求低的消费者的需求，从而企业就会降低了对技术创新的追求；另一方面，更容易获取的资源会促使企业一味盲目地追求投入的规模，而忽略了提高资源的利用效率，更容易造成资源的浪费。

（4）劳动者素质对投入松弛变量的影响

地区劳动者素质与R&D人员松弛变量、R&D经费内部支出松弛变量、研发机构数的松弛变量和新增固定资产松弛变量呈负相关，说明劳动者素质的提高能够减少科研人员、内部经费、科研机构及固定资产的投入冗余，科研人员和经费的减少明显，科研机构及固定资产冗余的减少不明显。劳动者素质取的是地区大专以上学历的人口所占地区总人口的比例，劳动者素质越高，地区的教育水平也就越高，科研人员的创新效率、创新资本和固定资产的利用效率自然会更高，也能为科研机构输送更多人才，提升科研机构的效率。

193

由决策单元的投入松弛变量与环境变量的回归结果可知，4 个环境变量对电子及通信设备制造业的投入冗余影响程度和影响效果都不一样，整体上影响的程度是非常显著的，因此对决策单元的各个投入变量进行调整是有必要的，对原始的投入数据需剔除外部环境和随机干扰项的影响，使每个决策单元处在"公平"的条件下进行比较。

3. 第三阶段 DEA 模型结果评价分析

第三阶段重新利用投入导向型的 DEA–BCC 模型测算新的投入数据和原始产出数据的效率值，根据软件 DEAP 2.1 运行的结果得到如图 6-7 所示的趋势图。从第三阶段中 2012—2016 年中国电子及通信设备制造业的年平均效率值及变动趋势整体上来看，纯技术效率高于规模效率和综合技术效率，综合技术效率最低。2012 年纯技术效率为 0.758，之后效率值升降波动呈"W"形变化，三者中每年的纯技术效率值波动较大，但整体有上升趋势，2016 年纯技术效率值达到了 0.833。规模效率整体呈小幅度下降趋势，效率值由 2012 年的 0.678 下降到了 2016 年的 0.641。2012—2016 年间综合技术效率值较低，平均值在 0.5 左右，效率值也是每年上下波动，可见综合技术效率值的变动趋势和纯技术效率值的变动趋势一致。在规模效率值变动不大的情况下，中国电子及通信设备制造业的纯技术效率影响着综合技术效率值的大小。

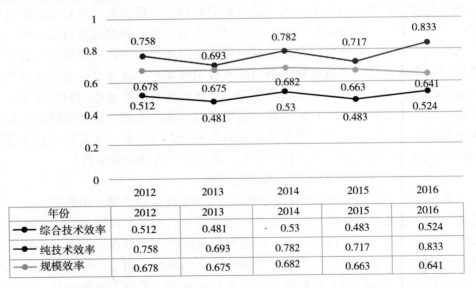

年份	2012	2013	2014	2015	2016
综合技术效率	0.512	0.481	0.53	0.483	0.524
纯技术效率	0.758	0.693	0.782	0.717	0.833
规模效率	0.678	0.675	0.682	0.663	0.641

图 6-7　2012—2016 年中国 26 个省市电子及通信设备制造业第三阶段技术效率趋势图

（1）第三阶段纯技术效率评价分析

2012—2016年中国电子通信设备制造业第三阶段纯技术效率及规模效率值如表6-21所示。

表6-21 2012—2016年中国电子及通信设备制造业第三阶段纯技术效率
及规模效率值

省市	纯技术效率					规模效率				
	2012	2013	2014	2015	2016	2012	2013	2014	2015	2016
北京	1	0.995	0.937	1	1	1	0.774	0.946	1	1
天津	1	1	1	1	1	1	1	1	1	1
河北	0.434	0.372	0.51	0.343	0.52	0.7	0.377	0.398	0.437	0.336
山西	1	1	1	1	1	0.799	0.93	1	1	0.92
内蒙古	1	1	1	1	1	0.037	0.327	1	0.076	0.066
辽宁	0.638	0.588	0.664	0.603	0.821	0.807	0.583	0.617	0.666	0.446
吉林	0.607	0.681	1	0.659	1	0.247	0.117	0.056	0.302	0.137
黑龙江	0.803	0.558	0.93	0.773	1	0.038	0.065	0.051	0.071	0.098
上海	1	1	1	1	1	1	1	1	1	1
江苏	1	1	1	1	1	0.82	0.867	0.844	0.757	0.824
浙江	0.555	0.556	0.567	0.677	0.71	0.936	0.985	0.953	0.999	0.961
安徽	0.555	0.571	0.57	0.509	0.66	0.953	0.997	1	0.902	0.866
福建	1	0.908	0.63	0.619	0.701	1	0.997	0.986	0.99	0.959
江西	0.389	0.313	0.365	0.301	0.488	0.54	0.508	0.794	0.611	0.561
山东	0.494	0.358	0.542	0.552	0.543	0.99	0.967	0.961	0.916	0.871
河南	1	1	1	1	1	1	1	1	1	1
湖北	0.45	0.436	0.493	0.562	0.756	0.891	0.852	0.743	0.665	0.818
湖南	0.485	0.412	0.429	0.446	0.606	0.93	0.985	0.835	0.928	0.885

续　表

省市	纯技术效率					规模效率				
	2012	2013	2014	2015	2016	2012	2013	2014	2015	2016
广东	1	1	1	1	1	1	1	1	1	1
广西	0.526	0.428	0.666	0.562	1	0.351	0.447	0.23	0.387	0.357
重庆	0.466	0.469	0.633	0.584	0.708	0.573	0.417	0.324	0.631	0.564
四川	0.862	0.692	0.92	0.585	0.703	0.98	0.999	1	0.841	0.838
贵州	0.888	0.488	0.767	0.581	0.969	0.157	0.273	0.153	0.338	0.246
云南	1	1	1	1	1	0.035	0.014	0.021	0.042	0.167
陕西	0.561	0.402	0.77	0.465	0.499	0.611	0.925	0.646	0.492	0.537
甘肃	1	0.791	0.929	0.817	0.971	0.242	0.133	0.164	0.182	0.201

由表6-21可知，总体来看，2012—2016年纯技术效率有小幅度提升，天津、山西、内蒙古、上海、江苏、河南、广东、云南的纯技术效率一直保持相对有效状态，说明这些省份无论是否考虑环境因素其管理水平和资源利用效率都很高。河北、江西、陕西效率值较低，不足0.5，处于全国低水平层次，应努力改善管理体制。13个省市2016年的效率值较2012年有所提高。纯技术效率体现了管理水平，经过第三阶段的测算，整体上纯技术效率较高，但距离技术效率有效还有较大差距，还有很大的提升空间。

（2）第三阶段规模效率评价分析

由表6-21可知，在2012—2016年间，天津、上海、河南、广东的规模效率值一直保持为1；河北、吉林、广西、贵州、甘肃部分年份效率值均不足0.4；内蒙古、黑龙江、云南近年的效率值更是不足0.1，投入规模严重不足；辽宁、四川、陕西效率值呈现逐年下降趋势。和调整前一样，效率值高的省份和效率值低的省份在数量上相差不大，因此整体平均规模效率值不高。技术创新资源的投入不足严重限制了中国电子及通信设备制造业技术创新效率的提高，如何通过规模效益提升资源利用率从而获得更大的产出是目前亟待解决的问题。

（3）第三阶段综合技术效率评价分析

2012—2016 年中国电子及通信设备制造业第三阶段综合技术效率及规模报酬变动情况如表 6-22 所示。

表 6-22　2012—2016 年中国电子及通信设备制造业第三阶段综合技术效率及规模报酬变动情况

省市	综合技术效率					规模报酬变动情况				
	2012	2013	2014	2015	2016	2012	2013	2014	2015	2016
北京	1	0.77	0.886	1	1	—	irs	irs	—	—
天津	1	1	1	1	1	—	—	—	—	—
河北	0.304	0.14	0.203	0.15	0.175	irs	irs	irs	irs	irs
山西	0.799	0.93	1	1	0.92	irs	irs	—	—	irs
内蒙古	0.037	0.327	1	0.076	0.066	irs	irs	—	irs	irs
辽宁	0.515	0.343	0.41	0.401	0.366	irs	irs	irs	irs	irs
吉林	0.15	0.08	0.056	0.199	0.137	irs	irs	irs	irs	irs
黑龙江	0.031	0.036	0.048	0.055	0.098	irs	irs	irs	irs	irs
上海	1	1	1	1	1	irs	irs	irs	irs	irs
江苏	0.82	0.867	0.844	0.757	0.824	drs	drs	drs	drs	drs
浙江	0.519	0.547	0.54	0.676	0.682	irs	irs	irs	drs	irs
安徽	0.528	0.569	0.57	0.459	0.572	irs	irs	—	irs	irs
福建	1	0.905	0.621	0.613	0.672	—	irs	drs	irs	irs
江西	0.21	0.159	0.29	0.184	0.274	irs	irs	irs	irs	irs
山东	0.489	0.347	0.521	0.505	0.473	irs	irs	irs	irs	irs
河南	1	1	1	1	1	—	—	—	—	—
湖北	0.401	0.371	0.366	0.374	0.619	irs	irs	irs	irs	irs

续　表

省市	综合技术效率					规模报酬变动情况				
	2012	2013	2014	2015	2016	2012	2013	2014	2015	2016
湖南	0.451	0.406	0.358	0.414	0.537	irs	irs	irs	irs	irs
广东	1	1	1	1	1	—	—	—	—	—
广西	0.185	0.192	0.1553	0.217	0.357	irs	irs	irs	irs	irs
重庆	0.267	0.196	0.205	0.369	0.399	irs	irs	irs	irs	irs
四川	0.845	0.691	0.92	0.492	0.589	irs	irs	—	irs	irs
贵州	0.14	0.133	0.117	0.196	0.239	irs	irs	irs	irs	irs
云南	0.035	0.014	0.021	0.042	0.167	irs	irs	irs	irs	irs
陕西	0.342	0.372	0.497	0.229	0.268	irs	irs	irs	irs	irs
甘肃	0.242	0.105	0.153	0.148	0.195	irs	irs	irs	irs	irs

　　由表 6-22 可知，在 2012—2016 年间，天津、上海、河南、广东的综合技术效率一直处于相对有效状态；北京、山西、江苏、的效率值保持在0.7 到 1 之间，处于较高效率水平；15 个省市的综合技术效率平均值不足 0.5；河北、辽宁、福建、四川效率值有明显下降的趋势，2016 年的效率值比 2012年低了至少 0.1；浙江、湖北、广西、重庆的效率值有明显的提高。整体上来说，大部分省市的综合技术效率值偏低，并且两极分化严重。由于研发基础薄弱、地区经济水平较差、研发投入不足等，一些经济落后的地区综合技术效率难以提升，内蒙古、黑龙江、云南、甘肃效率值甚至远远低于全国平均水平。

　　（4）第三阶段规模报酬变动评价分析

　　由表 6-22 可知，2012—2016 年间只有江苏省的规模报酬变动一直呈现递减的趋势，浙江和福建各有一年规模报酬递减，其他省份每年都是规模报酬递增，同等的研发投入能产生更多的效益，在研发投入上有良好的前景，说明大多数省份的投入规模没有达到其现有技术水平所限制的最合适的程度，提升整体的综合技术效率可以从提升规模效率入手。江苏省则应重视提升规模效率，改变规模报酬变动趋势。

（5）调整前后效率对比

表6-23为中国电子及通信设备制造业第一阶段和第三阶段26省市2012—2016年平均技术效率值对比结果，在剔除环境变量和随机干扰项的影响后，绝大部分省份的效率值变化显著。从整体来看，纯技术效率的平均值由0.746增加至0.757；而规模效率的平均值由0.912降到了0.668，下降程度比较大；综合技术效率的平均值由调整前的0.665下降到了0.506。调整后，第三阶段的效率值与第一阶段相比变化很大，说明在第二阶段剔除环境变量及随机干扰项是十分必要的。

表6-23 第一阶段和第三阶段26省市2012—2016年平均技术效率对比

省市	纯技术效率		规模效率		综合技术效率	
	调整前	调整后	调整前	调整后	调整前	调整后
北京	1	0.986	1	0.944	1	0.931
天津	1	1	1	1	1	1
河北	0.265	0.436	0.973	0.450	0.257	0.194
山西	1	1	1	0.930	1	0.930
内蒙古	1	1	0.638	0.301	0.766	0.301
辽宁	0.639	0.663	0.980	0.624	0.624	0.407
吉林	1	0.789	0.810	0.172	0.691	0.124
黑龙江	0.886	0.813	0.795	0.065	0.742	0.054
上海	1	1	1	1	1	1
江苏	1	1	0.633	0.822	0.635	0.822
浙江	0.596	0.613	0.975	0.967	0.580	0.593

省市	纯技术效率		规模效率		综合技术效率	
	调整前	调整后	调整前	调整后	调整前	调整后
安徽	0.668	0.573	0.990	0.944	0.662	0.540
福建	0.647	0.772	0.947	0.986	0.598	0.762
江西	0.336	0.371	0.983	0.603	0.332	0.223
山东	0.431	0.498	0.962	0.941	0.405	0.467
河南	1	1	1	1	1	1
湖北	0.545	0.539	0.988	0.794	0.535	0.426
湖南	0.434	0.476	0.983	0.913	0.425	0.433
广东	1	1	1	1	1	1
广西	0.653	0.636	0.970	0.354	0.648	0.221
重庆	0.379	0.572	0.960	0.502	0.359	0.287
四川	0.825	0.752	0.996	0.932	0.823	0.707
贵州	0.597	0.739	0.892	0.233	0.541	0.165
云南	1	1	0.601	0.056	0.517	0.056
陕西	0.578	0.539	0.970	0.642	0.561	0.342
甘肃	0.914	0.902	0.661	0.184	0.599	0.169
平均值	0.746	0.757	0.912	0.668	0.665	0.506

在第一阶段中未考虑环境因素时，规模效率较高、综合技术效率低主要是因为纯技术效率低，即存在管理无效率。在剔除环境因素后，平均纯技术效率为 0.757，和调整前相比变化不大，而平均规模效率值下降了 0.244，说明之前认为综合技术效率低主要是由管理无效率造成的结论是片面的，实际上综合技术效率低是由管理无效率和规模效率低共同导致的，而且规模效率的影响程度

更大。本阶段的结果说明，中国的电子及通信设备制造业自身的研发投入规模与行业结构和发展并不完全适应，技术创新投入规模不足限制了创新性研发成果的产出效率，同时外部环境能给电子及通信设备制造业在投入规模上带来一定程度的弥补。

从表6-23中各省市的变化情况来看，在纯技术效率层面，北京、天津、山西、内蒙古、上海、江苏、河南、广东和云南的效率值依然保持在前列，效率值接近或达到1；河北、福建、重庆、贵州的效率值提升较大，超过了0.1；而吉林、安徽的效率值分别大约下降了0.2和0.1，其余省份调整前后效率值变化很小。在规模效率的变化上，大部分省市效率值出现了大幅下滑，能保持在前列的只有天津、上海、河南和广东；12个省市的效率值下降超过0.3，吉林、黑龙江、广西和贵州的下降幅度更是超过了0.6，说明投入规模效益受环境影响较大；江苏的效率值却上升了大约0.2，达到了0.82，说明江苏的规模效率之前被低估了。

调整后综合技术效率处于前列的是天津、上海、河南和广东，并没有受到环境因素的影响，技术创新效率处在全国领先地位，江苏、浙江、福建、山东在调整后效率值有了提升，其余省市的综合技术效率值受规模效率变低的影响都不同程度下降。从规模报酬变动情况来看，调整之前只有江苏、安徽和福建3省整体上规模报酬递减，调整后只有江苏一省整体上规模报酬递减，说明全国研发投入产出比还有很大的提升前景。

为了更直观地反映调整前后各省市电子及通信设备制造业平均综合技术效率变动情况，特制作表6-24。此表将综合效率分为5个范围，总体来看，效率值降低是调整前效率值在0.4～0.79间的省市在剔除环境因素后效率值下降导致的。调整前效率值为1的省市有6个，调整后变为4个，北京和山西下降到低一级的范围；0.8～0.99范围中的省市由1个变为3个，效率值在0.4～0.79的省市由调整前的16个下降到了调整后的8个；效率值在0.1～0.39的省市数量由3个增长到了9个，调整后黑龙江和云南的效率值甚至在0.1之下。

表6-24 调整前后各省市电子及通信设备制造业平均综合技术效率分布对比

效率值范围	调整前	调整后
1	北京、天津、山西、上海、河南、广东	天津、上海、河南、广东
0.8～0.99	四川	北京、山西、江苏

效率值范围	调整前	调整后
0.4～0.79	内蒙古、辽宁、吉林、黑龙江、江苏、浙江、安徽、福建、山东、湖北、湖南、广西、贵州、云南、陕西、甘肃	辽宁、浙江、安徽、福建、山东、湖北、湖南、四川
0.1～0.39	河北、江西、重庆	河北、内蒙古、吉林、江西、广西、重庆、贵州、陕西、甘肃
0.1 以下		黑龙江、云南

三、湖南省税收政策与制造业技术创新的实证研究

（一）湖南省制造业技术创新发展

1.湖南省制造业总体发展情况

据 2018 年《国民经济和社会发展统计公报》的数据，湖南省 2018 年全年地区生产总值为 36 425.8 亿元，比上年增长 7.4%。其中，第一产业增加值为 3 083.6 亿元，增长 3.5%；第二产业增加值为 14 453.5 亿元，增长 7.2%；第三产业增加值为 18 888.7 亿元，增长 9.2%。按常住人口计算，人均地区生产总值 52 949 元，增长 7.2%。从图 6-8 可以看出，2015 年之后第二产业增加值开始低于第三产业增加值。

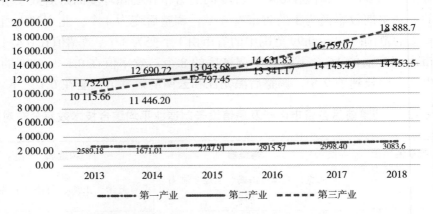

图 6-8　2013—2018 年第一、二、三产业增加情况

2018 年，湖南省全部工业增加值 11 916.4 亿元，比上年增长 7.4%。其中，规模以上工业增加值增长 7.4%。在规模以上工业中，高加工度工业和高技术制造业增加值分别增长 18.3% 和 10.1%，占规模以上工业的比重分别为 36.3% 和 10.6%；装备制造业增加值增长 11.9%，占规模以上工业的比重为 29.4%，如图 6-9 所示。

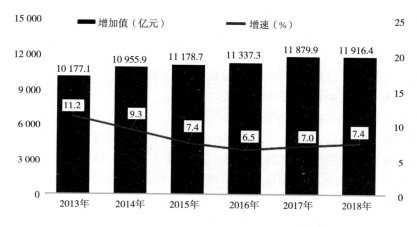

图 6-9　2013—2018 年全部工业增加值机器增长速度

近年来，湖南省大力推动制造业高质量发展，2017 年，湖南省 GDP 达 33 903 亿元，制造业税收收入 1 331 亿元，比上年增长 12.8%，税收规模和增速分别列居全国第 9 位和第 17 位、中部第 2 位和第 6 位；占全省税收收入的比重为 36.4%，分别高于全国平均和中部地区 6.2 和 6.9 个百分点，居全国第 8 位和中部第 1 位；占全省 GDP 的比重为 3.9%。近几年来，湖南省制造业税收占全部税收的比重始终保持在 36% 以上，尤其是 2013 年和 2014 年占比更是在 40% 以上。按国民经济行业门类看，湖南省制造业税收的比重在所有行业中排第 1，比排名 2、3、4 位的房地产、商业和金融业税收总和还多。横向与全国和中部地区比较，湖南省制造业税收规模和占比分别排全国第 9 位和第 8 位、中部第 2 位和第 1 位。

在进一步细分的制造业中，根据湖南省税务局的数据，2017 年，湖南烟草制品、石油加工和汽车制造行业共完成税收 882.5 亿元，占全部制造业税收的比重为 66.3%，也是制造业中仅有的 3 个税收过百亿的行业。烟草制品业中的湖南中烟工业公司以纳税 610.5 亿元排湖南纳税排行榜榜首，石油加工业中的中石油长岭分公司、巴陵分公司分别以纳税 74.3 亿元和 19.7 亿元排第 2 位和第 4 位，汽车制造业中的上汽大众、广汽三菱、广汽菲克分别以纳税 34 亿元、17.3 亿元和 16.1 亿元排第 3 位、第 5 位和第 7 位。6 户企业共纳税 771.9 亿元，占全省制造业税收的比重达 58%。目前，湖南制造业还是以烟草、石油和汽车三大行业为主要的税收来源，即"一支烟、两桶油、三辆车"的格局。

营改增等减税措施实施后，制造业整体呈现税负下降的趋势。2015—2017 年，湖南省制造业一般纳税人增值税税负分别为 3.53%、2.67% 和 3.11%。31 个行业大类中，2017 年较 2016 年下降的有 17 个，2016 年较 2015 年下降的有 18 个，连续两年均下降的有 7 个，分别是农副产品、纺织、皮革、橡胶和塑料、通用设备、铁路设备、仪器仪表。尤其是通用设备、仪器仪表、电子通信设备等高端制造行业受益最大，2017 年税负均下降 30% 以上。

2. 湖南省制造业技术创新的现状

制造业是湖南省的支柱产业，如今，大批传统制造业纷纷优化调整产业结构，加快技术创新的步伐，智能技术的融合应用已全面铺开。长沙智能制造走在了全国前列，国家级智能制造试点示范企业（项目）数居全国省会城市第一位。2018 年，一大批智能制造企业形成气候，长沙拥有智能制示范试点的企业数量达到 430 家，有 27 家国字号智能制造示范项目。与此同时，一大批智能制造的龙头企业也在加速培育和形成中，智能制造生态体系正在加速形成。在 2018 年智能制造试点示范项目名单中，湖南省制造企业有 7 家入围，包括长城信息金融设备、长沙远大住宅工业、山河智能装备、科霸汽车动力电池、湖南科伦制药、衡阳华菱钢管、湖南飞沃新能源科技，是全国范围内入围企业第三多的省份。

2019 年 1 月，湖南省智能制造标准化技术委员会成立，湖南省是全国第一个成立省级智能制造标准化技术委员会的省份。这为解决智能制造因范围宽泛、专业交叉、产业链条较长而面临的标准缺失、滞后、交叉重复等问题提供了解决方案，能够满足基础、研发、技术、产品等各方面的大量标准需求。

智能制造是制造业发展的大势。湖南省抢先抓住了国家战略先进行先试点这一巨大机会，到 2017 年长株潭衡城市群的装备制造业已成为万亿产业。以大数据基础平台为载体的长沙工业云平台目标是成为位居全国前列的智能制造解决方案供应方；上海汽车大众集团长沙分公司通过将原有的生产线技术改造为智能化柔性制造线，使各种不同型号的汽车可以进行共线生产；长沙三一重工把各种数据传感器集成到工程机械设备上，构建"根云"工地设备物联管理平台，最终达到生产效率攀升了 25%、事故率下降了 85%、成本降低了 30% 以上的效果。现今，越来越多的新兴产业迅猛崛起，优势产业链也初现端倪，"互

联网 +"与 "物联网 +"制造不断汇聚，企业的投资氛围持续好转，湖南制造业技术创新正在进行时。

3. 税收政策在湖南省制造业技术创新中的运用现状

制造业增值税优惠政策的实施是为了减轻企业税收负担，争取税收公平，同时提高征税效率，并给予 "特定对象"如减免税、增加优惠档次等税收优惠措施。通过所涉及制造业的增值税优惠举措可以看出，我国的增值税优惠政策条目繁多、产业发展导向性较强，但也存在优惠门槛低、难以充分落实、缺乏有效监督等问题。

从制造业企业所得税优惠政策可以看出，企业所得税优惠政策正逐步扩大范围，如固定资产加速折旧、研发费用扣除等从原先的个别行业扩大到多个行业。政府落实减税降费力度颇大，为企业减轻了税负，为制造业技术创新提供了动力。

2016 年，湖南省人民政府发布了《关于加快众创空间发展服务实体经济转型升级的实施意见》，文件中明确提出针对产业集聚区实行税收优惠政策。企业建设众创空间投入符合规定条件的可享受研发费用税前加计扣除政策。例如，受高校与企业所托，进行研究开发活动产生的费用符合相关政策的众创空间适用研发费用税前加计扣除政策；研发仪器设备符合规定条件的众创空间按照税收有关规定适用加速折旧政策。推动股权投资企业税收优惠政策在长株潭国家自主创新示范区先行先试，对符合一定条件的股权投资企业的自然人有限合伙人，根据《中华人民共和国个人所得税法》及其和实施条例的规定，其从有限合伙企业获得的股权投资收益中符合 "利息，股息、红利所得"的应税项目按20% 税率计算缴纳个人所得税。

2017 年，为推进湖南创新事业发展，湖南省国税局联合省地税局牵头制定了《关于进一步贯彻落实好支持创新发展税收政策的通知》，精心整理了现行有效的扶持创新发展的 35 项税收政策，并编发《税收助力创新发展》宣传手册，政策全面涵盖了高新技术公司、集成电路公司、软件公司、动画漫画公司、科技企业孵化器、众创空间的研究开发费用加计扣除、固定资产加速折旧、技术入股、科学技术人员股权激励等 10 项支持创新发展的税收优惠。

2018 年 9 月，湖南省政府办公厅印发了《关于降低实体经济业企业成本的实施方案》，提出持续降低税费负担、合理降低融资成本、着力降低制度性交易成本、继续降低用工成本、有效降低用能用地成本、进一步降低物流成本、提高企业资金周转效率、激励企业内部挖潜 8 项措施，进一步降低企业成本，促进实体经济不断发展。

（二）湖南省制造业技术创新水平测度分析

1.技术创新的指标确定与解释

（1）指标确定

通过重新界定企业技术创新的内涵，遵循可行性、科学性和合理性原则，设计与构建了指标体系（见表6-25），其中包括研创投入、创新产出、管理能力、经营水准、盈利水平5类要素指标。

表6-25　要素指标

企业技术创新分析角度	企业技术创新衡量标准
研创投入	研发支出占总营业收入比例
创新产出	新增固定资产占总营业收入比例
管理能力	净资产比率
经营水准	总资产周转率
盈利水平	净利润率

（2）指标解释

根据各项数据的可得性，从制造业技术创新中甄选出这5种指标来表示技术创新水平指数。研究创新力度的加大、生产效率的提高、管理模式的优化、经营水准的提升和盈利的增多都是技术创新水平提高的体现，适用于技术创新水平指数的测度。

①研创投入

研创投入是企业技术创新的推动因素，集中体现了企业自身创新与技术改造水平。企业在技术创新的过程中加大对研发活动的资本投入和劳动投入，极力促进企业的技术创新，通过技术变革突破制约企业升级的核心技术问题，提升了企业的核心竞争力，促进了企业技术水平从价值链低端向高端提升。关于研创投入本节采用报告期内企业研发开支占总营业收入比重这一指标来描述。报告期内企业的研发支出费用主要包括新产品设计费、机器调试费、各类试验费、技术材料购进费、研发部门人员工资薪金以及与研发有关的其他费用或请其他企业组织用于研究开发的试制费用。

②创新产出

创新产出是企业技术创新的重要环节。企业创新产出的过程是企业引进产业链，从而促进生产高效化和技术集约化的过程。本节采用报告期内新增机器设备占营业收入比重进行描述。新增机器设备能保证企业采用最新技术工艺生产企业产品，提高生产效率，从而提高经济效益。其指标值越高，说明企业生产效率越高。

③管理能力

管理能力是企业技术创新的重要保障。这里的管理能力包括企业中的管理层经过创新性研发及采取诸多创新的生产管理观念、生产组织方法、生产管理形式等以达到提升企业生产绩效的目标的所有行为。对于创新管理，本节采用企业报告期内净资产比率进行描述。净资产比率体现了自有资本获得净收益的能力。其指标值越高，说明投资带来的收益越高，企业内部管理越有效。

④经营水准

经营水准是企业技术创新的重要支撑。经营水准是一个范畴相对较宽的概念，指的是企业自己的内外部条件和内部的经营方针及谋划的决策水平，以及企业所有活动的组织协调水平的总和。本节中采用报告期内总资产周转率对经营水准进行描述。在企业财务制度中，总资产周转率能够体现企业利用其资产的总体效率。企业的总资产周转率越低，周转天数越高，说明企业利用其资产进行经营的效率越差；反之，企业总资产周转率越高，说明企业利用资源进行经营的效率越高。

⑤盈利水平

盈利水平是企业技术创新的重要着力点。企业的盈利水平越强，说明企业市场竞争力越强，发展潜力越大。企业可以将获得的收益用于扩大生产或者研发，长此以往，企业规模得以有效扩大，企业可以建立自主品牌。本节采用报告期内净利润率对其进行描述。如果公司的净利润率下降，则说明公司盈利水平在下降；相反，净利润率上升说明公司盈利水平在增强。

2. 数据选取与处理

（1）数据选取

本节选取的样本来源于中国沪深两市中湖南省的制造企业。为了实证计量，本节需要对所有制造业上市公司进行如下筛选。

①选取时间跨度为2013—2017年的沪深两市湖南省44家制造业上市企业。在样本个体上，考虑实证分析结果一致性，本节剔除ST、上市时间在2013年以后的公司及数据残缺或者数据极端值，因为其特殊情况会影响整体的实证结果。

②本节使用的上市企业原始数据均源于上海和深圳证券交易所发布的公司年报、国泰安数据库。

（2）数据处理

由于各个指标存在量纲上的差异，这些差异会影响对事物的整体评价，因此对数据进行无量纲化处理。而极值化处理可以有效解决每个指标之间因为计量单位和数量级的差异而产生的不可比性。本节 5 个指标的计量单位和数量级差异过大，经极值化处理后，各个指标的原始数据转化为统一的特定范围的数据，指标间具有可比性，有利于后续各指标的相互计算从而得出技术创新水平指数。

本节采用的极值化方法的基本原则是将每一变量值与变量值的最小差除以该变量的取值的全距。标准后的数据取值范围限于 0 ～ 1。

将极值化处理后的数据简单地部分列举，见表 6-26—表 6-30。

①研创投入

表 6-26　极值处理后研发投入占营业收入比例

	2013	2014	2015	2016	2017
000157	0.325 175	0.414 634	0.378 741	0.454 735	0.190 501
000519	0.267 133	0.373 08	0.423 441	0.482 83	0.212 944
000590	0.065 734	0.187 895	0.118 115	0.182 102	0.078 81
000622	0.044 056	0.147 245	0.124 176	0.146 722	0.061 587
000702	0.220 979	0.168 925	0.142 359	0.146 722	0.072 547
000819	0	0	0	0	0
000908	0.151 748	0.280 036	0.264 338	0.577 523	0.365 866
000932	0.214 685	0.345 98	0.276 46	0.334 027	0.163 883

②创新产出

表 6-27　极值处理后的新增固定资产占营业收入比例

	2013	2014	2015	2016	2017
000157	0.052 456 615	0.056 449	0.109 587	0.023 879	0.014 616
000519	0.186 788 449	0.251 333	0.246 808	0.070 029	0.088 936
000590	0.074 476 191	0.231 584	0.046 102	0.018 962	0.166 309
000622	0.010 403 833	0.071 244	0.128 851	0.064 662	0.069 116
000702	0.008 050 641	0.005 773	0	0.010 418	0.039 127
000819	0.000 077 603	0.085 846	0.012 392	0.003 217	0.002 265
000908	0.002 439 766	0.040 906	0.040 872	0.068 885	0.168 282
000932	0.109 143 416	0.047 08	0.111 798	0.019 092	0.009 794

③管理能力

表 6-28　极值处理后的净资产比率

	2013	2014	2015	2016	2017
000157	0.500 908	0.429 169	0.453 551	0.443 361	
000519	0.791 914	0	0.866 075	0.771 19	
000590	0.520 875	0.278 175	0.362 212	0.437 261	
000622	0.655 912	0.614 083	0.587 56		
000702	0.651 102	0.730 757	0.783 708		
000819	0.961 175	0.937 28	0.931 185		
000908	0	0.524 242	0.695 575		
000932	0.184 249	0.143 43	0.130 127		

④经营水准

表 6-29 极值化后的总资产周转率

	2013	2014	2015	2016	2017
000157	0.076 15	0.066 586	0.040 677	0.046 579	0.081 543
000519	0.106 989	0	0.076 256	0.130 09	0.165 414
000590	0.066 711	0.090 58	0.161 581	0.173 827	0.156 898
000622	0.073 542	0.019 577	0.004 888	0	0.027 461
000702	0.864 939	0.781 775	0.792 414	0.767 126	0.778 087
000819	0.974 385	0.601 731	0.746 29	0.651 545	0.751 256
000908	0.092 245	0.376 461	0.340 924	0.213 661	0.181 085
000932	0.247 688	0.224 703	0.183 824	0.238 895	0.396 145

⑤盈利水平

表 6-30 极值化后的总资产净利润率

	2013	2014	2015	2016	2017
000157	0.715 894	0.484 1	0.507 797	0.219 957	0.446 847
000519	0.830 594	0.508 107	0.638 343	0.349 198	0.437 794
000590	0	0	0.618 238	0.661 972	0.441 987
000622	0.672 131	0.156 587	0.046 888	0.808 338	0.079 438
000702	0.540 607	0.576 539	0.525 122	0.276 983	0.474 29
000819	0.813 336	0.612 282	0.680 758	0.334 868	0.337 116
000908	0.634 935	0.966 121	0.916 012	0.701 445	0.529 987
000932	0.617 374	0.469 295	0.345 087	0.166 393	0.661 192

3. 权重确定

本节在研究制造业技术创新的水平时，指标权重的确定也尤为重要。在确定指标权重方面，根据经验可知，一般从两种角度来选取赋权法。一种是基于主观角度的主观赋权法，这是由使用者从自己的主观角度来衡量每个变量的重视程度，然后计算指标的最终权重，计算过程简便，缺点是赋权之后得出的结果有较强的主观性，而且要求使用者的水平需达到较高水准，实际使用的局限性较大，一般采用较少。另一种是基于客观角度的客观赋权法，主要是通过原始数据之间的数学关系来计算权重，基本不涉及评价者的主观看法，降低了使用者的负担，最终依靠数学原理得出结果。然而，客观赋权法对实际问题领域具有较强的依赖性，所以实际中应用的领域较窄，使用者的互动性不足，其计算过程繁杂且细琐，无法展示使用人对每个变量的不一样的重视程度，还会出现得出的权重可能有悖于指标的现实重要程度的结果。因此，本节在对各方面综合考虑的基础上，采用深受大多数学者青睐的熵权法进行权重测算，以使测算结果更加合理。

（1）熵权法

熵权法是对系统无序程度的度量。其主要原理是依据变量异质性的大小来计算客观权重。如果单个变量的信息熵比较小，则变量值的变异程度就相对比较大，包含的信息量就比较丰富，在综合评价中所占据的影响也较为显著，它的权重就大。反过来，这个变量的信息熵比较大，意味着变量值的变异程度相对比较小，包含的信息量比较匮乏，在综合评价中所占据的影响也较为薄弱，它的权重就小。

熵权法的基本步骤：首先，计算第 1 个企业的指标比重 y_{ij}；其次，计算第 1 个指标的信息熵 e_j；再次，根据信息熵计算出信息熵冗余 d_j；最后，进行归一化处理得出指标权重。经计算最终权重，结果如表 6-31 所示。

表 6-31 指标最终权重

指标	年 份				
	2013	2014	2015	2016	2017
研创投入	0.181 8	0.165 5	0.178 7	0.136 1	0.225 5

指标	年　份				
	2013	2014	2015	2016	2017
创新产出	0.361 9	0.441 6	0.416 3	0.542 5	0.480 9
管理能力	0.069 1	0.092 2	0.058 7	0.050 8	0.046 7
经营水准	0.363 9	0.255 5	0.288 1	0.210 3	0.193 6
盈利水平	0.233 4	0.045 2	0.058 2	0.060 2	0.053 3

从表 6-31 中权重可以得出，创新产出、研创投入与经营水准的权重占比较大，是衡量技术创新水平的 3 个主要方面。

（2）技术创新水平指数

技术创新水平指数根据上文的权重与数值，可以利用以下模型计算得出：

$$ZXSJ = \sum_{j=1}^{k} u_j * p_{ij} \quad i = 1, 2, 3, \cdots, m \tag{6.7}$$

其中，u_j 表示一个指标的权重，p_{ij} 表示该企业在当前指标下的数值。

最终测算的部分结果如表 6-32 所示。

表 6-32　技术创新水平指数

	2013	2014	2015	2016	2017
000157	0.157 13	0.172	0.181 201	0.120 426	0.111 346
000519	0.229 2	0.195 682	0.288 376	0.191 295	0.184 001
000590	0.099 15	0.182 167	0.144 079	0.133 734	0.184 088
000622	0.099 54	0.124 541	0.114 464	0.128 204	0.080 674

	2013	2014	2015	2016	2017
000702	0.415 41	0.323 677	0.330 277	0.242 569	0.243 704
000819	0.439 97	0.305 75	0.314 414	0.206 286	0.205 604
000908	0.076 87	0.252 573	0.256 595	0.230 516	0.252 301
000932	0.195 81	0.169 877	0.176 626	0.121 996	0.161 764
000989	0.183 32	0.416 183	0.587 013	0.186 233	0.176 44
002096	0.226 01	0.223 764	0.192 261	0.143 442	0.148 634
002097	0.267 26	0.184 508	0.204 554	0.620 26	0.180 718
002125	0.165 45	0.120 948	0.393 861	0.210 016	0.498 743
002297	0.329 9	0.147 388	0.246 19	0.207 952	0.162 68
002397	0.214 6	0.222 995	0.235 371	0.184 902	0.170 109
002412	0.524 85	0.267 191	0.222 932	0.183 465	0.177 573
002452	0.178 93	0.221 446	0.158 194	0.175 166	0.197 659
002523	0.230 61	0.244 42	0.327 336	0.188 418	0.155 332
002533	0.275 42	0.262 585	0.284 394	0.232 064	0.214 567
002549	0.225 77	0.646 905	0.350 988	0.699 434	0.174 605

　　技术创新水平指数是上文 5 项指标极值化后的综合测度，其大小表示湖南省制造业上市企业在各个年份的技术创新程度，下文的实证分析中将用这些数值衡量制造业上市企业的技术创新情况。

　　4. 综合分析

　　根据上文的制造业技术创新水平指数公式，结合 2013—2017 年湖南省上市企业的相关数据，下面对技术创新水平指数与各个因素进行分析。为了更清晰地比较，将样本企业划分为通用设备制造业、专用设备制造业、其他设备制造业、医药制造业、食品制造业、金属制造业、日用品制造业和其他制造业 8 个子类。其中，专用设备制造业占比最大超过 20%，其次是医药制造业、金属制造业和食品制造业，占比均超过 10%。整个制造业则用样本企业的加权取平均值表示。接下来对 5 年间制造业和 8 个子类的研创投入测度值、创新产出测度值、管理能力测度值、经营水准测度值、盈利水平测度值及技术创新水平测度值进行对比分析。

（1）研创投入测度结果

研创投入测度结果如图 6-10 所示。

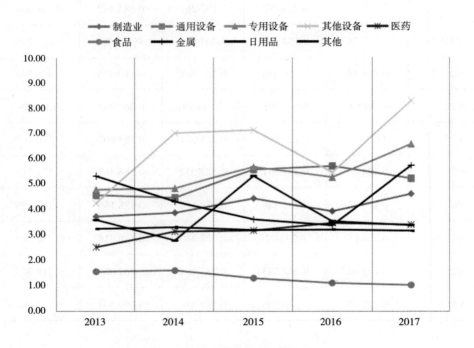

图 6-10 研创投入测度值

从图 6-10 可以看出，从整体来看，湖南省制造业在研创投入方面呈较为平缓的增长态势。从细分子类来看，专用设备制造业、通用设备制造业和医药制造业总体的增长态势与整体制造业一致，都是总体平缓，中间略有波动，日用品制造业和食品制造业的变化趋于一条直线，甚至食品制造业出现了整体下滑态势；而金属制造业、其他设备制造业和其他制造业的波动较大。根据湖南省社会和科技统计处的数据，2017 年湖南全社会研发经费投入中，专用设备制造业的 R&D 经费增长率达 34.1%，而石油加工、炼焦和核燃料加工业，金属制造业和本节划分的其他设备制造业中的铁路、船舶、航空航天和其他运输设备制造业的 R&D 经费支出出现了负增长。各个行业的研创投入重视程度各不相同，从总体上看，企业自主创新的动力和能力有待提升，研发经费投入力度仍不够。研创投入是技术创新的重要影响因素，研创投入相对薄弱的行业需要重视引进相关方面的人才和技术，只有这样才能促进湖南省制造业的技术创新。

（2）创新产出测度结果

图 6-11 为创新产出测度结果。

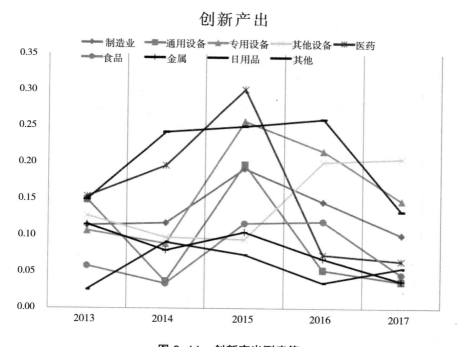

图 6-11　创新产出测度值

从图 6-11 可以看出，从整体来看，湖南省制造业在创新产出方面呈倒 V 形，波动浮动较大。从子类来看，医药制造业波动幅度最大，2013 年至 2015 年增长了 1 倍，2016 年又转而下降，并且下降幅度要远高于其他行业，到 2017 年跌至 0.06。通用设备制造业、专用设备制造业基本遵循制造业倒 V 形的趋势。

其中在 2016 年，通用设备制造业、专用设备制造业的创新产出情况均出现较大幅度的下降，创新产出指数低于同期整体制造业平均水平。可以说，所有子类波动起伏都很大。创新产出是制造业技术创新的重要部分，创新产出测度值越高，说明企业在积极地更新技术和设备。但从测算的结果来看，实际数据不尽如人意，原因在于近年来经济形势的变化，制造业产能过剩的问题较为突出。因此，大部分制造业应该加大对生产设备的投入力度，及时优化结构、去产能。

（3）管理能力测度结果

管理能力测度结果如图 6-12 所示

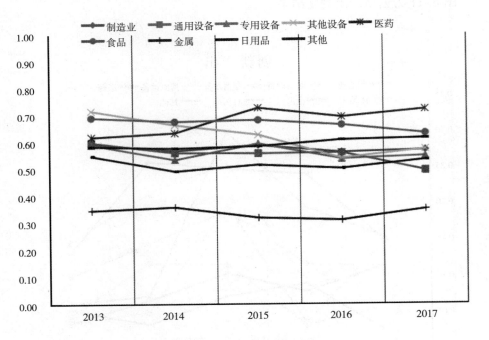

图 6-12　管理能力测度值

从图 6-12 可以看出，2013—2017 年，湖南省制造业管理能力的趋势比较平缓，基本上没有较大波动。2013—2014 年微幅下降，2015 年略有回升。从子类来看，除金属制造业外，其他行业的测度值和走势大致相同。金属制造业的测度值明显比其他行业低，脱离了大部队。而医药制造业的波动较大，2013—2015 年上升，之后先略微下降再缓慢回升。管理能力也是影响制造业技术创新的因素之一，管理能力的下滑甚至缺失必然会导致企业运营的崩溃，从而无法及时、充分地达成企业的战略目标。因此，从图 6-12 中可以看出，湖南省制造业企业的管理能力稳定在合理的范围内，能有效地促进制造业的技术创新。

（4）经营水准测度结果

湖南省经营水煮测度结果如图 6-13 所示。

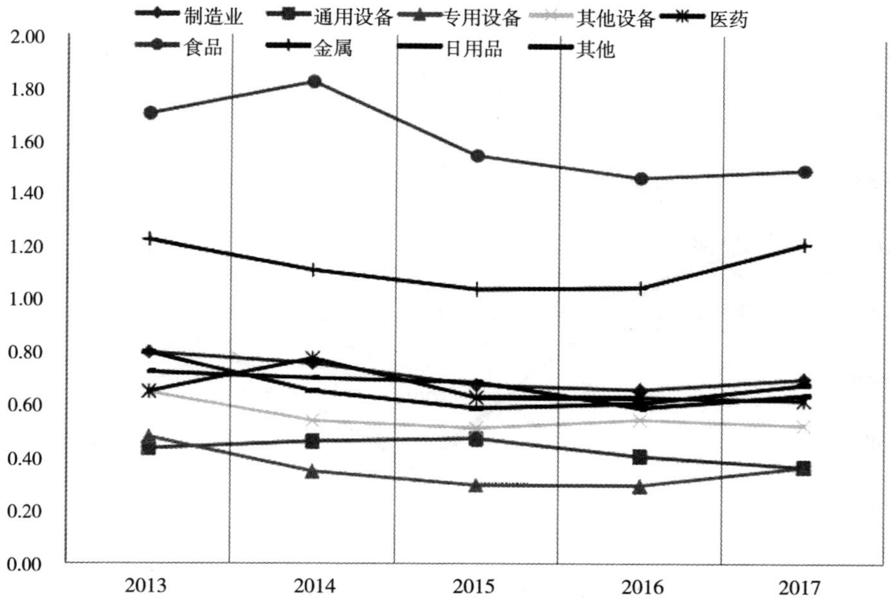

图 6-13　经营水准测度值

从图 6-13 可以看出，湖南省制造业的经营水准在 2013—2017 年间平缓下降，各个子类趋势基本一致。通用设备制造业、医药制造业与食品制造业在 2014 年有小幅度的增长，在 2015 年后再次下滑。食品制造业与金属制造业的经营水准测度值明显高于其他子类。这说明在面对世界制造业格局的诸多变革，和风云多变的全球经济及投资环境，湖南省整个制造业经营理念与战略还处于一个较低的水准。前文已经说明，经营水准在制造业技术创新中的权重较大，是主要影响因素之一。虽然食品制造业和金属制造业经营水准相比其他子类较高，但是它们在整个湖南省制造业中占比仅为 20%。湖南省制造业的技术创新还需要所有的制造业企业及时优化战略与决策去主动适应外部环境的变化，内外功兼修，改进烦琐的组织架构，转变过时的经营理念、落后的管理模式，提高决策效率，主动求变，以提高制造业企业的经营水准，降低企业管理成本。

（5）盈利水平测度结果

图 6-14 为湖南省制造业赢利水平测试度。

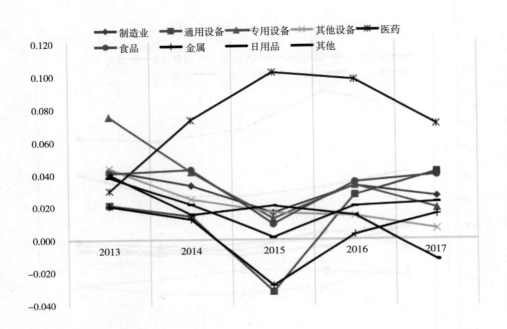

图 6-14　盈利水平测度值

从图 6-14 可以看出，从整体来看，湖南省制造业盈利能力水平在 2013—2017 年呈波动下降趋势。从子类来看，通用设备制造业和金属制造业盈利水平在 2015 年全球经济危机时跌至负值，日用品制造业也在 2017 年降到了负值，这说明湖南省通用设备制造业在 2015 年之前面临着订单减少、盈利水平不足、净利润率持续下降等问题，在 2015 年进入经济"新常态"后开始逐步转型升级，盈利水平开始回涨，现阶段无论通用设备还是产品附加值略低，价值链不够长，导致现在的盈利水平较低。而医药制造业则一枝独秀，在 2015 年到达峰值，之后虽略有回调，但总体上是增长的。总的来说，湖南省制造业整体盈利水平还有提升的空间，盈利水平提高有助于增加制造业企业技术创新的积极性与动力。

（6）技术创新水平指数测度结果

图 6-15 为技术创新水平指数测量结果。

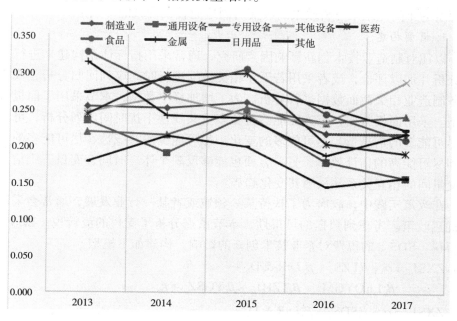

图 6-15　技术创新水平指标测度

湖南省制造业技术创新水平的测度值越大，说明湖南省制造业技术创新的综合水平越高。从图 6-15 中可以看出，现阶段湖南省制造企业技术创新水平并不乐观，整体呈小幅度下滑趋势。其中，2015—2016 年下降幅度较大，2017 年基本持平。从子类来看，食品制造业、金属制造业和通用设备制造业的下降幅度较大，主要集中在 2013—2014 年和 2015—2016 年。其他子类中，医药制造业、其他设备制造业、日用品制造业和其他制造业在 2013 年后均小幅微涨，2014 年以后开始出现分化。2017 年所有子类中，专用设备制造业和其他设备制造业的技术创新能力最强，通用设备制造业排名最后。

（三）税收政策对湖南省制造业技术创新影响的实证分析

为了验证税收政策对湖南省制造业技术创新具有一定的支持作用，结合前文的作用机理分析，本节将选取制造业企业缴纳税费中的流转税和所得税的支付税费来分别代表与消费和技术创新相关的税收政策，采用固定效应模型，引入控制变量，实证检验流转税和所得税对湖南省制造业技术创新的影响。之所以采用流转税和所得税的支付税费来表示税收政策，是因为考虑到微观层面上，企业更细致的财务数据的获取难度；同时政府为促进制造业技术创新，企业获得税收政策优惠的支持主要表现在流转税和所得税上；根据流转税和所得税支付税费的年间差距来分析政策的改变对制造业转型升级的影响。

1. 模型构建

以往对制造业技术创新影响因素研究，通常采用指标体系构建来进行描述性分析并加以评价，或者采用若干年相关数据进行时间序列回归分析，或者对装备制造业相关截面数据进行分析。为了增加样本数据，本节采用了面板数据模型。采用面板数据，一方面能够避免多重共线性干扰时间序列分析，可以承载尽可能多的信息量、尽可能多的变化、尽可能少的共线性、尽可能多的自由度和尽可能高的估计效率，另一方面也能够反映个体、时间、变量三维信息分析变量间的相互关系并预测其变化趋势。

在政策实践中，政府为了扶持某一领域或者某一行业发展，通常会采用税收优惠政策。考虑到数据的可得性，本节重点分析了支付的流转税（LZS）和所得税（SDS）的税费对企业技术创新的影响。构建如下模型：

$$\text{ZXSJ}_{it} = \alpha + \beta_1 \text{LZS}_{it} + \beta_2 Ln\text{R \& D}_{it} + \\ \beta_3 Ln\text{QYGM}_{it} + \beta_4 \text{TZHJ}_{it} + \beta_5 \text{YGSZ}_{it} + \varepsilon_{it} \tag{6.8}$$

$$\text{ZXSJ}_{it} = \alpha + \beta_1 \text{SDS}_{it} + \beta_2 Ln\text{R \& D}_{it} + \\ \beta_3 Ln\text{QYGM}_{it} + \beta_4 \text{TZHJ}_{it} + \beta_5 \text{YGSZ}_{it} + \varepsilon_{it} \tag{6.9}$$

$$\text{ZXSJ}_{it} = \alpha + \beta_1 \text{LZS}_{it} + \beta_2 \text{SDS}_{it} + \beta_3 Ln\text{R \& D}_{it} + \\ \beta_4 Ln\text{QYGM}_{it} + \beta_5 \text{TZHJ}_{it} + \beta_6 \text{YGSZ}_{it} + \varepsilon_{it} \tag{6.10}$$

式中，R&D 代表企业的创新能力，QYGM 代表企业的规模，TZHJ 代表投资环境变化程度，YGSZ 代表企业员工素质。

2. 变量选取与数据来源

（1）变量选取

本节选取的主要变量及其度量方式如表 6-33 所示。

表 6-33 相关变量及度量方式

变 量		指标说明	度量方式
被解释变量	ZXSJ	企业技术创新	技术创新水平指数测度值
解释变量	LZS	流转税	报告期内流转税税费（亿元）
	SDS	所得税	报告期内企业的所得税税费（亿元）

续　表

变　量		指标说明	度量方式
控制变量	R&D	企业创新能力	报告期内研发经费支出（对数）
	QYGM	企业规模	职工人数（对数）
	TZHJ	投资环境	社会固定资产投资增长率
	YGSZ	员工素质	大专以上人员占比率

①企业创新能力

企业的创新能力表现为企业投入研究开发中的经费。研发费用提高，意味着企业在机器设备的更新迭代、生产技术的升级换代、生产效率的提高方面投入资金与精力，企业的技术创新依赖生产设备的创新和生产方式的创新。因此，本节选择研发费用并取对数来表示企业的创新能力。

②企业规模

企业规模的量化存在很大争议。学术界对企业规模量化有企业的固定资产投资额、企业主营业务收入、企业的员工数等指标。本节出于数据的可得性，选取企业的员工数替代企业的规模，为了让数据更加平滑，对企业员工数取对数处理。

③投资环境

企业技术创新过程中，是通过与外界环境交换来获取有用信息和物质的，外界环境的变化影响着企业技术创新的成效。有文献显示，固定资产投资能够代表环境的变化程度。因此，本节采用社会资产投资率来替代。

④员工素质

企业员工作为一种生产要素，发挥最大效用时，是其他生产要素无可比拟的。企业的技术创新对企业员工素质提出了更高的要求，企业员工的素质决定了其对企业技术创新战略意图的认可度和执行度。因此，本节选取了大专以上人员占比率替代企业的员工素质。

（2）数据来源

上述模型中涉及很多变量，其中解释变量技术创新数据来源于上文，技术创新的综合水平指数是各个指标属性值乘以权重加权得出来的。流转税在企业的年度报表中无法直接找出，因此采用逆推法，通过年报中提供的教育费附加和城建税之和除以城建税及教育费附加的税率，得出流转税总额。所得税从上市公司年报中整理得出。企业研发经费数据、企业规模和企业人力资源数据源于国安泰数据下载。社会固定资产增长率从《中国统计年鉴》中计算获得。上文选取的时间跨度为2013—2017年，因此这一部分采用同样的时间跨度。

3. 实证检验

（1）模型简介

由于短面板时间跨度很小，理论上不存在单位根，不需要检验，可以直接进行回归分析。考虑到制造业技术创新的影响因素应该有多个不可观测值，各变量之间存在相关关系，应该优先选择使用 Fixed Effects 模型（FEM）。但究竟应该采用何种模型须进一步检测。当前，联合假设检验（F-test）和霍斯曼检验（Hausman）是选择面板数据模型的两种主流方法。判断选择 Fixed Effects 还是 Mixed Effects 模型使用联合假设检验（F-test），判断采用 Random Effects 还是 Fixed Effects 使用霍斯曼检验，内生性检验同样使用霍斯曼检验。

①F 检验

F 检验的原假设为选择 Mixed Effects 模型，备选假设为 Fixed Effects 模型，如果 M < F，那么就接受原假设，反之，则拒绝原假设。选用 Fixed Effects 模型，本节测算出的 F=32.49621，远大于临界值，所以拒绝原假设，选用备选假设，即使用 Fixed Effects 模型。

②霍斯曼检验

霍斯曼检验原假设为建立 Random Effects 模型（REM），备选假设为建立 Fixed Effects 模型，利用 STATA 15 对模型（6.8）（6.9）（6.10）进行霍斯曼检验，结果如表 6-34 所示。

表 6-34　霍斯曼检验

模　型	Test Summary	Chi-Sq.Statistic	Chi-Sq.d.f.	Prob.
（6.8）	Cross-section random	2.986 339	6	0.029 631
（6.9）	Cross-section random	3.452 787	5	0.018 542
（6.10）	Cross-section random	2.564 187	6	0.047 625

数据来源：STATA 输出结果。

表6-34中，模型（6.7）（6.8）（6.9）的P统计量分别为0.029 631、0.018 542、0.047 625，都小于0.05，说明拒绝原假设，接受备选假设。因此，各变量间不存在自相关，通过内生性检验，应该建立 Fixed Effects 模型。

（2）回归分析

本节对上述 5 个变量的相关数据进行分析，得出 3 种模型的回归结果，如表 6-35 所示。

表 6-35　3 种模型回归结果

变　量	混合模型 （5-1）	混合模型 （5-2）	混合模型 （5-3）	FEM （5-1）	FEM （5-2）	FEM （5-3）
LZS	0.020 748** （2.214 265）		0.035 940*** （4.725 013）	−0.018 262** （2.297 001）	0.012 05** （1.970 285）	
SDS	0.019 793** （2.207 814）		0.038 462*** （4.595 672）	0.020 340 8** （2.318 462）	0.011 39** （2.031 004）	
R&D		0.003 934 （0.967 78）	−0.001 020 （−0.246 884）		0.090 48** （2.379 896）	0.063 50** （2.041 238）
QYGM	0.003 978 （0.702 458）	0.000 583 （0.110 836）	0.039 78** （2.702 458）	0.006 156* （1.592 69）	0.000 583 （0.110 836）	0.019 306 （1.232 972）
TZHJ	0.026 335* （1.093 869）	0.023 318** （1.311 7）	0.059 08** （2.912 977）	0.080 770*** （3.861 535）	0.090 908*** （3.523 022）	0.069 080*** （3.023 022）
YGSZ	0.260 507*** （2.517 935）	0.160 002* （1.012 106）	0.044 254*** （2.687 237）	0.281 34** （2.560 325）	0.046 02*** （2.714 128）	0.042 054*** （2.165 270）
R^2	0.093 456	0.082 654	0.184 945	0.401 396	0.445 45	0.438 183
F	1.201 058	1.200 356	1.427 438	4.146 042	3.927 438	3.735 94

注：括号内为数据 t 检验值。

***、**、* 为 1%、5%、10% 显著性水平。

从表 6-35 中可以看出，在 3 种模型中，固定效应模型的 R^2 是最高的，同时 F 检验显著不为零。其中，变量 LZS 单独存在时，对制造业的影响系数大约为 −0.018，说明流转税政策与制造业技术创新呈负相关关系，流转税税费每降低 1%，制造企业技术创新指数就增加 0.018。当变量 SDS 单独存在时，对制造业的影响系数约为 0.011，说明所得税政策与制造业技术创新存在正相关关系，所得税税费每提高 1%，制造企业技术创新指数就增加 0.011。代表着创新能力的变量 R&D 与制造业技术创新存在正向显著关系，意味着研发经费每增加 1%，制造企业技术创新指数就增加 0.09。企业规模影响系数则通过了 10% 的显著性水平，说明企业规模的变化对制造业技术创新的影响不显著。代表着投资环境变化的变量 TZHJ 与制造业存在着正向显著关系，意味着社会固定资产投资每增加 1%，制造业技术创新指数就提高 0.09。代表着企业员工素质的变量 YGSZ 与制造业技术创新也存在着正向显著关系，企业员工素质对制造业技术创新的影响系数大约为 0.042。

（四）提升湖南省装备制造企业技术创新效率的建议

1. 企业外部层面

由于装备制造业是国家经济发展战略中重要的组成部分，并且其在一定程度上承担着提升当地经济和综合实力的重任。因此，可以从政府引导、"产学研"合作和创新成果保护机制 3 个方面提出建议。

（1）发挥政府的引导作用，增加政府补助

装备制造企业普遍存在技术研发成本高、周期长、创新风险高等问题，为了进一步提高湖南省装备制造企业的技术创新效率，政府应该发挥其引导作用，加强对研究对象技术创新的支持力度。主要可以从政府资金补助和政府政策扶持两方面进行。

政府资金补助方面，政府可以直接增加对装备制造企业的补助金额。目前，湖南省装备制造企业进行技术创新活动的研发经费主要来源于企业内部和政府，其中政府占比仅维持在 7% 左右，远远低于企业支出，这势必会增加企业的研发资金压力，导致很多企业由于研发经费不足而无法研发出新技术和新产品，最终导致企业经济效益不好。

政府政策扶持方面，政府可以推出一系列促进企业技术创新发展的政策，如减免企业部分税收、对企业发明的专利和创新性产品予以奖励、增加装备制造业中重点企业授信额度、优先安排符合条件的企业以新发或增发股票债券等方式扩大直接融资、积极促进产学研结合力度等政策。这些措施会在一定程度上加快企业技术创新的步伐，增加企业技术创新的积极性。

（2）加快构建"产学研"合作体制，提高知识成果转化率

由前面章节的分析可知，湖南省装备制造企业在进行技术创新活动时，没有充分利用省内的高校和科研机构资源，使企业知识成果转化率偏低，这也是湖南省部分子行业技术创新 DEA 无效的主要原因。

第一，加快构建"产学研"合作体制，提高企业研发能力，大力引进高校技术人才。由于大学和科研机构与企业相比，在科研信息、科研人员和科研技术上有着天然的优势，因此加快构建"产学研"合作体制，不仅可以帮助企业提高技术创新效率，还可以让学校的学生提前进入企业实习，提高学生的时间管理能力，为企业提供一批符合要求的技术人才。所以，政府应该在其中发挥调控引导作用，将大学和科研单位的研发能力与企业的生产管理能力有效地结合起来，以提升它们的研发能力和效率。

第二，提高知识成果转化率。根据前面实证分析的结果可知，湖南省装备制造企业的知识成果转化率较低，每年的专利申请数基本维持不变，这势必会对企业的技术研发造成影响，也就无法生产出新产品。所以，企业应该提高知识成果的产出质量，避免出现科研成果浪费和沉淀的现象，同时其知识成果还应与时代的发展相适应，不能脱节，如此才能提高知识成果的转化率。

（3）完善技术创新成果保护机制

前面的实证结果表明，产品的更新能力对企业的经济效益有着显著的积极作用。同时据统计，在世界产业价值链评估中，发达国家工业产品 80% 的利润集中在以知识产权为核心的商标、专利和版权上。因此，在知识经济时代，技术创新成果作为装备制造企业最有利的无形资产，对其保护制度进行加强和完善，无论是对企业还是产业而言，其重要性都是毋庸置疑的。

要想加强和完善技术创新成果保护制度，一是政府部门要足够重视，出台严厉打击侵犯和盗用技术创新成果的政策；二是要完善企业专利申报的程序，要落实跟进以确保专利申请所有权的归属；三是在企业进行技术创新和专利申报时，可以在财政税收方面给予一定优惠，以提高企业技术创新的积极性和主动性；四是政府和相关协会组织应发挥好协调作用，加强企业间的技术合作关系，以避免同行业出现知识成果盗取等恶性竞争；五是政府和企业在加强技术创新成果保护的同时，还要增强与发达国家的技术合作关系，以提高技术创新成果的质量，为企业的发展提供更好的技术基础。

2. 企业内部层面

（1）改善企业研发投入力度

由前面的实证分析可知，影响装备制造企业技术创新效率的主要因素是人力、资金和技术的投入。因此，如何根据湖南省装备制造企业的实际情况改善企业的研发投入力度，是提升研究对象技术创新的关键步骤。

第一，人力投入。装备制造业作为典型的劳动密集型行业，需要大量的人力投入才能实现规模经济效益，特别是研发人员更是企业进行技术创新活动的主要生力军。目前，湖南省对研发人员的培养和引进制度还明显不足，难以留住高学历的研发人员，导致人才外流现象严重。因此，企业应该建立健全的人才引进机制、提高人才待遇、扩宽人才引进渠道以吸引和留住研发人员，加大人力投入。

第二，资金投入。装备制造业不仅是劳动密集型行业，还是资金密集型产业，这主要是由技术创新活动周期较长造成的。根据前面章节的实证分析可知，湖南省装备制造企业的研发资金投入强度占比不是很高，特别是新产品的研发经费占比不足企业年销售收入的 6%，所以要想实现湖南省装备制造企业的发展稳步增长且拥有较强的市场竞争力，就必须加大研发资金的投入。

第三，技术投入。从动态分析的实证结果可知，湖南省装备制造企业在转化阶段技术创新效率较低的主要原因是技术进步指数较低，表明在该阶段企业的技术水平已无法满足市场的需求，应该加强对新技术的引进和开发工作，同时要加强企业的自主创新能力，帮助企业研发出自己的核心关键技术，以使生产的新产品符合市场的需求，帮助企业取得较好的经济效益。

（2）开展技术创新联盟

装备制造业开展企业间的技术创新联盟，不仅可以扩大企业研发经费的来源渠道，加强相同企业间的技术交流和合作，还可以减少企业技术创新活动的成本，降低风险，增强企业的技术溢出效应。同时，从静态和动态分析来看，湖南省装备制造企业技术创新效率指数不高的主要原因之一是规模效率无效，由此可以看出部分行业的企业尚未形成规模经济，特别是对中小型企业来说，受资金和技术等条件的限制，其规模效应很难达到最优。所以，开展装备制造企业间的技术创新联盟，不仅可以帮助企业提高技术创新效率，还可以形成产业集群，并发挥其优势，达到规模经济有效。

（3）拓展融资渠道

装备制造业作为资金密集型产业，其经营和研发活动所需的资金量很大，但从 2011—2015 年湖南省装备制造企业的 R&D 经费支出情况来看，其技术创新活动的经费主要依靠是企业内部支出和政府补助，表明其经费来源渠道比较单一。随着我国金融市场的迅速发展，经济市场上的资金流动也越来越灵活，这为企业拓展融资渠道提供了可行性。所以，可以通过信贷、引进境外资金投资、新发或增发股票债券等方式来拓宽企业研发经费的融资渠道，以提高企业在技术创新活动中的资金投入力度，帮助企业获取更高的经济效益。

第七章 全球价值网络下中国装备制造业 技术创新的提升路径

一、构建相关政策体系平台

我国制造业正面临转型升级的历史任务。近几年，国家围绕"中国制造2025"战略，先后启动了 3 批智能制造试点示范项目，发布了《智能制造发展规划（2016—2020 年）》和《中国制造 2025》（"1+X"）规划体系，实施了"制造业创新中心建设"、智能制造、工业强基、绿色制造、高端装备创新等 5 大工程，为制造业整体转型升级奠定了坚实基础。

但要让上述规划体系和战略任务落到实处，起到长效，产业政策体系是至关重要的。而后者首先需要在顶层设计上下功夫，使之既有助于化解短期内我国制造业面临的突出矛盾，又能更好地服务于实现制造业强国的长远目标。

（一）我国装备制造业相关政策体系

我国装备制造业的相关政策由以下几部分组成。

1. 直接引导装备制造业发展的政策与规划

直接引导装备制造业发展的政策与规划包括国务院发布的《关于加快振兴装备制造业的若干意见》（2006 年）、《装备制造业调整和振兴规划》（2009年 5 月）、《关于加快培育和发展战略性新兴产业的决定》（2010 年 10 月）[1]、《"十二五"国家战略性新兴产业发展规划》（2012 年 7 月），以及工业和信息化部编制的产业发展规划，如《高端装备制造业"十二五"发展规划》《海洋工程装备制造业中长期发展规划》《环保装备"十二五"发展规划》《机械

---

[1] 将高端装备制造业的发展纳入 7 个战略性新兴产业之中。

基础件、基础制造工艺和基础材料产业"十二五"发展规划》《机床工具行业"十二五"发展规划》等一系列细分领域的专项规划。这些政策与规划形成了系统完整的规划体系。此外，还有《海洋工程装备产业创新发展战略》等一系列产业政策。2015 年 5 月 19 日，国务院印发《中国制造 2025》（国发〔2015〕28 号）通知，这是我国实施制造强国战略的第一个十年行动纲领。

2. 装备制造业的技术政策

装备制造业的技术政策指把装备制造业作为重要内容之一的国家技术政策，如《国家中长期科学和技术发展规划纲要（2006—2020）》《国家高技术研究发展计划》（简称 863 计划）、《国家重点基础研究发展计划》（简称 973 计划）。2015 年 7 月 10 日，工业和信息化部印发《关于进一步促进产业集群发展的指导意见》（工信部企业〔2015〕236 号）从"加强规划引导，提高产业集群科学发展""提升龙头企业骨干企业带动作用，强化专业化协作和配套能力""加强区域品牌建设，推动要素聚集和价值提升""提高产业集群信息化水平，建设智慧集群""提升创新能力，增强集群竞争优势""提升公共服务力，支撑产业集群转型升级""加强指导和政策支持，优化产业集群发展环境"7 个方面提出了推动产业集群转型升级，促进产业集群发展的 20 条意见。

3. 装备制造业的目标政策

装备制造业的目标政策指以解决目前工业领域的一些重大问题为目标，涉及装备制造业的政策，如《工业转型升级规划（2011—2015 年）》《"十二五"产业技术创新规划》《工业产品质量发展"十二五"规划》等。此外，7 个战略性新兴产业的发展，甚至整个国民经济的发展都离不开装备制造业的进步，相关内容的发展规划和战略也会涉及装备制造业。《中国制造 2025》还借鉴德国版工业 4.0 计划，重点围绕转型升级，工业化、信息化"两化深度融合"等我国工业有待加强的领域进行强化，力争使我国在 2025 年从工业大国转型为工业强国。

相关政策大多列出了装备制造业重点支持发展的产品领域，从时间趋势来看，支持发展的产品领域逐步集中，突出"攻高端"和"夯基础"。

2006 年，国务院出台了《关于加快振兴装备制造业的若干意见》，提出要实现 16 个关键领域的重大突破，涉及大型清洁高效发电装备、特高压输变电成套设备、百万吨级大型乙烯等成套设备、大型煤化工成套设备、大型薄板冷热连轧成套设备及涂镀层加工成套设备、大型煤炭井下综合采掘及大型露天矿设备、大型海洋石油工程装备和大型船舶及大功率柴油机等配套装备、高速列车和新型地铁车辆等装备核心技术、大型环保及资源综合利用设备、大型施工机械、自动化控制系统和关键精密测试仪器、大型精密高速数控装备和数控系统及功能部件、新型纺织机械、新型及大马力农业装备、民用飞机及发动机和机载设备等领域。

2009 年 5 月发布的《装备制造业调整和振兴规划》中，支持领域与《关于加快振兴装备制造业的若干意见》基本重叠，强调"依托十大领域重点工程"，"抓住九大产业重点项目"。

2010 年 10 月，国务院《关于加快培育和发展战略性新兴产业的决定》突出强调，对于 7 个战略性新兴产业之一的高端装备制造业，要"重点发展以干支线飞机和通用飞机为主的航空装备，做大做强航空产业。积极推进空间基础设施建设，促进卫星及其应用产业发展。依托客运专线和城市轨道交通等重点工程建设，大力发展轨道交通装备。面向海洋资源开发，大力发展海洋工程装备。强化基础配套能力，积极发展以数字化、柔性化及系统集成技术为核心的智能制造装备"。2012 年 5 月，工业和信息化部印发了《高端装备制造业"十二五"发展规划》，其中高端装备制造业的支持领域与国务院《关于加快振兴装备制造业的若干意见》和《装备制造业调整振兴规划》相比有所收窄。

《国家中长期科学和技术发展规划纲要（2006—2020 年）》（以下简称《规划纲要》）指出："在重点领域中确定一批优先主题的同时，围绕国家目标，进一步突出重点，筛选出若干重大战略产品、关键共性技术或重大工程作为重大专项，充分发挥社会主义制度集中力量办大事的优势和市场机制的作用，力争取得突破，努力实现以科技发展的局部跃升带动生产力的跨越发展，并填补国家战略空白。""国家科技重大专项是为了实现国家目标，通过核心技术突破和资源集成，在一定时限内完成的重大战略产品、关键共性技术和重大工程，是我国科技发展的重中之重。"《规划纲要》确定了 16 个重大专项，高档数控机床与基础制造技术，大型油气田及煤层气开发、大型先进压水堆及高温气冷堆核电站，大型飞机、载人航天与探月工程等均位列其中。

2012 年 1 月，国务院印发《工业转型升级规划（2011—2015）》，其中先进装备制造业是 6 个重点领域之首。先进装备制造业涉及关键基础零部件及基础制造装备、重大智能制造装备、节能和新能源汽车、船舶及海洋工程装备、轨道交通装备、民用飞机、民用航天、节能环保和安全生产装备、能源装备。

《"十二五"产业技术创新规划》将装备制造业作为 4 个重点领域之一，提出了需要重点开发的产品，涉及机械工业、航空航天工业、轨道交通装备、船舶工业、节能与新能源汽车。其中，机械工业重点开发的技术领域中突出强调的是基础配套部件和基础工艺技术，即"重要基础件和配套部件设计制造技术，工业自动化控制系统与精密、智能化仪器仪表设计制造技术，为高端装备的技术创新提供支撑的铸造、锻压、焊接、热处理和表面处理等基础工艺技术"。

《工业产品质量发展"十二五"规划》在重点行业的规划目标中提出，装备工业的质量发展目标是"主要产品的质量与可靠性达到发达国家同类产品本世纪初的平均水平，售后服务质量与国际接轨。重要基础件、关键零部件、发动机和数控机床等重点产品的可靠性与使用寿命在现有基础上提升50%"。

《中国制造2025》规划纲要就是中国版的工业4.0战略。与"十二五"规划整体思路不同，由中国工程院院士参与起草的《中国制造2025》规划年限扩展到了2025年，时间跨度覆盖"十三五"和"十四五"，并将围绕"从工业大国到工业强国的转型"，先确定顶层制度设计，最后形成重点行业、领域和区域规划的"1+X"模式，直接考虑未来10年我国工业中长期战略发展。

（二）构建产业政策体系的基本要素

1. 政策体系的依据和归宿

政策体系要体现五大发展理念，发挥市场在优化配置资源上的决定性作用，利用政府在规划引领、信息平台、数据基础设施、市场监管、基础性研发、技术标准、行政指导等方面的独特作用，推动制造业的转型升级，实现"中国制造2025"战略和规划目标，为到2050年将中国建成世界一流制造业强国的远期目标奠定政策基础。

2. 政策体系的驱动力

政策体系的驱动力主要来自两个方面，一方面是把握和适应全球制造业的发展趋势，抢占国家未来竞争制高点；另一方面是有效化解中国制造业面临的质量和效益不佳的主要矛盾。如社会资金脱实向虚、成本上升压力、资源环境约束、低端产能过剩、技术外部依赖、价值链低端固化等困境，以推动经济发展动能的转换。

3. 政策体系架构

政策体系架构主要包括以下内容：包括政策主体是中央政府还是地方政府，是工业信息化主管部门还是其他综合职能部门；政策工具本身的经济属性是经济性政策还是非经济性政策杠杆，是针对特定企业、特定产品和特定技术的纵向的、选择性的产业政策，还是企业中性、产品和技术中性的、横向的、功能性产业政策，是侧重生产加工环节的离散"点政策"，还是面向全寿命周期的产业链各环节的集成化、平台化的"面政策"；政策载体是行业龙头企业还是中小企业，是新兴产业还是传统产业；政策视角是针对整个制造业的宏观政策，还是面向特定行业的中观政策，抑或是针对企业和创新实体的微观政策；政策重心是侧重技术创新，还是结合了商业模式创新、管理创新、集群创新、人才机制创新、政产学研用社结合创新等综合政策体系；政策指向是单向的政策制定与实施机制，还是双向的政策绩效评估反馈与动态调整机制。

（三）产业政策体系的总体框架

现阶段我国制造业转型升级的产业政策体系的基本架构大致如图 7-1 所示。

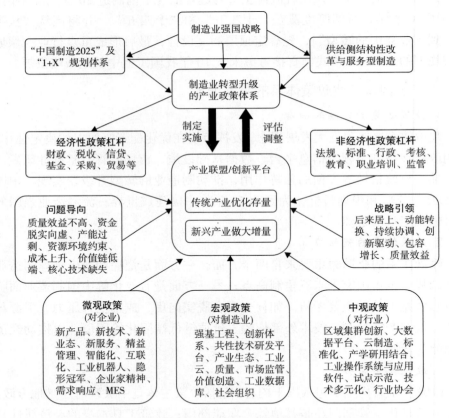

图 7-1　制造业转型升级的产业政策体系的基本架构

从这个政策体系架构中我们不难看出，推进制造业转型升级可以从两条路径来展开，一条是围绕"中国制造 2025"战略和由此形成的"1+X"规划体系，另一条是供给侧结构性改革和发展服务型制造。无论是哪一条路径，都必须明确产业政策的驱动力（实现制造业转型升级目标和解决制造业主要矛盾）、目标（制造强国战略目标）和依据（"1+X"规划体系）、政策工具（其中，经济性政策杠杆包括财政、税收、金融等政策工具，非经济性政策包括法规、技术标准、行政指导、业绩考核、文化教育、职业培训等政策工具）、政策主要载体（产业联盟或创新平台）、政策两大路径（做大增量和做优存量）和不同层级产业政策的协调性（宏观政策、中观政策和微观政策）等问题。

其中，宏观政策主要针对整个制造业而言，要加快推进制造业强基工程、创新中心体系建设等5大工程；加快建立面向全行业的共性技术研发平台、工业数据库、工业标准体系和工业云服务；营造良好的产业生态；强化质量、安全和竞争性监管；推进重点领域的试点示范工程；等等。

中观政策主要针对特定行业或领域，包括加快发展区域性创新集群，形成若干在全球具有影响力的区域性或行业性创新联盟或产业联盟；在联盟内部建立公平接入、开放共享的大数据平台、云服务、标准化、产学研用结合、工业操作系统与应用软件；推进区域性监管平台建设。

微观政策主要针对企业、创新平台或产业联盟。它包括形成政策合力，鼓励与扶持新产品、新技术、新业态、新服务的创新发展；推进基于网络物理系统的快速需求响应和制造执行系统（MES）；鼓励传统制造企业的精益化管理和智能化、网络化改造，加快工业机器人应用，鼓励隐形冠军和独角兽企业，激发企业家精神。

二、政策实现的建议与策略

（一）推进企业技术创新

企业参与装备制造业产业创新的能力是关系我国装备制造业技术创新能力的核心因素。企业也是创新成果产业化的主体，新产品转化能力是技术创新效率的第二敏感要素。因此，企业参与产业创新的能力对于提升装备制造业创新的技术创新能力和技术创新效率都有重要意义，提升装备制造业技术创新水平的首要任务在于强化企业创新核心主体地位，提高企业创新自主性。

1. 构建现代企业制度，优化技术创新

现代企业制度是产业技术创新生存和转化的基础。这就要求我国装备制造企业加快构建现代企业制度，优化技术创新存在的企业环境。深化国企改革，打破行政命令管理模式，积极与市场对接，建立以市场为导向的企业技术创新激励机制。引导民营企业打破传统的家族式经营模式，优化法人治理结构，加

快建立信息化、规模化、网络化、国际化经营新机制。

2. 提升中小微企业的地位

从强国发展经验来看，装备制造业产业创新是产业内大中小企业协同创新、共同提高的结果，仅仅依靠少数企业难以推动整个产业的创新升级。中小微企业在产业技术创新供给中具有创新效率高、反应速度快、创新接受程度高、应用化程度高等特点。应鼓励引导产业内的龙头大企业建立起配套中小微企业的技术转移辅导和合作制度，将大企业的引领作用和中小微企业的灵活性、专业性结合起来，促使中小微企业为大企业提供有效的配套支撑，形成有利于共同创新的创新集群，实现产业内企业协同创新。还应进一步完善对中小企业的财政担保机制，降低中小企业获得银行贷款的难度。

3. 企业与网络的融合

我国装备制造业产业创新已经不可能脱离国际市场，国际市场的变化、国际贸易关系的变化都对我国装备制造业发展产生了重要影响。政府应打造国际装备制造业创新前沿的公共信息服务平台，面向企业开放，以便企业及时获取国际前沿的行业信息。依托政府间或非政府间的国际组织平台，为我国装备制造业企业开展国际合作拓宽范围、提升层次创造条件。加快围绕"一带一路"倡议布局，抓住机遇，建立完善装备制造业对外投资合作的支持措施。政府可以以购买服务等多种形式，积极帮助企业在参与全球生产链、创新链过程中解决遇到的不公平、不公正问题，保障企业的合法权益。

4. 加强产权保护

把平等的产权保护作为企业家的定心丸，将其作为提升企业家创新信心、踏实做实业的重要突破口。特别是要对于私人财产权利要坚持平等保护原则，保障企业家财富安全，保障企业家的创新回报。坚持对企业财产的查封，必须经过具有司法权力的机构授权，并且司法机构要以立案为标准。从当前的装备制造业发展现实来看，要加快推动形成良好的企业家文化，特别是要营造尊重和推崇实业企业家的社会氛围，以激发实体经济中的企业家精神，发挥企业家才能。加快发展装备制造业行业协会，通过行业组织打造企业家交流学习的平台。

5. 健全科技成果转化机制

建立政策落实评估机制。鼓励各级政府指定第三方机构对促进装备制造业科技成果转化政策落实进行评估，包括国家出台有关科技成果转化的文件、地方出台的综合性文件及专门针对促进科技成果转移转化做出的规定等，通过督查与评估，找出政策设计与政府部门、科研院所、高校、企业等落实科技成果转化政策之间存在的问题，有针对性地完善政策，提高政策有效性。

理顺科技成果转化政策。理顺国务院和地方人民政府及其组成部门、科技部、最高人民法院、最高人民检察院等机构出台的支持装备制造业科技成果转化政策，加强科技、财政、税收、投资、金融、人才、产业等政策的协同，提高与各相关部门的实际操作、管理、监督、检查、巡视的衔接性，避免出现政策打架的现象。

提高政府机构政策服务能力。鼓励各级政府组织组建政策咨询服务平台，通过现代信息化方式接受高校、科研院所、企业及科技人员的咨询，统筹多部门解决政策疑问。同时，加强科技成果转化政策宣讲，重点对高校、科研院所及企业在科技成果转化中存在的疑虑和问题、遇到的困难进行解答，避免引起误解、误读。

建立工业应用技术研究机构。依托我国工业类研究院，以支撑装备制造业发展为核心，探索建立应用技术研究机构，以为市场提供具有相当产品成熟度的科研创新服务、使科技成果能够迅速转化为市场成熟产品为方向，为装备制造业企业、服务性产业及政府部门提供科研服务。

创立产学研协同技术转移模式。依托政府、机械工业联合会等装备制造行业协会，重新整合专业资源，组建技术转移促进机构，搭建高校等研究机构和企业之间的纽带，以充分利用高校和科研机构中未转化为经济价值的知识和技术潜力，依据开放、灵活、扶持、引导的原则，放开市场准入门槛，引入市场化竞争机制，鼓励各类科技中介机构积极参与技术转移活动，鼓励高校、科研院所、企业各方联合起来进行技术创新，形成合力，产生协同效应，共同推动科技成果产业化。

提升高校技术转移服务能力。支持高校科研院所申请设立科技成果转化服务机构，鼓励有条件的高校和科研院所建立健全专业化、市场化的科技成果转移转化机构，统筹科技成果转移转化与知识产权管理职责和市场运营。探索科技成果转移转化有效机制与模式，建立职务科技成果披露与管理制度，培育一批提供专业的价值判断、专利保护、需求对接、法律和财务谈判等服务的国家技术转移服务机构。

完善区域技术转移服务体系。鼓励地方政府推进金融服务、政务服务、法律服务改革，为装备制造业科技成果转化营造良好环境。鼓励地方构建区域技术交易网络平台，加强不同服务平台间的资源对接，实现信息共享、成果共用、效益共享。在区域技术交易网络平台上，探索建立装备制造业科技创新信息共享板块，充分汇聚科技政策、需求和资源，以及研发导向、交流项目、科技成果等信息，实现产业资源、技术项目金融资源、创新服务资源的整合①。

6. 加快重大科技创新平台建设

发挥政府的统筹作用。完善协调推进机制，充分发挥政府的统筹规划能力，加强重大规划、重大政策等全局性工作的谋划指导，协调多方资源协同推进装备制造业重大科技创新平台建设。建立供需对接协调机制，协调落实。加大重大科技研究投资力度，发挥国家财政主导作用。

推动发展战略咨询常态化。加强国家层面的装备制造业重大科技创新发展战略研究和决策咨询工作，协助推进平台建设工作。以现有咨询委员会为基础，适时构建具有固定任期的常设咨询机构，形成常态化的咨询工作机制，定期对全国重大科技创新平台发展状况及管理运行工作进行评估，及时对存在的问题提出修改建议；适时对平台建成后的后续发展需求提出建议；组织开展新建重大科技创新平台的规划论证和评审，提供咨询意见和建议。

7. 构建多层次区域创新体系

加大区域创新生态体系建设。通过分析区域装备制造领域创新发展不平衡、不充分的现实表现，以问题为导向，结合区域装备制造业发展着力点，构建开放式合作网络和创新体系②。探索市场化的区域创新体系模式，发挥企业或民间中介组织等市场力量，推动区域创新体系发展。地方政府应在创新基础设施和科技平台建设、科技专项攻关等方面给予适当政策倾斜。

依据区域创新水平制定技术进步路径。依据区域创新水平制定装备制造业技术进步路径，以应对该产业创新增长与发展表现出的区域非均衡性问题。鼓励东部地区装备制造企业走自主研发之路，通过整合全球创新资源和高端要素，强化关键技术研发和基础研究，提升创新产出的国际竞争优势；对于中部地区装备制造企业来说，技术进步路径应以外商直接投资与模仿为主；西部地区装备制造企业应以国内技术引进与模仿为主；中西部地区装备制造企业继续加强技术引进和吸引外商直接投资，同时整合有限的创新资源，增强技术消化、吸收能力，充分发挥追赶效应，以积极支持有条件的企业逐步走上自主创新之路③。

① 申轶男，李岭，李宪振. 基于多主体协同创新的科技成果转化模式研究 [J]. 科技与创新，2017（19）：22-25.

② 叶振宇. 构建有利于新兴技术突破的区域创新体系 [J]. 中国发展观察，2018（13）：14-16，21.

③ 刘冬冬，董景荣，王亚飞. 行业特征、要素禀赋结构与技术进步路径选择——基于中国装备制造业的实证检验 [J]. 科研管理，2017，38（9）：132-141.

（二）推动政府职能转变

围绕有利于提升创新资金投入能力、有利于提升创新产品转化能力、有利于推动原始创新和境外技术再创新，推动政府职能转变，打造良好的产业创新生态。

1. 转变政府理念

从装备制造业强国经验来看，政府有效推动装备制造业产业创新的前提和基础是明确政府参与产业创新的职能边界。政府重点从装备制造业产业创新链的上游，即具有很强的外部性新知识的创造环节参与产业创新；低于中下游环节，即新技术、新产品的诞生环节，政府主要致力打造有利于创新产品生产的制度环境。从根本上改变政府参与产业创新的理念，由政府"定项目、拨经费"的管理方式，向更加尊重"市场在资源配置中的决定性作用"、尊重企业家权利、发挥企业创新核心主体作用的创新治理模式转变经济政策适用理念，落实竞争政策在经济政策体系中的基础地位。明确选择性政策使用边界，对于竞争性领域，加快弱化选择性产业政策的使用，对存量选择性产业政策有序清理，原则上最大限度地减少政府行为对市场的扭曲。在使用产业政策过程中，加强功能性产业政策的使用，提高政策对全行业的普惠性。

2. 推动准入管理

合理的准入管理是推动产业创新成果商品化、产业化的重要环节，是提升我国装备制造业技术创新效率的必然要求。当前，要进一步优化新技术、新产品、新商业模式的准入管理模式，坚决废除非必需的行政审批手续，全面取缔红顶中介，最大限度地减少审批环节、压缩审批流程。政府相关部门要提高服务意识，提升对新业态的监管能力，切实做到"减审批、强监管、优服务"，进一步缩短企业获取专利及创新成果投入生产、应用环节的时间，为企业获得市场领先优势争取宝贵时间，提升创新回报的含金量。

3. 增强政府采购对技术创新应用的支持力度

政府购买是拉动创新产品需求的有效手段，能够在提升需求的同时最大限度地减少对企业的干扰。鼓励我国装备制造业以创新为导向，加大政府对本国装备制造产品的购买力度，增强政府采购对技术创新应用的支持力度。政府在采购过程中，要坚持以产品技术论高下，以产品质量论优劣，彻底打破国外技术至上的迷思；在技术效果基本一致的情况下，应优先采购国产产品。

4. 以政府为主导，强化产业共性技术研发

明确装备制造共性技术研发的主要保障责任在政府，依此调整政府对装备制造业创新的资金投入结构，提升对装备制造共性技术研发的投入力度，降低企业进行产业技术创新的难度，提升产业创新效率。由政府牵头，推动龙头企业、

高校科研院所、政府相关部门等共同参与，建立股份制行业共性技术研发中心。促使中国科学院等国家级科研院所更加积极地与企业对接，了解企业在生产过程中的创新需求，使企业能够更加顺利地获取科学技术成果。

5. 鼓励技术创新

从前文实证分析结果来看，引进先进的技术成果对我国装备制造业技术创新具有重要影响。现今，我国产业核心技术依然落后，因此在产业创新政策制定过程中要坚持鼓励延续性创新与颠覆性创新双向推进原则，片面强调某一种创新是不符合我国国情的。特别是对于一些国际上已有，但我国仍处于空白状态的技术研发，也应将其归于创新类产品给予支持，这样有利于弥补我国装备制造业的技术空白。

6. 加快推动产业间协调发展

目前，我国装备制造业相关政策的关注重点是关键技术和制造高点的突破。关注关键技术和制造高点本身并无问题，但是因此而忽略了产业整体生产效率的提高就与我国的发展实际不相符了。在我国装备制造业中，传统产业占比仍然较高，传统产业升级同样不容忽视。若只关注一方面，不免有顾此失彼之嫌。因此，应积极推动装备制造业中不同行业的融合。政府可以牵头打造平台组织，以支撑不同行业间的交流合作。加大对传统产业技术创新的支持力度，特别是对创新成果进行扶持时，要做到不以行业分高下，而以技术论英雄。

加快推动装备制造业与生产性服务业融合。优化生产性服务业的准入管理，进一步简化准入程序，取消不必要的前置审批程序和资质认定，推动不同性质的社会资本的公平准入。坚持开放包容的理念，扩大生产性服务业开放程度，吸纳更多的国外先进生产性服务业主体，促进我国生产性服务业市场供给水平的整体提升，加快与国际市场接轨。鼓励、引导银行探索允许生产性服务业企业进行动产抵押的方法，帮助企业利用知识产权质押、仓单质押等多种方式满足融资需求。

（三）深化资金体系改革，夯实资金基础

1. 优化税费制度

梳理针对企业的各种形式的收费、基金项目，将适合改为税收形式的改为税收形式；清理以垄断中介收费为代表的不合理的行政事业性收费。进一步完善营改增抵扣制度，特别是要对技术创新成本高、风险大，又事关国计民生的装备制造加大抵扣力度。进一步完善高新技术企业认定办法，将更多创新企业纳入税收优惠范围之内。允许某些尖端技术和产品研发企业在财务上提取科技

研发风险准备金、新产品试制准备金及亏损准备金等。在企业创新带来亏损的情况下，加大其减免税支持力度，允许其用前几年的利润来弥补亏损，减轻企业所得税负担。切实降低初创期中小微企业的税收负担，扩大减半征收企业所得税范围，使更多的中小微企业能够享受这一福利。

实施有利于吸引创新型人才的个人所得税制度，具体包括在全国范围内推广股权奖励分期缴纳个人所得税制度。对优秀科技人才部分所得实行个税优惠政策，包括对因取得科研成果获得的奖金、安家费、科研费、津贴等考虑可以免征其个人所得税。企业给予其高级科技人才股息红利时，可以对这部分收入减半征收个人所得税。

2. 大力发展科技金融

为助力装备制造业中小企业科技创新发展，解决其融资难问题，落实中央鼓励科技金融促进装备制造业中小企业技术创新融资新发展的政策，建议在以下几个方面加快改革。

（1）创新科技金融服务方式

顺应当前国家科技、金融与产业加速融合的发展趋势，鼓励科技金融服务企业整合区域内外金融资源，在推动行业资源整合、产业升级、创新商业模式探索方面，形成品牌影响力，打造科技创新投资孵化品牌，服务实体经济发展，助推装备制造业中小企业科技创新，加快产业转型升级。

（2）创建创投产业集聚发展环境

发挥股权融资和风险资本助推科技型装备制造业中小企业的创新作用。研究并出台促进股权投资业发展的政策办法，完善促进股权投资机构注册和发展的便利机制和优惠措施。依托政府引导基金和重大创新平台或科技园区，吸引行业经验丰富的优秀投资管理机构合作设立基金，促进创投业集聚发展。引入政策性银行资金等引导基金适时增资机制，完善政府引导基金利益让渡政策。

（3）构建科技保险制度体系

推行政策性科技担保，加强科技保险建设，健全风险共担机制。研究并出台关于支持科技保险发展的工作意见。支持知识产权保险、产品研发责任险、关键研发设备险、成果转化险、"首台（套）"产品质量保证保险、重大装备产品责任保险等产品创新。推出"领军人才保险计划"，建立科技保险奖补机制[①]。

---

① 　吴妍妍，刘言，徐声浩. 科技金融发展实证分析与政策研究——以合肥与长三角若干城市的比较为例 [J]. 中国经贸导刊（理论版），2018（11）：31-34.

3. 优化财政资金支持渠道

转变传统"撒胡椒面"式的资金投入方式，做到有针对性地投入，将经费投入的重点更多地向新产品转化环节和人力资本培育倾斜，以提升整个产业的创新效率。设立装备制造业重大技术创新专项引导基金，按照市场机制的要求管理、运作专项基金。基金主要用于支持引进技术消化、吸收和再创新，重大技术装备的应用与推广。加强政策性金融工具对装备制造业产业创新的支持作用，借政策性金融工具之力引导商业银行为创新型装备制造业企业提供贷款。优化担保机制，建立专门的资金池，用于支持有发展前景的中小装备制造企业。转变财政资金使用方式，从政府选拔型支持模式向普惠型支持模式转变。

4. 建立多层次资本市场体系

加快发展普惠金融，为广大中小装备制造企业创造同大型企业同等的金融服务权利、机会，为其提供价格合理、反应及时的金融服务。

完善监管体制和征信体系。立足当前我国市场发展形势和金融市场环境，完善普惠金融法律体系，适应普惠金融业务未来发展，以发挥政府的积极引导及激励作用。同时，完善征信体系，利用互联网与大数据推进信息共享机制建设，助推各征信机构间的合作和交流，实现征信平台间信息共享，提高信息采集和处理的效率，推动普惠金融健康发展。

制定差异化普惠金融发展战略。根据我国不同地区的经济发展和资源禀赋情况，因地制宜地制定适宜装备制造业中小企业的普惠金融发展规划。其中，东部地区可以通过增加融资渠道和降低融资门槛来扩大金融市场的规模，通过开发新产品、新服务，扩大普惠金融的受众。中部和西部地区则应加强金融基础设施的建设，通过增加金融基础设施，丰富金融产品和服务，提升金融普惠度[①]。

继续推进数字普惠金融发展。在数字普惠金融发展呈现出从东到西逐渐递减的区域格局基础上，支持各地政府部门因地制宜地制定数字普惠金融差异化发展政策。鼓励运用数字技术推动普惠金融持续发展，改变金融服务方式，提高金融的可普及性，让金融服务辐射到更多的地方，覆盖到更多的装备制造企业。同时，促进金融和互联网知识的普及，加强宣传，提高互联网金融知识的普及程度，使更多的企业愿意参与到普惠金融活动中，也增强人们防范金融风险的意识。

---

① 钟润涛. 中国区域普惠金融发展实测及经济影响研究 [J]. 技术经济与管理研究，2018（2）：85-89.

（四）加快实施人才战略

目前，我国装备制造业一批关键技术和装备实现了突破，企业竞争力不断增强，产业集群逐渐壮大，产业生态体系不断完善。但是，从客观上看，装备制造业仍存在经营运行下行压力大、技术创新有待突破、产业结构不平衡等问题。究其根本原因，仍是人才不强，因此要加快实施人才战略，健全由企业家、高端人才、高技能人才、经营管理人才、创业人才构成的装备制造业人才网络体系，以筑牢人力资源的支撑能力。

1. 高度重视创新教育

教育是从根本上解决创新精神缺失问题的途径。个体创新能力的形成非一朝一夕之事，创新教育也不仅仅是高等教育阶段的任务。创新理念要从娃娃抓起，从基础教育开始贯彻实施。在教育体系设计的过程中，要注重对发现精神、创新理念的培养和灌输，在全社会形成重视创新教育、鼓励自由思考、突破限制的教育氛围。中央层面应加快推动教育体制改革，探索创新型人才培养机制，强化产业创新的人才基础。

2. 健全人才评价体系

建立和完善人才分类评价体系，突出中长期目标导向，注重研究质量、原创价值和实际贡献，如突出高端人才创新的评价标准和制度，细化对一线关键技术研发骨干创新价值的评价标准、创新激励力度，等等。完善职位体系，建立与专业技术人员能力相匹配的专业技术职务晋升通道，形成多渠道高端人才分类培养机制。同时，装备制造企业在创新考核方面要宽容失败，由于装备制造类技术创新充满不确定性，短时间内难以出成果，宽容失败有利于企业开展技术领域的探索。

构建多元化激励政策。推进科研人员薪酬制度改革，在收益分配上充分体现知识和创新的价值。通过实行稳定的工作制度及建立合理的工资增长机制来激励从事基础研究的科研人员；重点从提高科研人员对科研成果转化收益的分配权着手，通过提高分配力度激励从事应用技术研发的科研人员；引入市场评价的分配方式，激励从事科技服务的专业技术人员；探索建立协议工资制、项目工资制等多种收入分配形式。落实股权激励政策，明确职务科技成果股权与激励对象、方式、条件和程序，特别是要细化落实国有企业和公立研究机构的股权激励政策。此外，要积极发挥地方政府作用，完善有关高端人才户籍、居住、上学、就医等激励政策。

3. 大力培育高技能人才

进一步深化教育体制改革。以培养创新型人才、专业技能人才为目标，深化教育体制改革,加强产教融合、校企融合,培养适合装备制造企业发展的人才。依托公共实训基地、知名企业和职业院校实训基地等平台,鼓励社会各方资源建立多层次实训体系。其中,政府依托校企合作公共实训基地,发挥专项资金支持作用,促进职业教育培训与岗位开发相结合,加强高技能人才和复合型技能人才的培养。支持符合条件的企业设立技师工作站,实现高技能人才、专家及其创新团队与企业的对接,有效发挥高端人才在企业重大研发项目、高技能人才培养方面的作用。支持职业院校建设优质资源共享的现代化装备制造业实验实训基地,实现教学、科研、技能鉴定等资源的整合。

完善高技能人才培养激励机制。一是建立多元评价机制。进一步加强对高技能人才培养的规划指导,依托装备制造业大中型企业,结合市场需求,探索建立符合高技能人才成长规律的多元评价机制,形成社会化职业技能鉴定、企业高技能人才评价、行业协会制定专项职业能力考核办法的评价体系。二是发挥技能竞赛促进人才培养质量提升的作用。一直以来,世界技能竞赛、全国职业院校技能竞赛为社会和企业培养、锻炼高技能人才提供了重要平台,装备制造产业应以此为契机,联合行业、装备制造企业、高职学校共同打造装备制造业高技能人才选拔平台,尤其是针对高端装备制造业开展技能竞赛,引导和鼓励广大企业职工和院校学生积极参加岗位练兵和技能竞赛活动,助力优秀高技能人才脱颖而出。

4. 完善产学研合作机制

由政府牵头推动,以装备制造业企业长远发展需求为基础,以对产业长远发展有重要影响的共性技术创新需求为纽带,通过对各种技术创新要素进行优化组合,建立装备制造业产业技术联盟,从而形成一种具有较为稳定结构的产学研利益共同体。在这个共同体内部,各成员单位要共同投入新技术的研发和应用,从而形成利益共享、风险共担的合作关系,最终推动创新成果产业化。在运行机制上,通过契约关系约束、明确成员单位之间的权利与义务关系,确立知识产权归属、投入责任、利益分配等关键机制。

支持企业主动推动人才结构优化,鼓励企业建立博士后科研工作站、院士专家工作站。通过提高财税和贷款担保支持力度,推动科技资源共享平台建设。成立装备制造业专项创新扶持基金,加大对具有产业应用前景的新技术、新工艺进行转化的支持力度。加快建立完善专业化的科技中介服务体系,包括生产力促进中心、各类孵化器、科技信息中心等,充分发挥其沟通联合制造业企业与高校科研院所的桥梁作用。

打造宽松自由的科研氛围和科研环境,鼓励高校科研院所中具有丰富的新知识和新技术积累的科研人员投入到装备制造业产业创新实践中来。加快推动科技成果使用权、处置权及收益管理权"三权"改革，修改完善科技成果转化、职务发明等相关法律法规，给予发明人更大的权力空间，获得更多的创新成果收益，从而激发创新人才的产业创新热情。提高专利市场的活跃度，探索和完善科技成果转化、定价、挂牌交易的合理机制。

参考文献

[1] 何武. 中国装备制造业产业政策与全球价值链研究 [M]. 上海：上海人民出版社，2019.

[2] 李健，黄开亮. 中国机械工业技术发展史 [M]. 北京：机械工业出版社，2001.

[3] 李姝. 产权、技术与集聚对产业振兴的影响研究以辽宁装备制造业为例 [M]. 北京：中国金融出版社，2012.

[4] 李晓琳. 中国装备制造业技术创新水平研究 [M]. 北京：社会科学文献出版社，2018.

[5] 孟祥宁. 装备制造业绿色全要素生产率研究 [M]. 成都：电子科技大学出版社，2019.

[6] 彭中文. 中国装备制造业自主创新模式与路径研究 [M]. 北京：知识产权出版社，2014.

[7] 盛昭瀚，朱乔，吴广谋. DEA 理论、方法与应用 [M]. 北京：科学出版社，1996.

[8] 徐东华. 中国装备制造业发展报告（2018）[M]. 北京：社会科学文献出版社，2018.

[9] 张万强，李世杰. 打造世界级装备制造业基地——战略定位与发展路径 [M]. 北京：中国经济出版社，2011.

[10] 张迎新. 中国装备制造业战略性核心技术形成机制研究 [M]. 天津：南开大学出版社，2019.

[11] RAAB R A，KOTAMRAJU P. The efficiency of the high - tech economy： conventional

development indexes versus a performance index [J]. Journal of Regional Science, 2006, 46（3）: 545-562.

[12] 蔡媛媛, 吕可文. 生产性服务业与制造业互动发展研究——以河南省为例 [J]. 华北水利水电大学学报（社会科学版）, 2016, 32（5）: 35-41.

[13] 陈建勋, 凌媛媛, 王涛. 组织结构对技术创新影响作用的实证研究 [J]. 管理评论, 2011, 23（7）: 62-71.

[14] 陈艳, 范炳全. 中小企业开放式创新能力与创新绩效的关系研究 [J]. 研究与发展管理, 2013（1）: 24-35.

[15] 丁任重, 徐志向. 新时期技术创新与我国经济周期性波动的再思考 [J]. 南京大学学报（哲学·人文科学·社会科学）2018（1）: 26-40, 157-158.

[16] 范德成, 杜明月. 高端装备制造业技术创新资源配置效率及影响因素研究——基于两阶段 Sto-NED 和 Tobit 模型的实证分析 [J]. 中国管理科学, 2018（1）: 14-24.

[17] 冯正强, 白利利. 我国装备制造业技术水平测算及其影响因素研究——基于省际面板数据的比较分析 [J]. 经济与管理评论, 2018（2）: 69-81.

[18] 冯志军, 陈伟. 中国高技术产业研发创新效率研究——基于资源约束型两阶段 DEA 模型的新视角 [J]. 系统工程理论与实践, 2014, 34（5）: 1202-1212.

[19] 桂黄宝. 我国高技术产业创新效率及其影响因素空间计量分析 [J]. 经济地理, 2014, 34（6）: 100-107.

[20] 魏守华, 姜宁, 吴贵生. 内生创新努力、本土技术溢出与长三角高技术产业创新绩效 [J]. 中国工业经济, 2009（2）: 25-34.

[21] 李朋林, 白璐. 基于突变理论的产业升级能力评价研究——以陕西装备制造业为例 [J]. 数学的实践与认识, 2016（7）: 93-102.

[22] 李士梅，李安．中国高端装备制造业创新效率的测度分析 [J]. 社会科学战线，2018（6）：246-250.

[23] 卢福财，胡平波．全球价值网络下中国企业低端锁定的博弈分析［J］. 中国工业经济，2008（10）：23-32.

[24] 吕一博，施萧萧，冀若楠．开放式创新对企业渐进性创新能力的影响研究 [J]. 科学学研究，2017（2）：289-301.

[25] 牛泽东，王文．中国地区装备制造业的技术创新效率及影响因素分析 [J]. 科技和产业，2016，16（6）：76-82.

[26] 潘文卿，李子奈，刘强．中国产业间的技术溢出效应：基于 35 个工业部门的经验研究 [J]. 经济研究，2011（7）：18-29.

[27] 亓朋，许和连，艾洪山．外商直接投资企业对内资企业的溢出效应：对中国制造业企业的实证研究 [J]. 管理世界，2008（4）：58-68.

[28] 綦良群，王成东，蔡渊渊．中国装备制造业 R&D 效率评价及其影响因素研究 [J]. 研究与发展管理，2014，26（1）：111-118.

[29] 乔彬，张斌，王肖潇．企业技术创新效率、科技成果转化率与区域收入差距 [J]. 软科学，2016，30（10）：16-21.

[30] 任曙明，许梦洁，王倩，等．并购与企业研发：对中国制造业上市公司的研究 [J]. 中国工业经济，2017（07）：137-155.

[31] 唐未兵，傅元海，王展翔．技术创新、技术引进与经济增长方式转变 [J]. 经济研究，2014（7）：31-43.

[32] 陶长琪，彭永樟．从要素驱动到创新驱动：制度质量视角下的经济增长动力转换与路径选择 [J]. 数量经济技术经济研究，2018（7）：3-21.

[33] 汪茂泰，何永芳．动态随机非参数数据包络分析法及其应用 [J]. 统计与决策，2015（21）：83-85.

[34] 王海花，彭正龙，蒋旭灿．开放式创新模式下创新资源共享的影响因素 [J]. 科研管理，2012（3）：49–55.

[35] 王江，陶磊．中国装备制造业技术创新效率及影响因素研究——基于研发与成果转化两个阶段的分析 [J]. 商业研究，2017，59（12）：175–180.

[36] 王艳．混合所有制并购与创新驱动发展——广东省地方国企"瀚蓝环境"2001—2015 年纵向案例研究 [J]. 管理世界，2016（8）：150–163.

[37] 吴佐，张娜，王文．政府 R&D 投入对产业创新绩效的影响——来自中国工业的经验证据 [J]. 中国科技论坛，2013（12）：31–37.

[38] 肖仁桥，钱丽，陈忠卫．中国高技术产业创新效率及其影响因素研究 [J]. 管理科学，2012（5）：85–98.

[39] 徐彬，吴茜．人才集聚、创新驱动与经济增长 [J]. 软科学，2019（1）：19–23.

[40] 尹静，平新乔．中国地区（制造业行业）间的技术溢出分析 [J]. 产业经济研究，2006（1）：1–10.

[41] 张光磊，刘善仕．企业能力与组织结构对自主创新的影响——基于中国国有企业的实证研究 [J]. 管理学报，2012（3）：408–414.

[42] 杨贵中，钟敏．全球价值网络研究综述 [J]. 企业导报，2013（1）：1–3.

[43] 张倩肖，冯根福．三种 R&D 溢出与本地企业技术创新——基于我国高技术产业的经验分析 [J]. 中国工业经济，2007（11）：64–72.

[44] 赵丹，孙冰，易英欣．基于 DEA-Malmquist 方法的装备制造业自主创新能力评价 [J]. 河海大学学报（哲学社会科学版），2018（2）：13.

[45] 朱平芳，罗翔，项歌德．中国中小企业创新绩效空间溢出效应实证研究——基于马克思分工协作理论 [J]. 数量经济技术经济研究，2016（5）：3–16.

[46] 朱平芳，项歌德，王永水．中国工业行业间 R & D 溢出效应研究 [J]. 经济研究，2016（11）：44–55.

[47] 黄振文. 福建高端装备制造业技术创新效率的影响因素研究 [D]. 福州：福州大学，2014.

[48] 李杰. 陕西省装备制造业技术创新效率评价及影响因素研究 [D]. 西安：西安科技大学，2016.

[49] 张璐. 我国装备制造业上市公司 R&D 效率及影响因素研究 [D]. 西安：西安科技大学，2015.